W0182054

BAEDEKER SMART

Andalusien

Verlag Karl Baedeker – www.baedeker.com

Wie funktioniert der Reiseführer?

Wir präsentieren Ihnen Andalusiens Sehenswürdigkeiten in vier Kapiteln. Jedem Kapitel ist eine spezielle Farbe zugeordnet.
Um Ihnen die Reiseplanung zu erleichtern, haben wir alle wichtigen Sehenswürdigkeiten jedes Kapitels in drei Rubriken gegliedert: Einzigartige Sehenswürdigkeiten sind in der Liste der »TOP 10« zusammengefasst und zusätzlich mit zwei Baedeker-Sternen gekennzeichnet. Ebenfalls bedeutend, wenngleich nicht einzigartig, sind die Sehenswürdigkeiten der Rubrik »Nicht verpassen!«. Eine Auswahl weiterer interessanter Ziele birgt die Rubrik »Nach Lust und Laune!«.

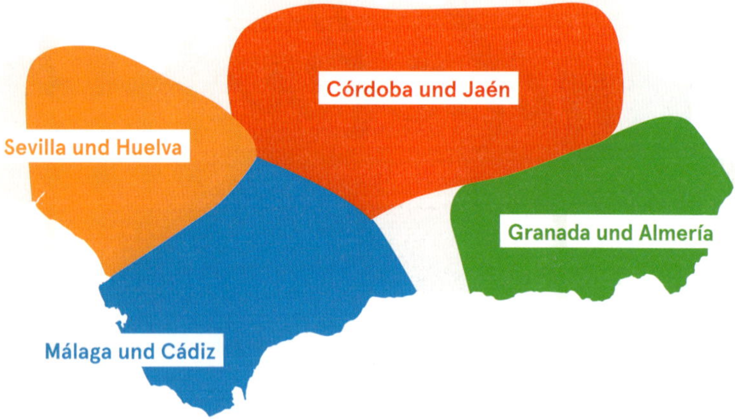

Das Magazin

Málaga und Cádiz

Granada und Almería

Córdoba und Jaén

Sevilla und Huelva

Magische Momente

Kommen Sie zur rechten Zeit an den richtigen Ort
und erleben Sie Unvergessliches.

Umgeben von Granadas architektonischer Pracht werden Sie aus dem Staunen nicht mehr herauskommen.

Lust auf einen ausgedehnten Strandspaziergang? Auch dazu bietet Andalusien die perfekte Kulisse, etwa am Cabo de Trafalgar.

1

2

3

4

5

6

7

8

9

10

★★ Baedeker Topziele

Unsere TOP 10 helfen Ihnen, von der absoluten Nummer eins bis zur Nummer zehn, die wichtigsten Reiseziele einzuplanen.

❶ ★★ Granada

Die Alhambra, die letzte maurische Königsresidenz auf spanischem Boden, erinnert an 1001 Nacht. Ein maurisches Erbe ist auch das Stadtviertel Albaicín (S. 80).

❷ ★★ Córdoba

Die Mezquita, einstige Hauptmoschee des westlichen Islam, die 25 000 Gläubigen Platz bot, ist die bedeutendste Schöpfung maurisch-religiöser Baukunst Spaniens (S. 116).

❸ ★★ Sevilla

Die Heimatstadt Carmens und des Barbiers von Sevilla beeindruckt mit ihrer Giralda, der größten gotischen Kathedrale der Welt, aber auch mit dem Alcázar, der Casa de Pilatos oder der Plaza de España (S. 150).

❹ ★★ Ronda

Zu den imposantesten Bauwerken der Stadt, die als die Wiege des heutigen Stierkampfs gilt, zählt die Puente Nuevo, von der man eine grandiose Aussicht genießt (S. 44).

❺ ★★ Úbeda

Wohlhabende Bürger ließen hier einst Paläste bauen und schufen so ein einmaliges geschlossenes Stadtbild der Renaissance (S. 124).

❻ ★★ Carmona

Glanzpunkt Carmonas ist neben dem schönen Stadtkern die Necrópolis Romana, die bedeutendste römische Grabanlage Spaniens (S. 164).

❼ ★★ Jerez de la Frontera

In die »Welthauptstadt des Sherry« locken Weinkeller und Alcázar. In der Königlichen Andalusischen Schule der Reitkunst kann man Pferden beim »Tanzen« zusehen (S. 48).

❽ ★★ Las Alpujarras

Die reizvolle Bergwelt der Alpujarras mit ihren steilen Tälern und weißen Dörfern bietet vielfältige Möglichkeiten zum Bergsteigen, Wandern und Mountainbiking (S. 93).

❾ ★★ Parque Nacional Coto de Doñana

Der Park zählt zu Europas schönsten Naturräumen und bietet den hier überwinternden Zugvögeln ein imposantes Refugium (S. 166).

❿ ★★ Costa del Sol

Die »Sonnenküste« zwischen Málaga und Estepona ist ein Paradies für alle, die nachts gern durchfeiern und tagsüber Entspannung am Strand suchen (S. 51).

Ein Gefühl für Andalusien bekommen ...

Erleben, was die autonome Gemeinschaft im Süden Spaniens ausmacht, ihr einzigartiges Flair spüren. So, wie die Andalusier selbst.

»Ir de Copas« – was trinken gehen

Spanier lieben es, von Kneipe zu Kneipe zu ziehen, um dort jeweils eine »caña«, ein frisch gezapftes Bier, ein Glas Rotwein oder einen »fino«, einen trockenen Sherry, in Verbindung mit einer köstlichen Tapa zu sich zu nehmen. Die Spanier haben sogar ein eigenes Wort dafür: »tapear«. Machen Sie das doch auch einmal (anstelle des Abendessens) und suchen Sie sich die Kneipen aus, wo das größte Gedränge herrscht! Dort gibt es die besten Tapas, und man kommt mit anderen Gästen ins Gespräch. Gute Tapas-Städte sind Almería, Córdoba, Granada, Málaga und Sevilla.

Fiestas

Um die andalusische Seele kennenzulernen, bieten sich die Semana Santa und die Feria de Abril von Sevilla, die beiden größten Festivitäten Spaniens, bestens an. Hier erleben Sie die hohe Kunst, religiöse Inbrunst mit vergnügtem, lebensfrohem Feiern zu verbinden. Ähnliches erleben Sie aber auch auf jeder Dorfkirmes, denn jede andalusische Gemeinde feiert einmal im Jahr ihren Ortsheiligen. Tagelang wird bei diesen »fiestas patronales« den Heiligen mit kirchlichen Messen, Prozessionen, aber vor allem mit gutem Essen, Tanz, Musik und Feuerwerken gehuldigt.

El Rocío

An 362 Tagen im Jahr ist El Rocío ein staubiges 800-Seelen-Nest. Von Pfingstsamstag bis Pfingstmontag aber findet hier die ausgelassenste Wallfahrt Andalusiens statt, die Romería del Rocío, bei der zig Tausende von Pilgern aus allen Teilen Spaniens den Parque Nacional Coto de Doñana durchwandern bzw. hoch zu Ross und im Feiertagsanzug (die Damenwelt in bunten Flamencokleidern) den girlandengeschmückten Prozessionskarren mit einer Marienfigur begleiten. Nachts wird bei dieser Wallfahrt ausgiebig getanzt, üppig gegessen, und der Alkohol fließt in Strömen.

Tapas sind ein kulinarisches Highlight Andalusiens. Lassen Sie sich unbedingt dazu verführen, diese kleinen Köstlichkeiten zu versuchen und genießen Sie sie in einer hübschen Bar.

Getanzte Kultur: Die Liebe zum Flamenco verbindet alle Generationen.

Das maurische Erbe ist vielerorts in Andalusien präsent – etwa in Sevilla.

Ohrenbetäubenden Lärm machen die Musikinstrumente und das Feuerwerk bei der Prozession in El Rocío.

Flamenco

Nichts ist typischer für Andalusien als der Flamenco. Zu den Hochburgen dieser Kunst zählen Málaga, Ronda, Jerez de la Frontera, Cádiz (S. 58), Córdoba (S. 116) und Sevilla (S. 150). Fragen Sie in den Tourismusbüros, den »oficinas de turismo«, nach echtem, unverfälschtem Flamenco, um nicht in »Schuppen« mit mittelmäßigen Darbietungen und überteuerten Preisen zu landen. Je authentischer die Vorstellung mit den Musikern, Sängern, Tänzerinnen und Tänzern ist, desto mehr lässt sich das andalusische Publikum mitreißen! Allein das zu erleben, ist schon ein Genuss.

Arabisches Erbe

Das reiche maurische Erbe Andalusiens erkennt man an so faszinierenden Bauwerken wie der Alhambra in Granada oder der Mezquita von Córdoba mit all ihrer Üppigkeit. Man kann es aber auch hautnah und mit allen Sinnen erleben, etwa im Hammam-Bad von Córdoba (S. 141) oder in den Restaurants von Granada, die traditionelle arabische Gerichte servieren.

Shopping

Zara, Mango, Desigual? Klar, das sind innovative spanische Modelabels, die es auch in Deutschland gibt! Wenn Sie aber etwas Ausgefalleneres und Einzigartiges suchen, dann sollten sie in den Städten und Dörfern durch die Läden bummeln, die traditionelle Produkte wie Leder-, Keramik- und Korbwaren, Flamenco-Gitarren etc. anbieten. Als ganz besonderes Souvenir können Sie nicht selten bei der Herstellung direkt vor Ort zusehen.

Mercados

Die »mercadillos« (Wochenmärkte) sind die sinnenfrohsten Shoppingbühnen Andalusiens. Ob in den großen Städten, den kleinen Dörfern am Mittelmeer oder in den Bergregionen: die Stände rund um die Kirchen und Hauptplätze biegen sich – meist vormittags – unter frischem Obst und Gemüse, Wurst- und Fleischwaren, Gewürzen, Trockenfrüchten, Kleidung, Hausrat und vielem mehr. Auch in den überdachten Markthallen (»mercados«) unterhalten sich die Verkäufer gern mit Besuchern, im Zweifel auch mit Händen und Füßen, und Probieren ist meist selbstverständlich: Krabben, Oliven, prima Schinken …

Corrida

Auch in Spanien gibt es mittlerweile viele Gegner des Stierkampfs. Doch in Andalusien, vor allem in Ronda, Málaga, Jerez (S. 48), Córdoba (S. 116) und Sevilla (S. 150), trifft man immer noch auf seine Anhänger, »aficionados«, die die »corrida« als Kultur- und Kunstform schätzen.

Ein wundervoller Ort, um Andalusiens Zauber zu erfassen, ist die Juderia in Córdoba.

Das Magazin

Land der Fülle: maurische Kunstschätze, leidenschaftlicher Flamenco, romantische Reiseträume und eine opulente Kulinarik

Seite 12–33

Hereinspaziert! Die Restaurants in Granadas Albaicín verströmen arabisches Flair.

Maurisches Erbe

Viele Völker prägten Andalusien: Phönizier, Griechen, Karthager, Kelten, Römer, Westgoten. Am nachhaltigsten erwies sich der Einfluss der Mauren. Sie brachten »al-Andalus« zu kultureller Blüte.

Der Begriff »Mauren« leitet sich von dem Wort *amaurós* (»dunkel«) ab, mit dem die Griechen und Römer alle in Nordafrika lebenden Berberstämme bezeichneten, die im 7. Jh. von den Arabern islamisiert wurden und diese bei ihrer Eroberung der Iberischen Halbinsel als kämpfende Truppen unterstützten: Im Jahr 711 überquerte der arabische Feldherr Tariq Ibn Ziyad mit einem 7000 Mann starken Heer die Meerenge von Gibraltar und landete in der Nähe des heutigen Tarifa, der südlichsten Stadt des europäischen Festlands. Die Invasoren blieben fast 800 Jahre lang. Zeugnisse ihrer Handwerkskunst wie auch ihrer gesellschaftlichen und politischen Errungenschaften sind in Andalusien bis zum heutigen Tag überall sichtbar, etwa in den Stuckaturen und geschwungenen Arabesken so großartiger Bauwerke wie der Alhambra in Granada, der Mezquita von Córdoba oder der Giralda von Sevilla.

Wasser ist Leben

Als die Mauren ins heutige Andalusien kamen, fanden sie eine Art irdisches Paradies vor, von dem sie in der nordafrikanischen Wüste immer geträumt hatten. Das Zauberwort lautete: Wasser. Es verwandelte trockenes Land in grüne Oasen und verschönerte die Paläste der Mauren wie auch ihre bescheidenen Häuser mit üppigen Gärten, in denen zwischen der blühenden Pracht Brunnen plätscherten und Wasserbecken schimmerten.

Die Mauren nannten das Gebiet jenseits der Straße von Gibraltar »al-Andalus«. Einer gängigen Theorie zufolge bezog sich der Name auf die Vandalen, die Spanien und Teile Nordafrikas im 5. Jh. besetzt hatten. Eine andere These sieht den Ursprung im westgotischen

Bis ins kleinste Detail ist der Myrtenhof der Alhambra in Granada verziert. Er ist eines der schönsten Beispiele des maurischen Stils.

»landa-hlauts« (etwa »Los-Land«), da die Westgoten die eroberten Ländereien unter sich auslosten. Als die Mauren nach Norden vordrangen, gebrauchten sie den Namen für die gesamte spanische Halbinsel. Der Vorstoß nach Frankreich wurde an der Loire in der Schlacht bei Poitiers (732) gestoppt. Mit dem ersten Sieg eines christlichen Heers über die Muslime bei der Schlacht von Covadonga (722) begann von Norden her die Reconquista, die Rückeroberung der muslimisch besetzten Gebiete. Allerdings zog sich diese über 700 Jahre hin, weil die spanischen Christen auch untereinander in Streitigkeiten verwickelt waren, was ihre Schlagkraft erheblich schwächte.

Mit der Regentschaft der Katholischen Könige, denen die kunstvollen Marmorsarkophage in Granadas Kathedrale gewidmet sind, endete die Maurenherrschaft in Andalusien.

Das goldene Zeitalter

Von der Reconquista anfangs unbehelligt, machten sich die Mauren jene Region untertan, die heute als Andalusien bekannt ist. Hier, in »al-Andalus«, arrangierten sie sich mit ihren christlichen Nachbarn, deren Religion sie tolerierten. Unter den Mauren erlebte Andalusien ein goldenes Zeitalter. Córdoba stieg zur Hauptstadt auf, die Kalifen konkurrierten mit Bagdad und Damaskus um Reichtum und Fortschritt. Im Jahr 756 begann man mit dem Bau der Mezquita, der Großen Moschee, in Córdoba. In den folgenden 200 Jahren wurde die Stadt durch den Handel mit Gold und Silber, Leder, Seide, Parfüm und Gewürzen reich und entwickelte sich zum europaweit bedeutendsten Zentrum von Kunst und Wissenschaft.

Vom Zauber des maurischen »al-Andalus«

Zu Beginn des 11. Jhs. endete das goldene maurische Zeitalter aufgrund von politischen Streitigkeiten und internen Machtkämpfen der Kalifen von Córdoba. »Al-Andalus« zerfiel in eine Reihe von kleineren, unabhängigen Königreichen, genannt »taifas«. Als letztes

Artesonado, Azulejos & Co.

Der Einfluss der islamischen Architektur prägt Andalusien ganz besonders. Die folgenden Begriffe kommen in der Literatur über die Region häufig vor.

- Artesonado: Mit Ornamenten verzierte Holzdecke
- Azulejos: Glasierte Kacheln in bunten Farben und vielen Mustern
- Mudéjar: Während der Reconquista wurden viele Muslime vertrieben. Wer handwerkliche und künstlerische Fähigkeiten hatte, durfte bleiben: dies waren die Mudéjares. Etwa ab dem 12. Jh. verwendete man diesen Begriff auch für den Stil, den diese Kunsthandwerker entwickelten, indem sie islamische und christliche Elemente mischten.
- Muqarnas: Hohlformen und Stuckaturen mit Stalaktiteneffekt

maurisches Gebiet konnte sich über einen längeren Zeitraum das 1238 von Mohammed Ibn al-Ahmar aus dem Geschlecht der Beni Nasr gegründete Königreich von Granada halten. Dieses reichte von Gibraltar bis Almería, seine Hauptstadt war die reichste Stadt der Halbinsel und zugleich ihr kulturelles Zentrum; mit der im 14. Jh. erbauten Alhambra hinterließen die Nasriden ein einmaliges Zeugnis ihrer Herrschaft. Mit der Heirat von Isabella von Kastilien und Ferdinand von Aragón (die »Katholischen Könige«) im Jahr 1469 wurde der Grundstein für die Vereinigung der beiden großen spanischen Königreiche gelegt. Das Paar war fest entschlossen, die Muslime zu verdrängen. Am 2. Januar 1492 zogen die Katholischen Könige in Granada ein. Der letzte maurische Herrscher Boabdil floh nach Afrika. Mit ihm gingen fast acht Jahrhunderte islamischer Kultur in Südspanien zu Ende. Die anschließende Vertreibung mehrerer hunderttausend Mauren und Juden bedeutete einen schweren Rückschlag für die weitere wirtschaftliche Entwicklung und das kulturelle Leben Spaniens. Aber wer heute durch Andalusien reist, verspürt den Zauber des maurischen »al-Andalus« noch immer.

Romantisches Andalusien

Im 19. Jh. beschworen Andalusienreisende gern das Bild einer verführerischen Welt herauf, voller Hitze und Leidenschaft, mit feurigen Charakteren und Banditen in den Bergen, sittenlosen Don Juans und lasziven Carmens.

Dieses Bild tradierte sich wie von selbst, zumal viele Reisende ihre Erzählungen übersteigerten, um sie romantischer erscheinen zu lassen. Andalusien erschien in ihren Schilderungen auch aufgrund der Nähe zu Afrika als exotisches, nicht ganz ungefährliches Land. Das hatte durchaus seinen Reiz. Der englische Schriftsteller Richard Ford etwa bezeichnete Spanien als »rassig und frisch« im Gegensatz zur »langweiligen Gleichförmigkeit« Europas. Er

Die historische Carmen

Das Bild leicht geschürzter Arbeiterinnen in der drückenden Hitze der Tabakfabrik von Sevilla im 19. Jh. ließ bei vielen Männern eher lüsterne als romantische Gedanken aufkommen. »Die meisten von ihnen waren jung und einige auch sehr hübsch«, meinte etwa Théophile Gautier in seiner »Reise in Andalusien« (1826), um hinzuzufügen: »Da sie so überaus zwanglos gekleidet waren, konnten wir ihre Reize in aller Ruhe würdigen.« Höchst ungalant äußerte sich dagegen George Dennis (»Ein Sommer in Andalusien«, 1839): »Eine derartige Ansammlung von Hässlichkeit hatte ich noch nie zuvor gesehen.« In Wirklichkeit mussten die Frauen dort unter schrecklichen Bedingungen arbeiten, was den Augen aufmerksamer Beobachter kaum entgehen konnte.

Auch »Carmen« prägte die Andalusienromantik – und als Muse inspirierte sie zu Kunst wie dieser.

Im 19. Jh. lebten die »bandoleros« in abgelegenen, schwer zugänglichen Gegenden wie in der Serranía de Ronda.

besuchte Spanien 1830 zum ersten Mal und verfasste in den Folgejahren sein umfassendes »Handbook for Travellers in Spain and Readers at Home«, das 1845 veröffentlicht wurde und bis heute als eines der fundiertesten, aber auch amüsantesten Werke über Spanien gilt. Schon vor ihm, 1826, kam der US-amerikanische Autor Washington Irving nach Spanien, um in Madrid zu arbeiten, zwei Jahre später unternahm er eine Reise nach Andalusien. Er lebte eine Weile in der damals halb verfallenen Alhambra und schrieb dort »The Conquest of Granada«, bevor er sein bekanntestes Buch, »The Alhambra: A Series of Tales«, in Angriff nahm. Darin verbindet er romantische Geschichten um die maurische Vergangenheit der Alhambra mit Beschreibungen vom Verfall des großartigen Palasts, was dazu beitrug, dass immer mehr Menschen sich für den Erhalt dieses Kulturerbes einsetzten.

Untrennbar mit dem romantischen Bild Andalusiens verbunden ist auch Georges Bizets Oper »Carmen«. 1875 uraufgeführt, steht sie bis heute immer wieder auf dem Spielplan der Bühnen der Welt. Während die Musik Bizets (der Spanien übrigens kein einziges Mal besuchte) einen revolutionären Bruch mit der damaligen Operntradition vollzog, erfüllt die auf der gleichnamigen Novelle von Prosper Mérimée basierende Handlung alle romantischen Klischees. Carmen, eine Roma mit maurischen Zügen, arbeitet in der Tabakfabrik von Sevilla, hat eine Affäre mit einem Banditen aus Ronda und einem Torero – und so entspinnt sich eine leidenschaftliche Liebesgeschichte mit Mord und Verrat. Carmens männliches Gegenstück ist Don Juan – eine spanische Sagengestalt, die zum Archetypus des Frauenhelden aufstieg und noch viele Künstler inspirierte; am ergreifendsten vielleicht in Musik umgesetzt in der Mozartoper »Don Giovanni«. Die leidenschaftlich Liebende und der ewige Verführer prägten die Reiseträume wie die andalusische Sonne. Mit der Wirklichkeit hat das allerdings meist nicht viel zu tun.

Wo sind die Banditen geblieben?

Im 19. Jh. hatten viele Andalusienreisende den Kopf voller Abenteuergeschichten von spanischen Robin Hoods in der malerischen Sierra. Das meiste davon beruhte auf reiner Fantasie. Tatsächlich gab es zwar in dieser Zeit in den abgelegenen Bergen Andalusiens »bandoleros«. Ausländer wurden jedoch in der Regel nicht behelligt, auch wenn sich mancher offenbar ein romantisch verklärtes Abenteuer versprach. Der Däne Hans Christian Andersen soll zutiefst enttäuscht gewesen sein, dass er die Sierra Morena unbehelligt durchqueren konnte, und der französische Romancier Alexandre Dumas bot einem Banditen angeblich sogar Geld für einen Überfall an (gegen die Versicherung, versteht sich, dass ihm und seinen Mitreisenden dabei nichts Ernstes geschehen würde).

Stierkampf – Kunst, Sport, Tierquälerei?

Für den »aficionado«, den Fan, ist der Stierkampf mehr eine Kunst als ein Sport. Berichte über Stierkämpfe erscheinen in den spanischen Tageszeitungen im Feuilleton, wobei die »corrida« noch immer mit denselben Superlativen bedacht wird wie eine Ballett- oder Theaterproduktion.

Die klassische Landschaft des Stierkampfs ist Andalusien, auch wenn in allen großen Städten Spaniens, in einigen Ländern Lateinamerikas und selbst in Südfrankreich sich die Toreros dem Stier in der Arena stellen. Die größte Plaza de Toros besitzt zwar Madrid, doch im andalusischen Ronda befindet sich eine der ältesten. So verwundert es nicht, dass viele der gefeiertsten Toreros aller Zeiten Andalusier

Weibliche Torreros

Bis zum Jahr 1908, als weibliche Toreros verboten wurden, gab es auch Frauen, die es zu Ruhm brachten. Eine von ihnen war Martina García, die 1880 im Alter von 66 Jahren ihren letzten Stierkampf bestritt. Kurz nach dem Tod von General Franco (am 20. November 1975 in Madrid) wurde das Verbot aufgehoben. Im glitzernden »traje de luces« machte in den 1990er-Jahren Cristina Sánchez Furore, die viele ihrer männlichen Kollegen in den Schatten stellte. Bei einer »corrida« tötete sie alle sechs Stiere. 1999 zog sie sich vom Stierkampf zurück – weil sich kaum noch ein bekannter Torero fand, der zusammen mit ihr auftreten wollte.

waren: Manolete, Lagartijo, Joselito, Paquirri und El Cordobés – einige von ihnen haben ihr Leben in der Arena verloren. Ihre unfreiwilligen tierischen Gegenspieler, die »toros bravos«, die vor Kraft strotzenden halbwilden Tiere, werden größtenteils seit Generationen von andalusischen Züchterdynastien nur für diesen einen Zweck herangezogen.

Kampf auf Leben und Tod

Die Stierkämpfe aufzugeben, hieße für manchen Spanier, einen Teil seiner kulturellen Identität zu verlieren, selbst wenn der Stierkampf auch in Andalusien längst nicht mehr unumstritten ist und sich eine wachsende Gegnerschaft formiert. Doch noch immer gibt es viele Gelegenheiten, sich einen Stierkampf anzusehen. Dies zu tun, bedeutet aber, den Stierkampf zu fördern – dessen sollte sich jeder Zuschauer bewusst sein. Saison ist von Ostern bis Oktober. Zu den bedeutendsten Arenen zählt die Maestranza von Sevilla (S. 177). Die besten Toreros treten nur in den bekanntesten Arenen auf, um gegen die wildesten Stiere Andalusiens zu kämpfen. Aber selbst das kleinste Dorf lässt es sich nicht nehmen, zumindest einmal pro Jahr eine »corrida« zu veranstalten. Und in Spanien geht es nicht allein darum, den Willen des Stiers zu brechen, denn nach wie vor endet der Kampf mit dem Tod des Stiers – oder, viel seltener, mit dem des Toreros.

Schmutzige Tricks

Stierkampfgegner verurteilen das Spektakel generell, weil die Stiere in der Arena Qualen leiden müssen. Und selbst dessen Anhänger geben zu, dass die »corrida« heute nicht mehr das ist, was sie früher einmal war. So gibt es heutzutage Praktiken, bei denen die Hörner des Stiers rasiert und somit desensibilisiert werden. Besonders gefährliche Tiere werden häufig mit Medikamenten behandelt, um ihre tödliche Kraft etwas zu verringern. Mit der traditionsreichen »arte de lidiar« – der Kunst, den Stier zu bannen, im Kampf gegen ihn zu bestehen und ihn nicht nur körperlich zu besiegen – hat das nicht mehr viel zu tun.

Matadore wie hier Salvador Vega bei einem Kampf in Málaga zelebrieren ihre Profession als kunstvolles – gleichwohl blutig endendes – Ritual.

Feuer im Blut

Im Flamenco verschmelzen Stimme, Gitarre und Tanz zum typischen Rhythmus Andalusiens. Charakteristisch sind der leidenschaftlich-elementare Gesang (»cante jondo«), das kunstvolle Händeklatschen (»palmas«) und das rhythmisch-virtuose Spiel der Gitarristen, das die Tänzerinnen und Tänzer begleitet.

Nicht »nur« Musik, Tanz und Gesang: Flamenco ist Ausdruck einer Lebenshaltung.

Die historischen Quellen des Flamenco sind so vielfältig wie Andalusiens Geschichte. Maurische Einflüsse und Anlehnungen an byzantinische liturgische Musik wurden in ihm ebenso entdeckt wie Strukturen mittelalterlicher Romanzen. Gesichert ist, dass die »gitanos« (Roma) Andalusiens den größten Einfluss auf diese Kunstform hatten; noch heute entstammen die besten Flamencokünstler dieser Volksgruppe, die sich selbst »calé« (von rom. »kalo«: »schwarz«) nennt und eine Untergruppe der Roma ist. Vor etwa 200

Was, Wann, Wo?

Die Touristeninformationen geben Auskunft über Veranstaltungen. Auch Hotels wissen über Flamencoshows vor Ort Bescheid, die aber meist variéteartig und mit einem Abendessen verbunden sind. Folgende Lokalitäten sind zu empfehlen: Tablao Cardenal und La Bulería in Córdoba (S. 141), Peña la Platería in Granada (S. 107), Teatro Miguel de Cervantes in Málaga (S. 71), Museo Lara in Ronda (S. 71), La Taberna Flamenca in Jerez de la Frontera (S. 71), La Cava in Cádiz (S. 71), das Museo del Baile Flamenco, Los Gallos und El Tamboril in Sevilla (S. 177).

Jahren begründeten sie die Urform des heutigen Flamenco. Wie der Gesang und das Spiel der Gitarre hat sich der Tanz seitdem zu einer äußerst anspruchsvollen Kunstform entwickelt. In praktisch jeder Stadt Andalusiens gibt es Flamencoschulen, allein in Sevilla gibt es mehr als 30 davon. Manche bieten auch Tages- und Wochenkurse an, sind also auch für Touristen geeignet, die nur mal schnell hineinschnuppern möchten (Informationen unter www.sevillaflamenco.com, www.flamenco-carmendetorres.com).

Flamencostimmen

Die besten Flamencosänger verfügen über jene geheimnisvolle Inspiration (»duende«), die eine Vorführung zum unvergesslichen Erlebnis werden lässt. Erst nach etlichen Zigarillos und Gläsern des feurigen »aguardiente«, einem klaren Hochprozentigen, der Nichteingeweihten die Sprache verschlägt, erreicht die Stimme die für den Flamencogesang typische Lage, heißt es. Als Flamenco in Reinkultur gilt der »cante jondo« (inniger Gesang), bei dem die »cantadores« (Sänger) mit gepressten Stimmen allem Leid der Welt Ausdruck verleihen und zugleich ein Fest des Lebens zu feiern verstehen. Geradezu magisch wirkt aber die Verbindung von »cante« (Gesang), »toque« (Gitarre) und »baile« (Tanz), die Flamenco zum Erlebnis macht.

Die Flamenoctänzerin Eva Yerbabuena weiß viel Leidenschaft in ihren Tanz zu legen.

Gefühlstiefe in Tanz und Gesang

Im Flamenco werden etwa 30 Liedformen unterschieden, von denen nicht alle tanzbar sind. Ihren Ursprung haben diese in den andalusischen Provinzen: So stammt etwa die »Bulería« aus Jerez, die »Alegría« aus Cádiz, und die »Malagueña« wird vor allem in Málaga gesungen. Allen diesen Formen gemein ist die Gefühlstiefe von Musik, Tanz und Gesang. Die Themen handeln von Sorgen und Ängsten im Alltag, vom Glück und Leid der Liebe, und sie werden in einer metaphernreichen, eindringlichen Sprache besungen. Emotionen werden auch im Tanz ausgedrückt: Das Stakkato der Stiefel symbolisiert Wut und Stolz, die schmeichelnden Bewegungen der Hände und Finger lassen Verführung und Zärtlichkeit erkennen. So wie die Zuhörer mit den Gefühlen des Sängers eins werden sollen und ein Schauer manchen erfasst, der in einem befreienden »Olé!« am Ende des Liedes wieder aufgelöst wird, so soll der Zuschauer die Bewegungen des Tänzers mitleben. Dann sind die Grenzen von Gesang und Tanz überschritten, und der Flamenco hat seine »Dämonen« gefunden, wie es der Schriftsteller Frederico García Lorca ausgedrückt hat.

Experten behaupten, dass der beste Flamenco spontan und meist in den frühen Morgenstunden in versteckten Bars und auf eher privaten Festen, den »juergas«, zu sehen ist. In »tablaos« (Flamencobühnen) improvisieren oft auch klassisch ausgebildete Tänzer. Flamencoclubs und Vereinigungen, »peñas«, stehen Besuchern ebenfalls offen. Die schönsten Flamencoveranstaltungen erleben Touristen aber wohl bei Dorffesten, wenn die Musik bereits zu hören ist, ehe man den Tanzplatz erreicht.

Kleines Flamenco-Who-is-Who

Carmen Amaya (1913–1963) wurde im Armenviertel Somorrostro von Barcelona geboren (heute Vila Olímpica) und begann bereits als Siebenjährige mit dem Tanzen, 1929 gab sie ihr Debüt in Paris, dem eine beispiellose Karriere als eine der besten Flamencotänzerinnen aller Zeiten folgte.

Manolo Caracol (Manolo, die Schnecke, 1909–1973) stammte aus der Provinz Sevilla und begann seine Karriere 1922 als Elfjähriger bei einer Flamencovorführung in der Alhambra von Granada, die von dem Komponisten Manuel de Falla, dem Schriftsteller Frederico García Lorca und dem Gitarristen Andrés Segovia veranstaltet wurde.

Camarón de la Isla (Die Garnele von der Insel, 1950–1992), war Sohn eines Schmieds aus Isla del León/San Fernando in der Provinz Cádiz. Bereits mit acht Jahren hatte er einen ersten Auftritt als Flamencosänger, und schon damals erkannten die Experten, dass ihm eine beispiellose Karriere als »cantador« bevorstand.

Paco de Lucía (1947–2014), als Francisco Sánchez Gómez in Algeciras geboren, war einer der bedeutendsten Flamencogitarristen der Gegenwart. Ausgestattet mit einer grandiosen Spieltechnik, faszinierte er als Sologitarrist ebenso wie als kongenialer Begleiter von Sängern. Als musikalischer Grenzgänger arbeitete er auch mit Jazzgrößen wie Al DiMeola, Larry Corryell und John McLaughlin zusammen. Für Carlos Sauras Film »Carmen« schrieb er die Musik.

Diego el Cigala (Diego, der Kaiserhummer, geb. 1968), der Sohn einer »gitano«-Familie aus Madrid, gewann bereits mit 12 einen Flamencowettbewerb. Die mit Bebo Valdés (1918–2013) aufgenommene CD Lágrimas Negras (2002) war ein Welterfolg.

Joaquin Cortés, 1969 in Córdoba geboren, wurde mit 15 Solist beim spanischen Nationalballett und gründete 1992 seine eigene Ballettkompanie, mit der er auf der ganzen Welt erfolgreich auftritt. Bekannt ist er auch für seine Zusammenarbeit mit Popstars wie Jennifer Lopez und Alicia Keys.

Estrella Morente (geb. 1980), Tochter einer Musikerfamilie aus der Provinz Granada, gehört zu einer jungen Generation von »cantatores«, die sogar eingefleischte Rocker wie Lenny Kravitz für den Flamenco begeistern.

Flüssiges Gold

In Andalusien trinkt man nicht einfach nur ein Glas Sherry – das goldbraune Getränk verströmt das Aroma einer ganzen Kultur, die es dabei zu erfahren gilt.

Ein Gesetz schreibt fest, dass Weißwein nur dann als »Sherry« ausgewiesen werden darf, wenn er aus dem sogenannten Sherrydreieck stammt, nämlich aus der Gegend zwischen Jerez de la Frontera, Sanlúcar de Barrameda und El Puerto de Santa María. Vor 3000 Jahren begannen die Phönizier in der Region um Jerez Wein anzubauen, Römer, Mauren und Spanier führten die Tradition fort. Ende des 15. Jhs. wurden erste Regelungen zu Anbau und Ernte erlassen. Es heißt, Ferdinand Magellans Weltumsegelung im Jahr 1519 sei nur deshalb geglückt, weil er mehr Sherry als (leicht verderbliches) Wasser an Bord hatte. 1587 brachte Sir Francis Drake 3000 beim Angriff auf Cádiz erbeutete Weinschläuche mit nach England. Königin Isabel I. mundete der Wein derart, dass er bald im ganzen Königreich gefragt war. Vom 17. bis zum 19. Jh. gründeten irische und englische Geschäftsmänner große Sherry-Dynastien wie Sandemann und Williams & Humbert.

Welch ein Duft – Kenner prüfen Geschmack und Klarheit des Sherrys.

Sherry wird aus drei Arten von Weintrauben gewonnen: Palomino ist die Grundlage eines jeden Sherrys, Moscatel und Pedro Ximénez werden für Sherryverschnitte verwendet. Das Geheimnis der Herstellung liegt in der Anreicherung des Palomino mit Alkohol und der Reife in Eichenfässern. Im Lauf der Zeit bildet sich ein Film an der Oberfläche, der »velo de flor« (Blütenschleier) heißt und die Oxidation verhindert. Diese Ablagerung ist verantwortlich für die Färbung des »fino«, des beliebtesten Sherrys

Spaniens. Sie verleiht ihm die Trockenheit und das Bouquet. Fehlt dieser »Schleier«, findet ein Oxidationsprozess statt, der den dunkleren und vollmundigeren Amontillado oder den Oloroso hervorbringt. Mit Moscatel und Pedro Ximénez verschnitten, entstehen die süßeren Sorten, der Medium Sherry oder der likörartige Cream Sherry.

Wer eine der berühmten Kellereien (Bodegas) wie Bodegas Tío Pepe, Domecq-Harveys, Sandeman oder Williams & Humbert (S. 48) besucht, kann die langen Reihen der übereinander gelagerten Fässer begutachten, in denen der Sherry drei bis sieben Jahre ruht. Dabei wird er immer wieder mit Wein verschnitten und schließlich als »flüssiges Gold« in Flaschen abgefüllt. Manzanilla heißt der hervorragende trockene Sherry aus Sanlúcar de Barrameda mit seinem besonderen Bouquet. Er hat eine andere Blume als der »fino« aus Jerez, denn in der Gegend um Sanlúcar ist die Luftfeuchtigkeit durch das Meer höher, was den Reifungsprozess in den Fässern stabilisiert.

Entdecken auch Sie eines der seltenen Exemplare der Sherrystiere?

Sherrystiere

Metallsilhouetten von Kampfstieren begegnen einem immer wieder einmal, wenn man in Spanien unterwegs ist. Sie wurden seit den 1950er-Jahren von der Firma Osborne Sherry aus El Puerto de Santa María aufgestellt. Als in den 1980er-Jahren die Werbung am Straßenrand verboten wurde, entfernte Osborne seinen Namen von den Stieren, ließ die 14 m hohen und 5 t schweren Silhouetten jedoch stehen, wo sie waren. Ein Schrei der Empörung ging durch Spanien, als die Tiere entfernt werden sollten. So blieben zumindest 94 der ehemals etwa 500 Sherrystiere erhalten.

Land der Oliven

Andalusien, das ist für die meisten Costa del Sol, Alhambra, Mezquita, Flamenco und Carmen. Doch wer von Granada aus nach Norden fährt, der landet schnell mitten im España Incognita: in der Provinz Jaén, der Heimat des andalusischen Olivenöls.

Den Ölbaum umgibt etwas Mystisches, Lebensspendendes, er kann mehrere Hundert Jahre alt werden und dabei Früchte tragen wie in jungen Jahren. Mancher träumt davon, selbst einmal einen Ölbaum zu pflanzen. Im östlichen Mittelmeerraum wurde der Ölbaum seit Menschengedenken verehrt, sein Öl und die Früchte geschätzt. Die Olivenhaine waren heilig, und einen Ölzweig bei sich zu führen, galt als Schutz vor Gefahren. Bei den olympischen Spielen der Athener war die höchste Auszeichnung ein Olivenzweig.

Knapp 2 Mio. t ovale Früchte werden pro Jahr in Spanien – dem größten Olivenölproduzenten der Welt – geerntet. Und 80 Prozent der Olivenbäume stehen in Andalusien.

Aus dem Holz des Baums entstanden geschnitzte Götterbilder. Vor über 2000 Jahren führten die Römer den Olivenbaum auch in ihren spanischen Provinzen ein. Die besten Öle schickten sie per Schiff nach Rom. Es diente als wichtiges Nahrungsmittel, aber auch damals schon als Medizin, Körperpflege und zur Beleuchtung, denn Öllampen waren längst populär, als es Kerzen noch gar nicht gab.

In Reih und Glied ...

... stehen die Olivenbäume auf den flach gewellten Hügeln der Provinz Jaén. Fast die Hälfte der Jahresernte geht in den Export, nur ist im Ausland kaum bekannt, woher der Großteil der Oliven stammt: aus der Provinz Jaén eben. Wer beispielsweise zwischen Jaén und Úbeda unterwegs ist, sieht zur Abwechslung bestenfalls Strommasten, und schnell wird klar: Jaén ist der größte Olivenölproduzent der Welt, Monokultur pur und dabei dennoch überaus effektiv. Wegen der Subventionen durch die EU wurden Luftaufnahmen von der Provinz gemacht, um die genaue Anzahl der Bäume zu ermitteln: die Zahl ist sagenhaft, es sind über 60 Millionen! Pflege und Ernte sind aufwendig – da bleibt wenig Raum für Träume, selbst wenn einer der steinalten Bäume nahe Martos »Romeo und Julia« heißt, weil sich seine silbrig schimmernden Verzweigungen über dem ockerfarbenen Boden so schön aneinanderschmiegen.

Starköche schwören auf das andalusische Olivenöl

Die ovalen Früchte der Bäume werden in modernen Fabriken von einfachem Aceite de Oliva bis hin zu Aceite de Oliva Virgen Extra verarbeitet, die Kerne kommen zerkleinert in die Heizanlagen so mancher Wellness-Center und das »grüne Gold der Region« wird auch in der Kosmetik, im Handwerk und in der Küche genutzt. Sogar Speiseeis entsteht daraus, was Geschmackssache ist. Vor allem die Picual-Sorte aus der Provinz Jaén hat sich einen Namen gemacht. Olivenöl darf in lokalen Gerichten natürlich nicht fehlen, ob bei mariniertem Rebhuhn, gebratenen Schweinslenden, Lamm aus dem Ofen, Stockfisch oder dem knoblauchreichen Eintopf »ajoatao«. Selbst Spaniens Starköche wie Ferran Adrià und oder Juan Mari Arzak aus dem fernen Katalonien bzw. Baskenland schwören auf andalusisches Öl.

Ein ganz besonderes Erlebnis ...

... ist eine Ölprobe. Bei solchen Catas de Aceite darf der Besucher wie ein Profi das kostbare Nass riechen, schmecken und dann auch bewerten. Sind Farbe, Geschmack und Geruch erstklassig, so bekommt der Tropfen die Höchstnote Aceite Virgen Extra! Zum Neutralisieren zwischendrin isst man übrigens Apfelstücke.

Zeit für Tapas

Wer durch Andalusien reist, lernt schnell die Tapas kennen, kleine Tellerchen mit Köstlichkeiten, die zum kühlen Glas Bier oder zur »copa de fino«, einem Glas trockenen Sherry, gereicht werden.

In andalusischen Bars kommen und gehen die Leute, bestellen ohne Eile, halten ein Schwätzchen und bleiben meist nicht lange. Zum Bier, Sherry oder Wein werden Schälchen mit zwei, drei herzhaft-leckeren Appetithäppchen serviert, die in einer langen Reihe am Tresen ausgestellt sind. An denen kann und soll man sich nicht satt essen. Das Schlüsselwort heißt »tapear«: Man zieht von Bar zu Bar und probiert jedes Mal eine andere Köstlichkeit; dabei lernt man nicht nur deren Vielfalt kennen, sondern kann danach auch ohne Weiteres auf eine Hauptmahlzeit verzichten.

Wörtlich übersetzt bedeutet Tapa so viel wie »Deckel«: Einer der vielen Theorien zufolge deckte man früher sein Sherryglas mit einem kleinen Teller ab, damit keine Fliegen oder Staub hineinfielen. Auf diese Abdeckung legte dann das

Tapas werden mal rustikal, mal edel serviert. Die Auswahl ist in jedem Fall nicht einfach – wie wäre es denn z. B. mit Leckereien aus Garnelen oder Sardinen?

Leckere Tapas

Die Namen der Tapas können je nach Bar etwas differieren.

Fisch und Fleisch

- Gambas a la plancha: gegrillte Garnelen
- Puntillitas fritas: frittierter Baby-Tintenfisch
- Boquerones fritas: frittierte Sardellen
- Cazón en adobo: eingelegter Fisch, der frittiert wurde
- Croquetas: mit Fleisch oder Fisch gefüllte Kroketten
- Jamón Serrano: luftgetrockneter Schinken – teuer
- Habas con jamón: dicke Bohnen mit Schinken
- Flamenquin casero: Schweinefleisch, Ei und Gemüse im Teig
- Lomo al Jerez: Schweinelende in Sherry gekocht
- Pollo al ajillo: Huhn in Knoblauch
- Pimientos rellenos: gefüllte Paprika mit Thunfisch

Vegetarisch

- Aceitunas: Oliven
- Ensalada mixta: gemischter Salat
- Revueltos: Rührei mit Gemüse
- Champiñones a la plancha: Champignons mit Knoblauch
- Patatas ali-oli: Kartoffelstücke in Knoblauch-Mayo-Dressing
- Tortilla de patatas: Kartoffelomelett
- Arroz: Reis

Die Qual der Wahl hat man auch im Gallo Azul in Jerez de la Frontera ...

Personal in den Bars immer ein paar Brotstückchen, Wurst, Käse oder auch Oliven. Heute bieten gute Tapas-Bars eine große Auswahl an warmen und kalten Leckerbissen, die in langen Reihen am Tresen ausgestellt sind, dazu zahlreiche Sherrysorten, Wein und andere Getränke. Über dem Tresen hängen meist dicke, luftgetrocknete Schinken, die ebenfalls köstlich schmecken. Man kann sie als Ración (Portion) für mehrere Personen oder als Media Ración (halbe Portion) für eine Person bestellen. Zum kühlen Bier oder Weißwein auf der Café-Terrasse wird in der Regel eine Tapa ungefragt gereicht. Eher die Ausnahme sind mehrsprachige Speisekarten. Wer kein Spanisch kann, spielt »Tapas-Roulette« – und bestellt womöglich die wohlklingenden »criadillas« – frittierte Schweinehoden. Fragen Sie lieber vorher nach, um sicherzugehen!

Die Costa del Sol ist nicht nur mit einer großen Portion Sonne, sondern auch mit Sandstränden, dem blauen Meer und sehenswerten Orten gesegnet.

Málaga und Cádiz

Wunderschöne Städte und Dörfer locken hierher, aber auch beeindruckende Landschaften. Die High Society verlustiert sich an der Costa.

Seite 34–71

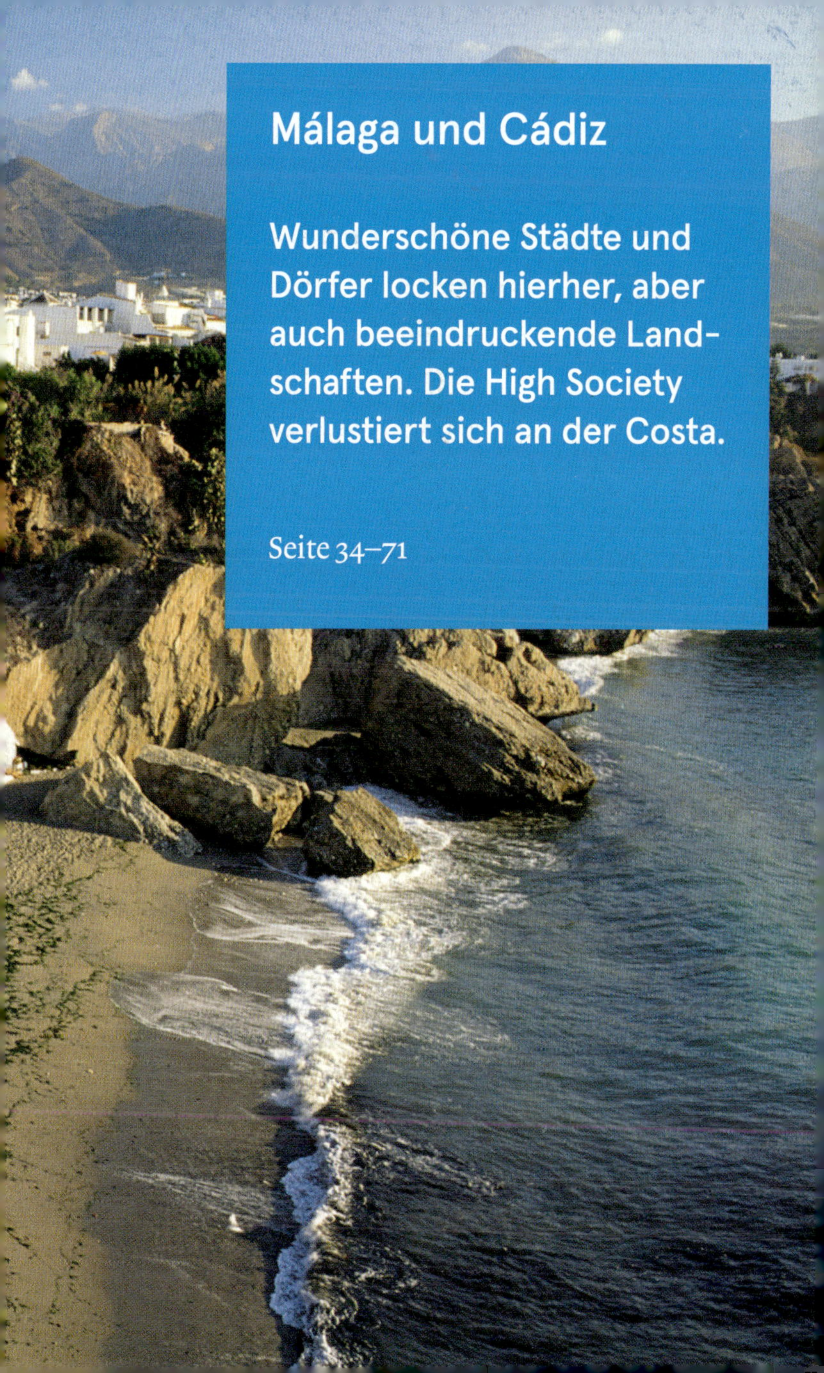

Erste Orientierung

Málaga und Cádiz sind die am häufigsten besuchten Provinzen Andalusiens. Das liegt nicht nur an der Costa del Sol, sondern auch am beeindruckenden Hinterland mit alten maurischen Dörfern und historischen Städten.

Die Provinz Málaga eignet sich hervorragend als Ausgangspunkt für die Erkundung der außergewöhnlichen Vielfalt Andalusiens. Die Hauptstadt Málaga ist eine noch ganz authentisch spanische Stadt – ein schöner Kontrast zu den aus dem Boden gestampften Touristenzentren an der Costa del Sol. Im Norden der Provinz liegen bewaldete Täler und zerklüftete Berge. Am eindrucksvollsten ist der Naturpark El Torcal mit seinen bizarren Kalksteinformationen unweit des historischen Städtchens Antequera. Doch auch weiter gen Westen mangelt es nicht an spektakulären Orten. So scheint die Stadt Ronda förmlich über der gewaltigen Schlucht des Río de Guadalevín zu hängen. Südlich und westlich von Ronda sprenkeln die legendären »Pueblos Blancos« wie weiße Tupfen die schönen Berge der Sierra de Grazalema und die bewaldeten Hügel der Region Los Alcornocales.

TOP 10

4 ★★ Ronda

7 ★★ Jerez de la Frontera

10 ★★ Costa del Sol

Nicht verpassen!

11 Málaga

12 Cádiz

Nach Lust und Laune!

13 Nerja

14 Antequera

15 Parque Natural Sierra de Grazalema

16 Arcos de la Frontera

17 Sanlúcar de Barrameda

18 El Puerto de Santa María

19 Costa de la Luz (Cádiz)

20 Gibraltar

Mein Tag auf den Plätzen der weißen Stadt

Cádiz ist die vielleicht außergewöhnlichste Stadt Spaniens: Eine filigrane Landzunge mitten im Atlantik, vollgepackt mit Häuserblocks, durchzogen von einem labyrinthischen Gewirr von schmalen Gässchen. Dazwischen bilden unzählige Plätze kleine Inseln. Sie erzählen die Geschichte und Geschichten der Stadt, während Sie unter Bäumen oder auf Caféterrassen verweilen.

9 Uhr: Früher Wein, heute Touristen

Der Hafen von ⓬ Cádiz war schon immer ein Warenumschlagplatz und Verkehrsknotenpunkt: Die Römer schickten Wein und Pökelfisch nach Rom, dann kamen die Schätze aus der Neuen Welt, heute bringen Kreuzfahrtschiffe Touristen. Am besten besorgen Sie sich in der Touristeninformation am Paseo de Canalejas (S. 54) einen Stadtplan, bevor Sie sich gleich um die Ecke auf der Plaza de San Juan de Dios ein Frühstückscafé suchen. Früher war dieser langgestreckte Platz der wichtigste Markt- und Handelsplatz von Cádiz.

10.30 Uhr: Duftende Blumen und ein schickes Postamt

Durch die Calle Pelota kommen Sie zur prächtigen Kathedrale (S. 59). Wie ein göttliches Bollwerk steht

17 Uhr: Weinberge, Seemänner und die Muttergottes

15 Uhr: Von der Petersilie zur Wonne

12.30 Uhr: Jetzt wird es monumental

10.30 Uhr: Duftende Blumen und ein schickes Postamt

Lust auf ein Frühstück unter Palmen? Dann beginnen Sie den Tag mit einer kleinen Stärkung auf der charmanten Plaza de San Juan de Dios.

sie am Ufer des Atlantiks. Die flaschenförmige Plaza Topete, besser bekannt als Plaza de las Flores, Blumenplatz, am Ende der Calle Compañía ist einer der Lieblingsplätze der »Gaditandos«. Ob zum Blumen kaufen, für einen Cafébesuch oder zum Feiern an Karneval. Sie haben noch Urlaubspost zu verschicken? Dann tun Sie das doch ganz stilvoll im 1930 eröffneten palastartigen Postamt.

11 Uhr: Oase mitten in der Stadt

Etwas nordöstlich liegt die Plaza de Candelaria. Nur noch ihr Name erinnert an das Kloster, das hier vom 16. bis Ende des 19. Jh.s stand. Warum holen Sie sich nicht in der Pastelería La Gloria eine Nascherei und genießen sie auf einer Parkbank unter Schatten spendenden Bäumen?

12.30 Uhr: Jetzt wird es monumental

Ganz im Norden finden sich gleich drei repräsentative Plätze: Auf der Plaza de España erinnert das als marmorner Parlamentsaal gestaltete Denkmal an die erste Verfassung Spaniens von 1812. Durch die Calle Antonio López gelangen Sie zur

Im Anschluss bestaunen Sie Himmelstürmendes und Tiefwurzelndes: Von der Kathedrale geht es auch auf die Plaza de Mina mit ihrem alten Kapokbaum.

Plaza de Mina. Der einstige Garten eines Franziskanerkonvents wird von Bürgerhäusern aus dem 19. Jh. gesäumt, darunter das Geburtshaus des Komponisten Manuel de Falla und das Museum von Cádiz. Versäumen Sie nicht, auch dem uralten Kapokbaum auf dem Platz einen Besuch abzustatten. Und vielleicht steht Ihnen im Anschluss ja der Sinn nach einem Snack im Kiosko Criso, bevor es weiter auf die Plaza de San Antonio geht. 1812 wurde auf diesem eher nüchternen Platz die Verfassung von Cádiz ausgerufen, und bei den liberalen Aufständen im Jahr 1820 fanden hier blutige Auseinandersetzungen statt.

14 Uhr: Die »Plauderecke«

Auf der Plaza del Mentidero am Ende der Calle Veedor stand

Wandeln Sie unbedingt einmal durch den hübschen Parque Genovés und gönnen Sie sich dann eine genussvolles Päuschen im »Weinbergviertel« – dürfen es ein paar frische Austern sein?

einst das Kreuz der Wahrheit (Cruz de la Verdad). Da der Platz aber ein beliebter Treffpunkt von Müßiggängern war, die beim Tratschen so manche »Fake News« produzierten, nannten man ihn Platz des »Lügenkreuzes« (Cruz de las Mentiras), daraus wurde Plaza del Mentidero – die Plauderecke. Die Caféterrassen unter Bäumen laden aber eben auch zu einem Pläuschchen ein.

15 Uhr: Von der Petersilie zur Wonne

Der Parque Genovés am Westufer der Stadt war bis ins 18. Jh. hinein militärisches Sperrgebiet. Dann eroberten Spaziergänger das Brachland und nannten es liebevoll »Petersilienweg«. Ab Mitte des 19. Jh.s entstand dann rund um die »Wonnepromenade« (Paseo de las Delicias) die schönste Parkanlage von Cádiz.

17 Uhr: Weinberge, Seemänner und die Muttergottes

Im Südwesten erstreckt sich das Barrio de la Viña – das Weinbergviertel. Bis ins 18. Jh. wurden hier tatsächlich Rebstöcke kultiviert, dann siedelten sich Seeleute an. Es gilt als das authentischste Viertel

Bei einem Tag auf den Plätzen von Cádiz darf die Plaza del Mentidero, die »Plauderecke« der weißen Stadt, nicht fehlen (rechts unten).

der Stadt. Es heißt, die heilige Muttergottes habe 1755 den vom großen Erdbeben bei Lissabon ausgelösten Tsunami direkt vor der Iglesia de Nuestra Señora de la Palmera gestoppt. Weniger erfolgreich hingeggen war sie mit dem Karneval von Cádiz: Denn der hat in den Straßen um die Calle Virgen de la Palmera sein Epizentrum. Sie haben für heute genug von all dem städtischen Getümmel? Dann lassen Sie den Tag in aller Ruhe an der Playa La Caleta ausklingen.

ℹ

Pastelería La Gloria
✉ Plaza Candelaria, 9,
11005 Cádiz ☎ 09 56 28 34 55

Kiosko Criso
✉ Plaza de Mina, 2,
11004 Cádiz ☎ 06 26 67 42 54
🕐 tägl. 10.45–21.15 Uhr

❹ ★★ Ronda

Was?	Entspannter Bummel immer nah am Abgrund
Warum?	Allein wegen der schwindelerregenden Blicke in die Tiefe lohnt sich der Besuch.
Wann?	Am frühen Morgen oder am späten Nachmittag, wenn die Touristenmassen noch nicht oder nicht mehr hier sin
Wie lange?	Über Nacht, um die Atmosphäre der ruhigeren Stunden zu erleben
Wie?	Unbedingt zu Fuß
Resümee	Eine Brücke über einer tiefen Schlucht, eine sehenswerte Altstadt, Räubergeschichten und eine Arena

Ronda begeistert einfach jeden – allein schon durch die atemberaubende Lage über einer zerklüfteten Schlucht des Río Guadalevín. Zwischen deren steil abfallenden Wänden spannt sich spektakulär eine Brücke aus dem 18. Jahrhundert. Kein Wunder also, dass die Stadt schon seit dem 19. Jh. zu den Touristenmagneten Andalusiens gehört.

Die besagte, über 100 m tiefe Schlucht El Tajo durchschneidet mit ihren Steilabbrüchen die Stadt. Braune und weiße Gebäude stehen am Rand der Klippen dicht beieinander, als ob sie gemeißelte oder gemalte Fortführungen des natürlichen Gesteins wären. Die imposante Brücke, die Puente Nuevo, führt an der schmalsten Stelle über die Schlucht und eröffnet einen guten Blick in den Abgrund. Atemberaubend ist die Aussicht auf die Schlucht und das Umland vom Mirador de Ronda am Paseo Blas Infante gleich neben der Stierkampfarena.

Die Altstadt

Die interessantesten Sehenswürdigkeiten von Ronda liegen auf der Südseite der Schlucht in der Ciudad Antigua, der Altstadt. Beim Bummel durch die verwinkelten Gassen treffen Sie auf schöne Plätze, Kirchen und Renaissancepaläste. Am südlichen Ende liegt die Plaza Duquesa de Parcent, ein begrünter Platz mit hübschen Gebäuden und der Iglesia de Santa María Mayor. Die Kirche steht an der Stelle einer alten

Beeindruckende Baukunst: Rondas Brücke über die Schlucht

Moschee; noch immer können Sie einige maurische Merkmale an dem vorwiegend gotischen und barocken Bau erkennen. Der Glockenturm krönt das Fragment des alten Minaretts.

Gleich um die Ecke, ein Stück die Calle Manuel Montero hinauf, gelangen Sie zum Palacio de Mondragón aus dem 14. Jahrhundert. Der ehemals maurische Palast wurde nach der Reconquista umgebaut, doch ein Teil der »Mudéjar«-Architektur blieb erhalten. Seine drei kleinen Höfe, die »Patios«, sind in Anlage und Dekor bemerkenswerte Beispiele für die Kunst des Islam. Von den Gartenterrassen aus bietet sich ein herrlicher Ausblick. Teile des Palastes werden vom Stadtmuseum genutzt, das sich der Frühgeschichte und der iberischen Vergangenheit Rondas widmet.

Nicht weit ist es von hier auch bis zur Casa de Don Bosco, einem Anwesen aus dem 19. Jh. mit einem herrlich gestalteten Garten samt Mosaiken, Brunnen und Blick auf die Felsen – ein wunderbarer Rückzugsort.

Lust auf ein wenig Geschichte? In der Calle Arniñan, der Hauptachse der Altstadt, erzählt Ihnen das Museo del

Bandolero (Straßenräubermuseum) die Geschichte jener Wegelagerer, die im 19. Jh. in den umliegenden Bergen lebten.

Durch die Calle Marqués de Salvatierra gelangen Sie zur mittelalterlichen Puente Viejo mit einer fantastischen Aussicht, und etwas unterhalb spannt sich die maurische Puente de San Miguel über die Schlucht. Ganz in der Nähe befinden sich die Baños Árabes, die arabischen Bäder, die auf das 13. und 14. Jh. zurückgehen.

Jenseits der Puente Viejo schließen sich die Jardines Ciudad de Cuenca an. Von dort haben Sie einen herrlichen Blick in die Schlucht hinunter.

Mercadillo

Über die Puente Nuevo gelangen Sie in den Stadtteil Mercadillo (benannt nach dem Wochenmarkt), das Ronda der schicken Hotels, Restaurants, Bars und Andenkenläden.

Ronda gilt als Wiege des modernen Stierkampfs. Die 1785 eingeweihte Plaza de Toros ist eine der ältesten und mit einem Durchmesser von 66 m größten Arenen Spaniens, und auch der Regisseur Orson Welles und der Schriftsteller Ernest Hemingway wohnten hier einem der schaurigen Spektakel bei.

Arena mit langer Vergangenheit: Plaza de Toros

Weiteres weiß das angeschlossene Museo Taurino zu berichten – zu sehen sind zahlreiche Erinnerungsstücke berühmter Toreros und Bilder berühmter Stiere.

Gegenüber der Arena beginnt die autofreie Haupteinkaufsstraße der Stadt, die Carrera Espinel, auf beiden Seiten flankiert von Souvenirläden unterschiedlicher Qualität, aber auch von verführerischen Delikatessengeschäften und Boutiquen. Am Beginn der Espinel liegt die Plaza del Socorro mit ihren Restaurants, Bars und Cafés.

Schlümpfe in Andalusien?

20 km südlich von Ronda sorgt Júzcar – »el pueblo pitufo«, das Schlumpfdorf – für Aufsehen. Die ursprünglich als Werbeaktion für den Film »Die Schlümpfe« blau gestrichenen Häuser des idyllisch in der Berglandschaft gelegenen Dörfchens entwickelten sich zu einer Touristenattraktion.

KLEINE PAUSE

Wer die wirklich atemberaubende Aussicht auf Schlucht und Brücke genießen möchte, der kehrt am besten in dem typisch spanischen Restaurant **Don Miguel** ein – denn dort lassen sich Panoramablick und kulinarischer Genuss aufs angenehmste miteinander verbinden.

Don Miguel: Plaza de España 4, Tel. Restaurant 9 52 87 10 90, Tel. Hotel 9 52 87 77 22

---

211 D2

Touristeninformation
Oficina Municipal de Turismo, Paseo de Blas Infante (OMT)
952 18 71 19 www.turismoderonda.es
Oficina Comarcal de Turismo, Calle Espíritu Santo 37 952 87 07 39

Parken
Tiefgaragen gibt es an der Plaza de la Merced und der Plaza del Socorro (beide nahe der Plaza de Toros), einen öffentlichen Parkplatz an der Calle Lauría.

Iglesia de Santa María Mayor
Plaza Duquesa de Parcent
Mo–Sa 10–20, So 10–12.30, 14–20 Uhr 4,50 €

Palacio de Mondragón
Plaza de Mondragón, Calle Manuel Montero 952 87 08 18 Mo–Fr 10–19 Uhr, Sa/So 10–15 Uhr 3,50 €

Casa de Don Bosco
Calle Tenorio 20 600 27 51 25
tägl. 9.30–17.30 Uhr 2 €

Museo del Bandolero
Calle Armiñán 65 952 87 77 85
Sommer tägl. 11–20.30, Winter tägl. 11–19 Uhr 3,75 €

Baños Árabes
Calle San Miguel Mo–Fr 10–19, Sa, So 10–15 Uhr 3,50 €

Plaza de Toros und Museo Taurino
Calle Virgen de la Paz 952 87 41 32
tägl. 10–20 Uhr 7 €

❼ ★★ Jerez de la Frontera

Was?	Drei auf einen Streich: Sherry, Pferde und Flamenco
Warum?	Hier schenkt man Ihnen ganz bestimmt reinen Wein ein.
Wann?	Im Idealfall Ende Februar/Anfang März während des internationalen Flamenco-Festivals
Was noch?	In die königlich-andalusische Reitschule – perfekte Eleganz auf vier Hufen
Resümee	Verlassen Sie den Ort nicht ohne eine Kostprobe Ihres neuen Lieblings-Sherrys.

Jerez ist weltberühmt als Herkunftsort des Jerez-Weins, in unseren Breiten besser bekannt als Sherry. Ebenso große Bedeutung aber haben hier die Pferdezucht und der Flamenco. Mit ihren schönen Plätzen, schicken Geschäften, lebhaften Bars und Restaurants gehört sie zu den sehenswertesten Provinzstädten Andalusiens.

Der Sherry, eine Erfahrung

Die Weinkelterei reicht in Jerez bis in die Zeit der Phönizier zurück; sie bauten als erste auf dem fruchtbaren, kalkhaltigen Boden rund um Serit Wein an. Die Römer setzten die Tradition fort und nannten die Siedlung Seretium bzw. Xeritium. Mit dem Umweg über das maurische Sheres wurde daraus Jerez. Nach der Eroberung durch Alfonso X. im Jahre 1264 wurde Jerez zu »de la Frontera«, zur Grenzstadt zum maurischen Königreich Granada. Ab dem 18./19. Jh. erhielt das aus fermentiertem Wein hergestellte und vor allem bei den Engländern beliebte Getränk den Namen »Sherry«.

Eine Bodega zu besuchen, ist eine bereichernde Erfahrung. Führer in Livree weisen den Weg durch riesige Weinlager, am Ende lernen Sie bei einer Kostprobe die unterschiedlichen Sherrysorten kennen. Zu den bekanntesten Bodegas in Jerez zählen berühmte Namen wie Bodegas Tío Pepe, Domecq-Harveys, Sandeman und Williams & Humbert; am schönsten sind wohl die Führungen bei Bodegas Tío Pepe und Domecq-Harveys, deren Räumlichkeiten kleinen Dörfern mit üppigen Gärten, überdachten Patios und Kopf-

Ein Spaziergang durch die zauberhaften Gärten des Alcázar lohnt sich unbedingt (links).

Reitkunst vom Feinsten zeigt die Real Escuela Andaluza del Arte Ecuestre.

steinpflastergassen gleichen. In der Bodega von Williams & Humbert gibt es zusätzlich Flamenco und eine Pferdeschau zu sehen.

Pferde und mehr

Den Namen Jerez verbindet man seit dem 18. Jh. auch mit Pferden. Damals begannen die Mönche des Kartäuserklosters ganz in der Nähe, die sogenannten »cartujanos« zu züchten, Pferde arabischer Abstammung, die für ihre Eleganz und ihren Gehorsam bekannt waren. Die Region um Jerez steht bis heute in der spanischen Pferdezucht an erster Stelle. In der Real Escuela Andaluza del Arte Ecuestre, der Königlichen Andalusischen Hofreitschule, kann man »Cómo bailan los caballos andaluces« bewundern, eine Pferdeshow mit einer Choreografie, die nicht nur Pferdefans begeistert. An den vorstellungsfreien Tagen können Sie die Stallungen und Trainingseinrichtungen besichtigen. Wer noch etwas mehr Zeit zur Verfügung hat, besucht den maurischen Alcázar aus dem 12. Jh.– innerhalb der Burgmauer verzaubern Sie Gärten aus 1001 Nacht. Sie betreten den Alcázar durch die Puerta de la Ciudad, drinnen erwarten Sie die gut erhaltene überkuppelte Moschee mit restauriertem Mihrâb sowie eine aus dem 14. Jh. stammende Badeanlage. Der im Stil der Renaissance umgebaute Palacio de Villavicencio präsentiert im Turm eine Camera Obscura, die ungewöhnliche Stadtansichten erzeugt.

Vom Alcázar blicken Sie auf die Rückseite der ab 1695 im Barockstil erbauten Kathedrale Colegiata de San Salvador, Nachfolgerin eines Kirchenbaus aus dem 13. Jh., der wiederum auf den Grundmauern einer Moschee entstanden ist. Auffallend sind der frei stehende Glockenturm, das ausladende Strebewerk zum Schutz vor Erdbebenschäden, die Kuppel sowie die barocke Freitreppe vor der Hauptfassade.

Das Flamencozentrum, Centro Andaluz de Flamenco, lohnt ebenfalls einen Besuch. Es liegt mitten im Barrio de Santiago, dem alten Romaviertel der Stadt, und gilt als Wiege des Flamenco. Mit Videos und Filmen über Flamenco-Berühmtheiten wie Manolo Caracol tauchen Sie in die Geschichte dieser einzigartigen Kunst ein. Und wenn Sie früh am Morgen durch das Viertel schlendern, hören Sie vielleicht rhythmische Gitarrenklänge aus den Flamencoschulen.

Das moderne Jerez finden Sie in der Fußgängerzone westlich der Hauptstraße, der Calle Larga. Rund um die hübsche Kirche San Dionisio de Areopagita aus dem 15. Jh. können Sie schöne Plätze und Tapas-Bars entdecken.

KLEINE PAUSE

Bar La Maceta: Calle Lancería 27, Tel. 629 63 13 63

Viel Flair bietet das authentische Lokal **Bar La Maceta**, wo Sie einen eiskalten Fino zu eingelegten Miesmuscheln oder einem Bocadillo (herzhaft belegtes Brot) trinken. Sie können im Freien Platz nehmen oder in der mit zahlreichen Sherryplakaten geschmückten Bar.

---

i

Touristeninformation
Plaza del Arenal ☎ 956 33 88 74
www.turismojerez.com

Real Escuela Andaluza del Arte Ecuestre
Avenida Duque de Abrantes
☎ 956 31 96 35 (Reservierung)
www.realescuela.org Vorführung: Dez.-Feb. Do 12 Uhr, März-Nov. Di und Do 12 Uhr, Aug.-Okt. auch Fr sowie machmal Mo und Sa; Stallungen und Training: 10–13 Uhr an Tagen ohne Show 27 bzw. 21 €, Training 11 €; Eintrittskarten vorab online buchen.

Alcázar
Alameda Vieja
☎ 956 14 99 55
Juli–Sept. Mo–Fr 9.30–17.30 Uhr, Okt–Juni. Mo–Fr 9.30–14.30 Uhr; ganzjährig Sa und So 9.30–14.30 Uhr
5 €, mit Cámara Oscura 7 €

Centro Andaluz de Flamenco
Palacio Pemartín, Plaza de San Juan, Barrio de Santiago
☎ 956 90 21 34
www.centroandaluzdeflamenco.es
Mo–Fr 9–14 Uhr frei

⑩ ★★ Costa del Sol

Was?	Sonne satt, Strandvergnügen und hübsche Örtchen
Warum?	Weil in Spaniens beliebtester Urlaubsregion Sommerträume wahr werden.
Wann?	Im Winter, um mal wieder etwas Sonne zu tanken
Wie lange?	Am besten für immer – fürs Erste genügen auch ein paar Tage.
Wie viele?	320 Sonnentage pro Jahr
Resümee	Die Sonnenküste trägt ihren Namen völlig zu Recht.

Meine Jacht, mein Auto … Sehen und Gesehenwerden in Puerto Banús

Der touristische Kern der Küste von Málaga bis Estepona gilt als das größte zusammenhängende Feriengebiet Europas. Bis in die 1950er-Jahre hinein verirrte sich kaum ein Reisender hierher, doch dann entdeckte der organisierte Massentourismus die sonnenverwöhnte Küste mit ihren einzigartigen Stränden.

Estepona

Der westlichste Ort der Costa del Sol, das einstige Fischerdorf Estepona, wuchs mit dem aufkommenden Massentourismus in den 1960er-Jahren beträchtlich an, doch hat sich der hübsche Ortskern samt seinem ansehnlichen

Fischerei- und Jachthafen erhalten. Blumenrabatten, Palmen und Büsche schmücken die breite, rund 2 km lange Strandpromenade. Im Herzen der Altstadt lässt die kleine Plaza de las Flores mit duftendem Jasmin das Andalusien des 19. Jh.s lebendig werden. Im Zentrum können Sie zwischen vielen Bars, Cafés und Restaurants wählen. Als spanienweit bedeutendste Orchideensammlung gilt das Orchidarium nördlich der Altstadt, die eigentliche Attraktion jedoch ist der schöne Strand. Am westlichen Ende finden sich ein alter Leuchtturm, der Fischerhafen, der Jachthafen und noch ein paar Kilometer gen Westen die Costa Natura, der älteste, 1981 eingerichtete FKK-Strand Spaniens. Östlich von Estepona ziehen sich die gesichtslosen Apartmentanlagen auf beiden Seiten der Autobahn bis nach Marbella.

Im Herzen von Estepona

Marbella – schönes Meer und mehr

Einst gründeten die Phönizier hier eine Siedlung namens Salduba (Salzstadt). 1485, nachdem die Katholischen Könige die Mauren vertrieben hatten, soll Königin Isabella beim Anblick der Küste ausgerufen haben »¡Qué mar bella!« – »Was für ein schönes Meer!« – und der Name der Stadt war geboren. Marbellas Eintritt in die touristische Welt erfolgte 1954, als Prinz Alfonso von Hohenlohe den Marbella-Club gründete, jahrzehntelanger Mittelpunkt der High Society. Heute wirkt der Ferienort tagsüber relativ langweilig, aber nachts entfaltet sich rund um Marbellas Jachthafen Puerto Deportivo und die Plaza Puente Ronda in der aufgemöbelten Altstadt (»casco antiguo«) ein quirlig-buntes Nachtleben. Gute Stube der Altstadt ist die von Orangenbäumchen bestandene Plaza de los Naranjos, die im 14. Jh. entstand, als das alte maurische Viertel zerstört wurde. In den kleinen Gässchen verlocken Boutiquen und Kunsthandwerkläden zum gemütlichen Stöbern. Weiter östlich steht an der Plaza de la Iglesia neben den alten maurischen Stadtmauern von Marbella die hübsche Kirche Nuestra Señora de la Encarnación. Gleich um die Ecke zeigt das Museo del Grabado Contemporáneo

Tummelplatz der Reichen und Schönen: Nikki Beach in Marbella (links). Wer es etwas ruhiger mag, entspannt sich im Park (unten).

(Lithografiemuseum) in einem schönen Renaissancegebäude Werke von Joan Miró und Picasso sowie zeitgenössische spanische Grafik. Südlich der Plaza de los Naranjos geht die Altstadt in die geschäftige Avda. Ramón y Cajal über; eine schattige Oase ist dort der Parque de la Alameda mit Springbrunnen. Über die sich anschließende breite Esplanade mit exzentrischen Plastiken von Salvador Dalí gelangen Sie direkt hinunter zur Promenade. Dort bietet Marbella die an der Costa del Sol übliche Mischung aus Strand, Fischlokalen, Andenkenläden, Bars und Cafés.

6 km weiter westlich liegt der Jachthafen Puerto Banús mit pseudomaurischen Apartmenthäusern, teuren Geschäften und Restaurants sowie besonders betuchtem Publikum.

Fuengirola und Torremolinos

Etwa 25 km östlich von Marbella ist das Arbeiterstädtchen Fuengirola mit seinen Hotelkomplexen am Meer einer der am wenigsten beliebten Orte. Dennoch gilt es als klassischer Ferienort mit Bars am Meer, wo man der Sangría zusprechen kann, und einem langen, mit Liegestühlen vollgepackten Strand.

Torremolinos, 20 km nordöstlich von Fuengirola, ist der am meisten besuchte Ort an der Costa. Hier dominiert der typische Mischmasch aus Souvenirläden, Bars, Cafés und Restaurants. Einige alte Gassen blieben jedoch erhalten. In der Hauptsaison schiebt sich der Touristenstrom durch den Ort, der Strand ist übervoll. Lohnend ist dennoch ein Spaziergang auf der hübschen Promenade, dem Paseo Marítimo. Dieser führt 6 km an den Stränden La Carihuela und Montemar entlang und mündet an der Benalmádena Costa in einem kitschigen Hafenkomplex im arabischen Stil mit Terrassen und Zuckerhuttürmchen. Den ganzen Paseo Marítimo säumen »Chiringuitos« (Strandbars), in denen gegrillte Sardinen und eiskalte Getränke auf den Tisch kommen.

In den Bergen hinter der Costa del Sol können Sie aber auch viele schöne, authentische Dörfer entdecken. Casares liegt in der Sierra Bermeja, etwa 18 km landeinwärts von Estepona. Über die weiß getünchten Häuser mit ihren terrakottagedeckten Dächern wacht eine maurische Burg. Das Dorf Mijas, etwa 8 km nördlich von Fuengirola, ist zwar überlaufen, hat sich aber trotzdem einiges von seinem Charme bewahren können. Dies sieht man besonders gegen Abend. Zwischen den Ferienorten und den Dörfern verkehren Busse.

Sinatra Bar: Casa E, Local 2, Puerto Banús, Tel. 952 81 90 50

KLEINE PAUSE

Wer einen Blick auf den Jetset von Marbella erhaschen möchte, genehmigt sich in der **Sinatra Bar** in Puerto Banús einen überteuerten Drink. Hier treffen sich Stars und Sternchen, und wer genug gesehen hat, bewundert danach die Jachten oder macht einen Schaufensterbummel.

Touristeninformation Estepona
211 D1 Plaza de las Flores
952 80 20 02
www.estepona.es/turismo

Touristeninformation Marbella
211 D2 Plaza de los Naranjos und Glorieta de la Fontanilla
952 7 68 76 60
www.turismo.marbella.es

Touristeninformation Fuengirola
211 E2 Avenida Jesús Santos Rein 6 952 37 42 57
www.fuengirola.es

Touristeninformation Torremolinos
211 E2 Plaza de las Comunidades Autónomas
952 37 42 31
www.turismotorremolinos.es

⓫ Málaga

Was?	Sich am frühen Abend durch die verwinkelten Altstadtgassen treiben lassen
Warum?	Zwischen Strand und Sonne passt noch ein Picasso – hier stand die Wiege des Genies.
Wann?	In der Osterwoche, wenn die Osterprozessionen stattfinden
Wie lange?	Ein, zwei Tage sollten es schon sein.
Resümee	Beeindruckende Bauwerke und viele Möglichkeiten, in Genüssen zu schwelgen

Die am Fuß der Montes de Málaga liegende zweitgrößte Stadt Andalusiens ist der wirtschaftliche und kulturelle Mittelpunkt der Costa del Sol und wird an 300 Tagen im Jahr von der Sonne verwöhnt.

Málaga ist eine Gründung der Phönizier, die hier einen Handelsplatz für gepökelten Fisch besaßen. Auch der Name der Stadt soll auf das phönizische Wort für Salz, nämlich »malak«, zurückgehen. Nach Sevilla ist Málaga die wichtigste Stadt Andalusiens. Wirtschaftliche Triebfedern sind der große Industriehafen und das wachsende Finanzzentrum. Der Río Guadalmedina teilt die Stadt in zwei Bereiche: im Westen die Neustadt mit dem Hauptbahnhof, wo sich Hochhaus an Hochhaus reiht, und im Osten die Altstadt. Hier, im Herzen Málagas, finden Sie an Straßen und Plätzen aus dem 19. Jh. zahlreiche Läden und

Málaga ist eine wundervolle Stadt zum Flanieren – für den Kunstgenuss zwischendurch gehen Sie z. B. ins Museo Picasso (oben).

Unvergleichlich: der Blick auf die Alcazaba in Málaga

Kunstgalerien, Bars und Cafés. Dazwischen erzählen historische Gebäude die lange Geschichte der Stadt als Hafen und Handelszentrum. Beeindruckend ist die maurische Alcazaba am Fuße des Monte Gibralfaro, dem »Leuchtturm-Berg«. Dessen Name geht zurück auf die Römer, die auf seinem Gipfel einen Leuchtturm errichtetet hatten.

Sehenswertes Málaga

Ab dem 11. Jh. entstand auf römischen Fundamenten die Festung Alcazaba, im 13./14. Jh. bauten sie die Nasriden fast zur Größe der Alhambra von Granada aus. Nach dem Untergang der Mauren verfiel die Burg, und erst ab 1931 wurde mit der Sanierung begonnen. Heute erstrahlt sie wieder in voller Pracht. Am Eingang liegen die beeindruckenden Ruinen des römischen Theaters, das einst als Steinbruch diente: Marmorsäulen und Kapitelle wurden in die Wände des Maurenpalasts integriert. Steigt man weiter hinauf, bietet sich vom oberen Teil der Alcazaba aus ein fantastischer Blick.

Über der Alcazaba thront das Castillo de Gibralfaro aus dem 14. Jh. auf dem Gipfel des Monte Gibralfaro. Von dort haben Sie eine wunderschöne Aussicht, und es gibt ein kleines Militärmuseum. Zur Burg hinauf führt ein etwas beschwerlicher Fußmarsch: Die Straße rechts der Alcazaba führt zu einem steilen, gepflasterten Weg durch hübsche Gärten. Sie können aber auch von der Avenida de Cervantes den Bus Nummer 35 oder ein Taxi nehmen und beim Abstieg die Aussicht genießen. In der Nähe der Alcazaba liegt Málagas

Kathedrale. Das von 1582 bis 1783 erbaute Gotteshaus wird auch La Manquita (»einarmige alte Frau«) genannt, da an der Westseite nur ein Turm steht. Werfen Sie einen Blick in den lichtdurchfluteten Innenraum mit seinen drei fast 42 m hohen Kirchenschiffen und dem weiß und orangefarben gefliesten Boden. Neben der Kathedrale lohnen das gotische Portal und der Altar der Iglesia del Sagrario einen Blick.

Das elegante Palacio de Buenavista aus dem 16. Jh. beherbergt das Museo Picasso, eine hervorragende Hommage an den genialen Maler. Zu sehen gibt es eine Dauerausstellung sowie Wechselausstellungen internationaler Künstler.

Auch das Geburtshaus des Malers, die Casa Natal de Picasso auf der Plaza de la Merced (tägl. 9.30–20 Uhr; 3 €) lohnt sich.

Genießen Sie die Atmosphäre

In Málaga kann man wunderbar bummeln. Die Fußgängerzone (Calle Marqués de Larios) säumen schicke Läden und Cafés. Sie führt zur Plaza de la Constitución im Herzen der Altstadt. Hier beginnt ein Gassengewirr mit hübschen Häusern mit schmiedeeisernen Balkonen und historischen Kirchen. Ein Fest für Auge und Gaumen ist der Mercado Central Atarazanas westlich der Calle de Larios. Ähnlich der berühmten Boquería in Barcelona werden in der Markthalle an unzähligen Ständen Fisch, Fleisch, Obst und Gemüse verkauft.

KLEINE PAUSE

Für den wahren Malageño gibt es nur einen Platz für den Nachmittagskaffee, ein Gläschen Wein oder Tapas: das über zwei Stockwerke reichende **El Pimpi** zwischen der Calle Alcazabilla und Calle Granada.

El Pimpi: Calle Granada, 62, Málaga, tägl. ab 10 Uhr, Tel. 952 22 54 03 www.elpimpi.com

---

✈ 211 E2

Touristeninformation
✉ Plaza de la Marina 11 ☎ 951 92 60 20 🌐 www.malagaturismo.com ✉ Avenida de Cervantes 1 (OMT) ☎ 951 92 60 20

Alcazaba
✉ Calle Alcazabilla ☎ 952 22 72 30
🕒 tägl. ab 9 Uhr 🎟 2,20 €

Kirchen
✉ Calle Molina Lario 9 ☎ 952 22 03 45
🕒 Catedral: Mo–Fr. 10–20 Uhr (Juni bis Sept. bis 21, Nov.–März bis 18.30, April/Mai bis 20 Uhr), Sa 10–18.30 Uhr, So 14–18.30 Uhr 🎟 6 €;

Iglesia del Sagrario
🕒 Mo–Sa 10–12 Uhr

Museo Picasso
✉ Calle San Augustín ☎ 952 12 76 00 🌐 www.museopicassomalaga.org 🕒 tägl. März–Juni, Sept., Okt. 10–19, Juli, Aug. bis 20, Nov.–Feb. bis 18 Uhr 🎟 9 €

Parken
Tiefgaragen über die Alameda Principal und die Plaza de la Marina erreichbar.

⓬ Cádiz

Was?	Zusehen, wie die Einheimischen zu Sonnenuntergang über die Meerespromenade bummeln
Warum?	Weil hier selbst im Hochsommer der Atlantik noch mit einer frischen Brise verwöhnt.
Wann?	Zu Karneval, denn nirgends ist er in Andalusien wilder und spektakulärer als hier.
Resümee	Diese Stadt verzaubert!

Die Hafenstadt ist berühmt für ihre grandiose Lage auf einem Muschelkalkfelsen am Ende der 9 km langen, sich in die Bucht von Cádiz am Atlantischen Ozean erstreckenden Landzunge. Ihr früherer Reichtum spiegelt sich noch in der Kathedrale und so manchen barocken Gebäuden wider. Unvergesslich: ein Bummel durch die Gassen bis zur in gleißendes Sonnenlicht getauchten Meerespromenade.

Beständig weht eine frische Brise durch die Straßen, die den Aufenthalt auch im Hochsommer angenehm macht und für flirrend-klares Licht in der Stadt sorgt, was ihr den Beinamen »tazita de plata« (»Silbertässchen«) eintrug.

Schon unter den Phöniziern, Römern und Westgoten war Cádiz ein bedeutender Hafen, erlebte aber unter den Mauren einen Niedergang. Die meisten Sehenswürdigkeiten stammen aus dem 18. Jh., als der spanisch-amerikanische Handel mit Gold und Silber Cádiz Wohlstand brachte. Das Museo de Cádiz ist ein guter Ausgangspunkt, um die Stadt zu erkunden. Das Museum, ein restauriertes Anwesen aus dem 18. Jh., zählt zu den schönsten Spaniens. In der Abteilung Archäologie finden sich Schmuck der Phönizier sowie Glasarbeiten und die Rekonstruktion des Wracks eines römischen Handelsschiffs. Der erste Stock birgt Kunstschätze, etwa Werke von Murillo, Rubens und Zurbarán.

Die engen Gassen sind durch hübsche Plätze verbunden. Sehenswert ist der Torre Tavira, ein Wachturm mit Camara Obscura. Das Oratorio de San Felipe Neri hat einen ovalen Innenraum, der sich zu einer blauen Kuppel mit umlaufenden Galerien emporschwingt; der Blick von oben ist sensationell.

Die »vergoldete Kuppel« der Kathedrale ist ein echter Blickfang (links). Auch für Einkaufslustige ist in Cádiz gesorgt (unten).

Bemerkenswert sind die Kapellen und der Hochaltar mit einem Gemälde Murillos.

Die monumentale, von 1722 bis 1838 erbaute Catedral Nueva ist die einzige ausschließlich barocke Kathedrale Spaniens. Ihre Fassade beherrscht die Plaza de la Catedral; innen entfaltet sich die Barockarchitektur in Stein und Marmor. Die »goldene« Kuppel der Kathedrale ist in Wirklichkeit mit gelben Fliesen geschmückt, doch ist der optische Effekt beeindruckend, besonders von der Promenade aus.

KLEINE PAUSE

Im betriebsamen »**La Gorda te da de comer**« (»Die Dicke gibt dir zu essen«) sind die Tapas lecker und preiswert.

La Gorda te da de comer: Marqués de Valdeiñigo 4

✢210 B2

Touristeninformation
✉Avenida José León de Carranza ☎956 28 56 01 ✉Paseo de Canalejas ☎956 24 10 01 🌐www.turismo.cadiz.es

Parken
In die Innenstadt nicht mit dem Auto fahren. Parkmöglichkeiten: Plaza San Juan de Dios, Bahnhof, Cuesta de las Calesas und an der Promenade.

Museo de Cádiz
✉Plaza de Mina 5 ☎856 10 50 23
🕐Di–Sa 9–21, So 9–15 (Mitte Juni bis Mitte Sept. Di–So 9–15) Uhr
🎟frei für EU-Bürger

Oratorio de San Felipe Neri
✉Calle San José ☎662 64 22 33
🕐Di–Fr 10.30–14, 16.30–20, Sa bis 14, So bis 13 Uhr, Juli/Aug. Di–Fr 10.30–14, 17.30–20.30, Sa bis 14, So bis 13 Uhr
🎟3 €

Catedral Nueva
✉Plaza de la Catedral ☎956 28 61 54
🕐Nov.–März Mo–Sa 10–19, So 14–19 Uhr, April–Juni und Sept./Okt. Mo–Sa 10–20, So 14–20 Uhr, Juli/Aug. Mo–Sa 10–20.30, So 14–20.30 Uhr 🎟6 €

Nach Lust und Laune!

13 Nerja

Der Ort liegt 56 km östlich von Málaga am Meer und ist eine gute Abwechslung zu den üblichen Feriensiedlungen an der Costa. Einen schönen Ausblick bietet Ihnen die ins Meer ragende Promenade Balcón de Europa. Die relativ kleinen Strände auf beiden Seiten sind schnell überfüllt; der schönste und größte Strand ist die Burriana, zu der man östlich vom Balcón über den hübschen Fußweg Paseo de los Carabineros gelangt.

3 km östlich von Nerja befindet sich die berühmte Cueva de Nerja. Beim Rundgang sehen Sie fantastische Tropfsteinformationen und prähistorische Felsmalereien, die mit Lichteffekten akzentuiert werden.

212 A1

Touristeninformation Nerja
Carmen 1 (im Rathaus) ☎ 952 52 15 31
https://turismo.nerja.es/

Cueva de Nerja
212 A1 www.cuevadenerja.com
tägl. Juli–Aug. 9.30–18, sonst bis 15.30 Uhr 10 €

14 Antequera

An historischen Sehenswürdigkeiten hat Antequera von prähistorischen Ganggräbern bis hin zu maurischen Ruinen und schönen Kirchen allerhand zu bieten. Aus der Bronzezeit stammen die Megalithgräber, die Dolmen Menga und

Wanderparadies: Naturpark El Torcal

Viera beim Camino del Cementerio am nordöstlichen Stadtrand. Ganz oben in der Stadt erhebt sich an der Plaza San Sebastián der Arco de los Gigantes, ein Triumphbogen aus dem 16. Jh. mit römischen Skulpturen. Die Plaza wird von der Iglesia de Santa María beherrscht, einer schönen Renaissancekirche, darüber wachen die Ruinen der maurischen Alcazaba, heute eine Terrasse mit duftenden Kiefern. Etwas nördlich vom Arco de los Gigantes gelangt man zur Kirche Nuestra Señora del Carmen. Der barocke Altaraufsatz mit seinen Figuren ist ein wahres Schmuckstück.

Etwa 14 km südlich von Antequera erstreckt sich der Naturpark El Torcal, ein beeindruckendes Stück Landschaft mit hohen Kalksteinfelsen und bewaldeten Schluchten. Im Lobo Park können Sie Wölfe aus der Nähe sehen.

33 km südwestlich von Antequera verläuft zwischen den Örtchen Ardales und Álora der bis zu seiner Restaurierung vielleicht gefährlichste Wanderweg der Welt: »El Caminito del Rey« (der Kleine Königspfad). Der Pfad hat eine Länge von insgesamt 7,7 km; spektakulär ist der 1,5 km lange, schmale Holzsteg, der in 100 m Höhe mit metallischen Verankerungen an der Felswand angebracht ist. Schwindelfrei sollte man schon sein – einige Abschnitte haben einen Glasboden! Der Besuch des Caminito del Rey muss frühzeitig gebucht werden.

211 E2

Touristeninformation Antequera
Plaza de San Sebastián 7
952 70 25 05 http://turismo.antequera.es

Dolmen Menga und Viera
211 E2 Jan.-März und 16. Sept. bis Dez. Di-Sa 9–18, So 10–15 Uhr, April-Juni Di-Sa 9-20 Uhr, So 9-15 Uhr, 1. Juni bis 15. Sept. Di-So 9-15 Uhr frei

Parque Natural del Torcal
211 E2

Lobo Park
Ctra. Antequera – Álora – A. 343 –, Km 16 www.lobopark.com
Führungen tägl. 10, 11, 13, 15 und 16.30 Uhr, Dauer: 1,5 Std. 11 €

Caminito del Rey
www.caminitodelrey.info

15 Parque Natural Sierra de Grazalema

Die Sierra de Grazalema besteht aus mehreren zerklüfteten Kalksteingipfeln, die zwischen Eichen- und den in Spanien seltenen Föhrenwäldern aufragen. Kleine Straßen schlängeln sich durch die Berge und verbinden die Dörfer Grazalema, das von einer Burg überragte Zahara de la Sierra und Benaocaz – klassische »pueblos blancos«.

Die ganze Sierra steht unter Naturschutz. Sie können die Gegend auf vielen Wegen zu Fuß oder mit dem Fahrrad erkunden, mit sachkundiger Führung auch zu Pferd oder per Kanu oder gar kletternd und mit dem Paraglider (S. 71).

Informationen, auch zu bestimmten Regionen wie der Schlucht Garganta Verde oder zu Brutstätten von Weißkopfgeiern, sowie Genehmigungen hält das Büro in El Bosque bereit.

211 D2

Touristeninformation El Bosque
Federico García Lorca 1
956 70 97 33

Touristeninformation Grazalema
Plaza Asomaderos 3 956 13 20 52

16 Arcos de la Frontera

Der Ort zieht sich vom maurischen Viertel ganz oben auf dem Felsen zur Ebene des Río Guadalete hinunter. Die Gassen in der Altstadt umgeben die beiden Kirchen San Pedro und Santa María de la Asunción. San Pedro ist ein Hort der Ruhe; der spätgotische Innenraum birgt ein

Ruhepol in eindrucksvoller Lage: San Pedro in Arcos de la Frontera

feines Hauptaltarretabel aus dem 16. Jahrhundert. Die Kirche Santa María beherrscht die Plaza del Cabildo. Hinter der Renaissancefassade verbirgt sich ein üppiges Inneres mit extravaganten gotischen Stilelementen. Wenn Sie von der Plaza den Blick über die Ebene schweifen lassen, halten Sie nach Turmfalken Ausschau. Unten in der Neustadt finden Sie Bars und Restaurants.

210 C2 Plaza del Cabildo
956 70 22 64

17 Sanlúcar de Barrameda

In Sanlúcar finden Sie hervorragende Meeresfrüchte-Restaurants. Der hiesige trockene Manzanilla-Wein hat ein anderes Aroma als der »fino« aus Jerez und soll zudem von besserer Qualität sein. Die Stadt liegt an der Mündung des Río Guadalquivir gegenüber dem Südende des Doñana-Nationalparks, in den man von hier aus per Boot gelangt. Der Markt am Morgen in der Calle Bretones, ein Stück oberhalb der Plaza del Cabildo, ist ein Fest für die Sinne. Weiter bergauf lohnt ein Blick auf das Rathaus, das im Palacio de los Infantes de Orleans y Borbón aus dem 19. Jh. untergebracht ist – ein Paradebeispiel für extravagantes neomaurisches Dekor.

Den Manzanilla probieren Sie am besten in den renommierten Bodegas Barbadillo in der Calle Luis de Eguilaz oder im La Cigarrera an der Plaza Madre de Dios beim Markt. Die besten Fischlokale finden sich im Viertel Bajo de Guía am Fluss.

210 B2 Calzada Duquesa Isabel
956 36 61 10
www.sanlucarturismo.com

18 El Puerto de Santa María

Dieser Flusshafen ist der südlichste Punkt des sogenannten Sherrydreiecks und hat sich mit Fisch, Meeresfrüchten und natürlich Sherry einen Namen gemacht. Von hier aus können Sie gut die Gegend erkunden: Nach Jerez de la Frontera (S. 48ff) und Sanlúcar de Barrameda sind es je nur rund 20 km per Auto, Bus oder Bahn, ein Catamaran setzt Sie in rund einer halben Stunde zum 10 km entfernten Cádiz über.

An der Plaza de España steht eine der schönsten Kirchen von El Puerto, die Iglesia Mayor Prioral, Paläste aus dem 18. Jh. sind über die ganze Stadt verstreut. Das Castillo de San Marcos, eine Festung aus dem 13. Jh., wurde über einer alten Moschee erbaut. In der Fußgängerzone Calle Luna finden Sie lebhafte Bars, auf der Plaza de Galeres Reales in Richtung Meer tobt abends das pralle Leben. Und Sherry-Bodegas mit so berühmten Namen wie Osborne, Luis Caballero und Taberna Obregón warten auf Sie.

210 B2 ✉ Plaza del Castillo
☎ 956 48 37 15
🌐 www.turismoelpuerto.com

19 Costa de la Luz (Cádiz)

Die Costa de la Luz – die »Küste des Lichts« – ist viel weniger erschlossen als die Costa del Sol. Schöne Strände gibt es bei Los Caños de Meca am berühmten Kap Trafalgar und bei Zahara de los Atunes, wo Sie sich an kilometerlangen, breiten, fast goldenen Sandstränden entspannen können, auch wenn der Atlantik meist rauer als das Mittelmeer ist. Im Inland hat sich Vejer de la Frontera sein maurisches Flair bewahrt. Die südlichste Stadt der Iberischen Halbinsel ist Tarifa, das Paradies der Windsurfer. Von hier ist es nur ein Steinwurf bis zum Rif-Gebirge in Marokko jenseits der Straße von Gibraltar. Von Tarifa aus können Sie sogar einen längeren Tagesausflug nach Tanger machen. Oder Sie gehen in Tarifa unter Anleitung wind- und kitesurfen oder tauchen. Außerdem ist die Meerenge von Gibraltar ideal, um vom Boot aus Delfine und Wale zu beobachten.

Wenn Sie Ruhe suchen, lohnt die Fahrt in den Parque Natural de los Alcornocales nördlich von Tarifa mit seinen von Korkeichen bestandenen Hügeln. Hier können Sie wandern und reizende Dörfer wie Medina-Sidonia, Alcalá de los Gazules oder Jimena de la Frontera besuchen.

210 B1

Touristeninformation Vejer de la Frontera
✉ Avenida Los Remedios ☎ 956 45 17 36
🌐 www.turismovejer.es

Touristeninformation Tarifa
✉ Paseo de la Alameda s/n
☎ 956 68 09 93 🌐 www.tarifaweb.com
oder www.tarifaturismo.com

Delfin- und Walbeobachtung
FIRMM ✉ Calle Pedro Cortés 4, 11380
Tarifa ☎ 956 62 70 08 🌐 www.firmm.org

Die Könige des großen Blaus

Pfeilschnell pflügen die silbergrauen Leiber durch das blaue Wasser, schießen mit Leichtigkeit an die Oberfläche, tauchen wieder ab und an anderer Stelle wieder auf. Wer beobachtet hier eigentlich wen? Wenn Sie einmal Delfine in ihrer natürlichen Umgebung gesehen haben, werden Sie dieses Erlebnis garantiert nie wieder vergessen. Ganz im Süden der Iberischen Halbinsel haben Sie die Möglichkeit zu diesem einzigartig schönen Naturerlebnis. Buchen Sie eine Bootstour und lassen Sie sich von diesen kleinen und doch ganz großen Königen der Meere in ihren Bann ziehen (S. 71).

20 Gibraltar

Gibraltar ist eine der letzten Kolonien Großbritanniens, und hier befindet man sich mitten im mediterranen Spanien plötzlich in England. Die Altstadt (North Town) beginnt jenseits des Flugplatzes mit dem Casemates Square, östlich überragt von den Resten des Moorish Castle, das im 8. Jh. erbaut und im 14. Jh. von den maurischen Almohaden neu errichtet wurde. Nordwestlich vom Kastell liegen der Markt und der bereits 1309 angelegte Hafen, der deutlich ausgebaut wurde. Vom Kasemattenplatz gelangen Sie über die Main Street, an der Hotels, Geschäfte, Pubs und öffentliche Gebäude liegen, an Post und Börse mit dem anschließenden Rathaus vorbei zur Cathedral of Saint Mary the Crowned, einer ehemaligen Moschee, die 1502 gotisch erneuert wurde. Auf der rechts abzweigenden Bomb House Lane geht es zum Gibraltar Museum, wo es außer Stadtgeschichtlichem auch ein 30 m² großes Modell der Felsenhalbinsel von 1865 sowie eine maurische Badeanlage zu betrachten gibt. Am Cathedral Square findet man die 1821 im maurischen Stil errichtete anglikanische Church of England (Cathedral of The Holy Trinity). Am Südende der Main Street steht rechts der Gouverneurspalast (The Convent), hervorgegangen aus einem 1531 erbauten Franziskanerkloster.

Eine spannende Fahrt mit der Seilbahn führt zum Upper Rock zu den berühmten Berberaffen. Die schwanzlose Spezies stammt aus Marokko. Eine Legende besagt, dass Gibraltar aufhört, unter britischer Hoheit zu stehen, wenn die Affen von dem Felsen verschwinden. »Sicherheitshalber« brachten deshalb im Zweiten Weltkrieg britische Beamte Unmengen von Affen nach Gibraltar.

Weiter geht es zu St. Michael's Cave, wo Musicals und Tanzvorführungen stattfinden, und zu den Upper Galleries, einem in den Fels gegrabenen Labyrinth, das im 18. Jh. der Verteidigung diente. Infos zu Touren, aber auch zu Bootsausflügen mit oder ohne Delfinbeobachtung hält die Touristeninformation bereit.

211 D1

Touristeninformation Gibraltar
Cathedral Square ☎ 350 20 07 49 50

Gibraltar Museum
18/20 Bomb House Lane
Mo–Fr 10–18, Sa 10–14 Uhr

Seilbahn
tägl. 9-30–19.15, im Winter nur bis 17.15 Uhr 18,50 Pfund

In Gibraltar sind die Affen los!

Wohin zum … Übernachten?

Preise für ein Doppelzimmer pro Nacht:
€ unter 60 Euro
€€ 60–90 Euro
€€€ 90–140 Euro
€€€€ über 140 Euro

COSTA DEL SOL

Hotel Humaina €€
Das Hotel liegt 16 km von Málaga und der Küste entfernt idyllisch in einem Naturpark und eignet sich perfekt zum Entspannen. Terrakottafliesen sowie ockerfarbene Wände und Balkone in den meisten Zimmern vermitteln andalusisches Flair. Das Essen wird mit Biogemüse aus dem Garten zubereitet.
211 E2 Carretera del Colmenar s/n, Las Montes de Málaga 952 64 10 25 www.hotelhumaina.es

La Fonda €€€
Mitten im Städtchen Benalmádena in einer Fußgängerzone hat dieses Hotel eine schöne Dachterrasse mit Aussicht auf das Mittelmeer und einen herrlichen Außenpool. Die Patios mit Brunnen liegen im Schatten von Palmen, alle Zimmer sind hell und luftig.
211 E2 Calle Santo Domingo 7, Benalmádena Pueblo 952 56 90 47 www.lafondabenalmadena.es

Larios €€€€
Das Hotel liegt perfekt in einer noblen Einkaufsstraße; von hier ist es nicht weit bis zur Kathedrale und zur malerischen Altstadt

Schick: das Hotel Larios

Málagas. Elegante Ausstattung mit schwarz-weißen Fliesen, cremefarbenem Mobiliar und hellem Holz. Auf der Dachterrasse gibt es ein hübsches Restaurant, in dem Sie sich bei einem Glas Wein von einem anstrengenden Tag erholen können.
211 E2 Marqués de Larios 2, Málaga 952 22 22 00 www.room-matehotels.com

RONDA

Alavera de Los Baños €€€
Gleich neben den arabischen Bädern (S. 46) befindet sich dieses kleine Hotel unter deutscher Leitung, das dem Film »Carmen«als Kulisse diente. Von hier haben Sie einen herrlichen Blick auf die Serranía de Ronda und die Stadtmauer; außerdem gibt es ein Lesezimmer und eine Bibliothek. Bei der Zubereitung der Speisen wird Wert auf Bioprodukte gelegt.
211 D2 Calle Molino de Alarcón 2 952 87 91 43 www.alaveradelosbanos.com

JEREZ DE LA FRONTERA

Itaca Hotel Jerez €€
Untergebracht ist das Hotel in einem ehemaligen Konvent aus dem 19. Jh., die Zimmer sind aber modern eingerichtet. Gefrühstückt wird in der einstigen Kapelle, die eine Statue aus dem Kloster schmückt. Das Restaurant des Hauses bietet seinen Gästen traditionelle andalusische Küche.
210 C2 Diego Fernández Herrera 1 956 35 04 62 www.itacajerez.com

CÁDIZ

Hostal Bahía €€
Nicht weit von der lebhaften Plaza de San Juan de Dios liegt dieses Hotel in der von Bäumen gesäumten Fußgängerzone. Es ist recht preisgünstig und hat trotzdem gute Betten, hübsche Bäder, TV, Klimaanlage und kleine Balkone in den meisten Zimmern. Den fehlenden Speisesaal machen die vielen Bars und Restaurants in der Umgebung wett.
210 C2 Calle Plocia 5, Cádiz 956 25 90 61 http://hostalbahiacadiz.com

Wohin zum ...
Essen und Trinken?

Preise für ein Drei-Gänge-Menü inkl. Wein:

€	unter 15 Euro
€€	15–40 Euro
€€€	über 40 Euro

COSTA DEL SOL

Typisch Andalusien: geschmorter Ochsenschwanz

Antonio Martín €€–€€€

Meeresfrüchte und Fisch stehen in diesem alteingesessenen, familiengeführten Restaurant auf der Speisekarte. Lassen Sie sich auf der Terrasse mit Meerblick zum Beispiel die »Gambas a la plancha« (gebratene Garnelen) oder »Boquerones fritos« (frittierte Sardellen) schmecken. Die Atmosphäre und das gute Essen machen das Lokal zu einem beliebten Ort – auch bei den Einheimischen selbst.

211 E2 Plaza de la Malagueta, Málaga ☎ 951 77 65 02 www.grupogorki.com tägl. 13–16, 20–22.30 Uhr

Bar Lo Güeno €

Diese traditionelle kleine Tapasbar mit Open-air-Bereich verbirgt sich in einer Seitenstraße der Calle Larios. Die L-förmige Theke ist mit einer großen Auswahl verschiedener Tapas gut bestückt, darunter viele Logüeno-Spezialitäten wie gratinierte Jakobsmuschel (»Vieira gratinada«) oder ein Spießchen mit Seeteufel und Langusten (»Brochetita de rape y langostinos«). Die Auswahl an Rioja-Weinen ist exzellent und die Bedienung flott, allerdings hat man wenig Ellbogenfreiheit.

211 E2 Calle Marín García s/n, Málaga ☎ 952 22 30 48 www.logueno.es Mo–Sa 13–16 und ab 19 Uhr

La Mesón Salina €€€

Eins der besten Restaurants der Stadt! Hier gibt es hervorragende Fleischgerichte, Fisch ist aber auch zu haben. Probieren sollten Sie auch die Spezialitäten des Hauses: die »Boquerones salineros« (Sardellen) und den iberischen Schinken. Der Service lässt nichts zu wünschen übrig. Essen macht hier einfach Spaß. Und unbedingt auch einen Blick in die Bodega werfen! Sie bietet rund 300 unterschiedliche Weine – aus über 40 Denominaciones (Rioja, Ribera del Duero etc.).

211 E2 Avenida de Las Salinas 28, Fuengirola ☎ 952 47 18 06 www.mesonlasalina.com Mi geschl.

Restaurante Chinitas €€

In diesem uralten Gebäude im andalusischen Stil gibt es deftiges Essen. Ochsenschwanz ist die Spezialität, außerdem Serrano-Schinken und Kalbslende. Viele Gerichte sind mit dem süßen Wein aus Málaga zubereitet, etwa »Solomillo al vino de Málaga«, Filetsteak in Weinsoße.

211 E2 El Moreno Monroy 4, Málaga ☎ 952 21 09 72 tägl. 12–24 Uhr

Restaurante Frutos €€€

Das Restaurant bietet sehr gute Fisch- und Fleischgerichte und gilt als Klassiker der Region. Die Speisekarte ist sehr lang. Viele Gerichte werden in halben Portionen serviert, so dass man mehr probieren kann. Von Vorteil sind auch die gute Lage und die zahlreichen Parkmöglichkeiten.

211 E2 Avenida Riviera 80, Torremolinos ☎ 952 37 20 21 www.restaurantefrutos.es tägl. 13–17, 20–24 Uhr

Restaurante Santiago €€€

Das vor einem halben Jahrhundert gegründete Santiago an der Seepromenade gehört mit seinen Fischgerichten und Meeresfrüchten zu den beliebtesten Lokalen Márbellas

und wird auch von Prominenten geschätzt. Wählen kann man zwischen recht preiswerten Tapas an der Bar und Gerichten in normalen Portionen, die aber nicht gerade billig sind. Aufmerksamer Service und ausgezeichnete Weinkarte. Obwohl an der Strandpromenade gelegen, gewährt es von innen kaum Blick aufs Meer.
✣211 D2 ✉Avenida Duque de Ahumada 5, Márbella ☎952 77 00 78
🌐www.restaurantesantiago.com
🕒Di–So 20–23 Uhr

RONDA

Pedro Romero €€
In dem mit vielen Stierkampfdevotionalien (Plakate, Stierköpfe etc.) ausgestatteten Lokal wird sehr gut und bodenständig gekocht. Wählen kann man bei den Menüs zwischen drei verschiedenen Vor-, Haupt- und Nachspeisen, natürlich ist es auch möglich, à la carte zu essen. Die vom Bergland geprägte Küche ist deftig, zu den Spezialitäten des Hauses zählen Rebhuhn (»Perdíz«) und Ochsenschwanz (»Rabo de Toro«). Es gibt eine große Weinauswahl und das Personal ist sehr freundlich.
✣211 D2 ✉Calle Virgen de la Paz 18
☎952 87 11 10 🌐www.rpedroromero.com
🕒Di–So 13.30–15.30, 20.30–22.30 Uhr, So kein Abendessen

DAS SHERRYDREIECK

Bar Juanito €€
In der im Jahr 1943 eröffneten Bar mitten in der Altstadt von Jerez de la Frontera gibt es die besten Tapas der Stadt in großer Auswahl. Auch das Angebot an »finos« ist riesig. Das Lokal ist meistens sehr voll, man muss leider oft etwas warten.
✣210 B2 ✉Calle de Pescadería Vieja 8-10, Jerez de la Frontera ☎956 33 48 38
🌐www.bar-juanito.com 🕒Mo–Sa 13–16.30, 20–24 Uhr

La Molinera €€
Das Restaurant gehört zum Hotel Mesón de la Molinera, in einer alten Ölmühle am Ufer des Sees Arcos mit prächtigem Blick auf die Altstadt von Arcos de la Frontera. Serviert werden hier typisch andalusische Gerichte mit gutem Preis-Leistungs-Verhältnis. Ob Fleisch oder Fisch, ein Schuss Wein, Sherry oder Brandy gehört bei vielen Gerichten einfach dazu.
✣210 C2 ✉Avenida El Sombrero de Tres Picos, Arcos de la Frontera ☎956 70 80 02
🌐www.mesondelamolinera.com
🕒tägl. 13–16, 20–23 Uhr

CÁDIZ

Atxuri €€€
Im 1957 eröffneten Atxuri wird baskische Küche mit andalusischer kombiniert. Köstlich ist das Stockfischgericht »Bacalao a la andaluza«. Der Fisch wird hier immer superfrisch serviert. Für viele ist es das beste Restaurant der Stadt.
✣210 B2 ✉Calle Plocia 15, Cádiz
☎956 25 36 13 🌐www.atxuri.es
🕒tägl. 13–16 und 20 Uhr bis nachts; 24., 25. und 31. Dez. sowie 1. Jan. geschlossen

El Aljibe €€
Im Erdgeschoss gibt es einfache, aber recht leckere Tapas. Im 1. Stock wird eine raffinierte Fleisch- und Fischküche geboten. Beliebt sind die Lamm- und Wolfsbarschgerichte. Nettes Ambiente, auch das Personal ist freundlich.
✣210 B2 ✉Calle Plocia 25, Cádiz
☎956 26 66 56 🕒tägl. 13–16 und 20 Uhr bis nachts; 24., 25. und 31. Dez. sowie 1. Jan. geschlossen

El Faro €€–€€€
Das Restaurant im ehemaligen Fischer- und Arbeiterviertel hat einen guten Ruf. Man kann Tapas mit Meeresfrüchten an der Bar bestellen, im Restaurant aus vielen Reis- und Fischgerichten mit wunderbar frischen Zutaten wählen oder einfach das Menú del día, das Tagesmenü, bestellen. Das Restaurant ist dezent mit Kacheln, Marmor und Mahagoni ausgestattet; Bilder aus Cádiz schmücken die Wände.
✣210 B2 ✉Calle San Félix 15, Cádiz
☎956 21 10 68 🌐www.elfarodecadiz.com
🕒tägl. 12.30–16, 20–23 Uhr

Wohin zum ... Einkaufen?

MÁLAGA

Die Calle Marqués de Larios ist das Modezentrum von Málaga. Hier lohnen sich die schicke spanische Boutiquenkette Mango (Larios 6, Tel. 952 60 77 05) und in einer Seitenstraße Zara (C/ Liborio García 10, Tel. 952 22 24 06).

In den Straßen rund um die Plazada las Flores, die Plaza de Félix Sáenz, die Calle Puerta del Mar und die Calle Nueva liegt die klassische Einkaufszone.

Das Haus der Kaufhauskette El Corte Inglés (Avenida de Andalucía 4–6) hat hier gigantische Dimensionen erreicht. Empfehlenswert ist die Abteilung mit fremdsprachigen Zeitungen sowie Büchern und Landkarten. Ein riesiges Einkaufszentrum ist auch das Larios Centro mit 153 Geschäften (Avenida de la Aurora 25, www.larioscentro.com). Im Einkaufszentrum Plaza Mayor (Calle Alfonso Ponce de León, www.plazamayor.es) gibt es zahlreiche Modegeschäfte wie C&A, Zara und Mango, man kann sich mit Lebensmitteln eindecken und für das leibliche Wohl sorgen Restaurants, für Unterhaltung diverse Kinos.

Ein perfektes Paar: Sherry und Schinken

RONDA UND SIERRA DE GRAZALEMA

Ronda (S. 44ff) kann in seiner Hauptstraße, der Calle Espinel, mit einer ganzen Reihe von Andenkenläden aufwarten. In einigen erhalten Sie »Productos artesanos«, Kunsthandwerksgegenstände aus heimischer Produktion. Bei Márquez (Espinel 13, Tel. 952 87 29 86) findet man von Schinken über Wein bis hin zu Honig so ziemlich alles. In der Altstadt gibt es Geschäfte mit solide gefertigten Kunsthandwerksartikeln.

In den Bergen der Sierra de Grazalema (S. 61) verkauft Artesanía Textil de Grazalema (Grazalema, Fabrik: Carretera de Ronda, Laden: Plaza de España; www.mantasdegrazalema.com) Decken, Ponchos und Schals. Schön stöbern lässt es sich auch in La Jara Cerámica Artesanal (Calle Agua 19, Tel. 956 13 20 75) mit hochwertigem Kunsthandwerk und Geschenken. Auf der Straße von Grazalema nach Zahara de la Sierra können Sie in der alten Ölpresse Molino El Vínculo Alojamiento Rural (Tel. 956 12 30 02, www.molinoelvinculo.com) nicht nur edles Olivenöl, Wein und Käse kaufen, sondern auch übernachten.

DAS SHERRYDREIECK

In Jerez de la Frontera finden Sie in der Fußgängerzone rund um die Calle Larga die besten Einkaufsmöglichkeiten: Mode, Kunsthandwerk, Keramik, Lederwaren und Schmuck sind dort erhältlich. In jeder Bodega wird der hauseigene Sherry verkauft; La Casa del Jerez (The Sherry Shop, Divina Pastora 1, Tel. 956 33 51 84, www.lacasadeljerez.com) hat alle Marken auf Lager.

In der Amaya Cerámica (Avenida de Blas Infante 16, www.ceramicaamaya.com) findet man schöne Keramikwaren.

Die Manzanilla- und Sherrybodegas von El Puerto de Santa María (S. 63) und Sanlúcar de Barrameda (S. 62) verkaufen eigene Produkte. Einige Firmen, die Sherry herstellen, etwa Osborne und Terry, bieten interessante Führungen an.

Meeresfrüchte bekommen Sie jeden Morgen frisch auf dem Markt bei der Plaza de San Roque in Sanlúcar; in der Ribera del Marisco in Puerto de Santa María bietet der dem Restaurant Romerijo angeschlossene Laden frische Schalentiere.

CÁDIZ UND UMGEBUNG

Unweit der Plaza de las Flores mit ihren bunten Blumenständen befindet sich die große Markthalle von Cádiz. Die Calle Francisco, die Calle Rosario und die Calle Ancha bilden mit ihren Querstraßen die Fußgängerzone mit einer Vielfalt an Läden. Weiter östlich hat sich Gibraltar (S. 65) als steuerfreies Einkaufsparadies einen Namen gemacht. In der Hauptstraße reiht sich Laden an Laden. Andenken aus Andalusien werden hier allerdings nicht verkauft.

Gibraltar ist landschaftliches Highlight und Shoppingparadies zugleich.

COSTA DEL SOL

In allen Ferienorten gibt es viele Läden mit Souvenirs, von Schmuck bis hin zu Leder; das Warenangebot wie auch die Preise differieren kaum. Wer nach großen Modedesignern wie Versace, Armani, Donna Karan oder Gucci sucht, wird in Marbellas Altstadt (Casco Antiguo) fündig oder entlang der Muelle Ribera beim Jachthafen Puerto Banús. Gleich um die Ecke können Sie etwas günstiger im Kaufhaus El Corte Inglés (Calle Ramón Areces) shoppen gehen.

An der Costa macht ein Bummel über die zahlreichen Märkte immer Spaß. Oft verstecken sich zwischen den üblichen kitschigen Andenken schöne Antiquitäten und Kunstobjekte. Ein Tipp ist der Markt von Puerto Banús, der am Samstagvormittag an der Centro Plaza gleich neben der Stierkampfarena abgehalten wird; noch besser ist aber der Markt von Fuengirola am Dienstagvormittag an der Avenida Jesús Santos Rein. Frischen Fisch aus diesem südandalusischen Ort geht als »Pescado fresco de Fuengirola« nach ganz Spanien.

Wenn Sie mal wieder Lust auf den Besuch eines Flohmarktes haben, dann verpassen Sie nicht den großen Samstagsflohmarkt am selben Ort.

Wohin zum … Ausgehen?

In den Großstädten und Ferienorten an der Costa herrscht in den Nachtclubs Partystimmung ohne Ende, hinzu kommen Stierkampf, Flamenco und diverse Fiestas, dazu Wassersport und Abenteuer in den Bergen.

VERANSTALTUNGSHINWEISE

Der »Guía Marbella – Día y Noche« ist ein Touristenmagazin (www.guiamarbella.com), die Tageszeitung »Diario Sur« (www.diariosur.es) bietet eine gute Veranstaltungsübersicht; beide sind in den Touristeninformationen erhältlich. »The Entertainer« nennt Veranstaltungen und hat eine eigene Golfseite. Einige Publikationen für hier lebende Ausländer bieten nützliche Informationen zu aktuellen Vorführungen und Veranstaltungen.

NACHTLEBEN

An der Costa del Sol geht es in der Provinz Málaga am lebhaftesten zu.

In Puerto Banús ist die Sinatra Bar (Muelle Ribera 2, Tel. 952 81 09 50) am Meer der beliebte Treffpunkt von Stars und Sternchen.

Im benachbarten Marbella tobt die heißeste Party im Viertel Puerto Deportivo. Fuengirola steht dem in nichts nach; ein Tipp ist das Crazy Daisy (Martínez Catena 37), wo man bis zum Morgengrauen tanzen kann. Beliebt ist auch das Palladium (Avenida Palma de Mallorca, Tel. 952 38 42 89) in Torremolinos. Wer sein Glück beim Spiel versuchen möchte, geht ins Casino Marbella (Hotel H10, Andalucía Plaza, Tel. 952 81 40 00). Eine Mischung aus Kasino und Nachtclub ist das Casino Torrequebrada (Avenida del Sol s/n, Tel. 952 57 73 00), wo man sich zuerst an den Spieltischen unterhalten kann, um anschließend die Show im benachbarten Restaurant zu erleben. In beiden Kasinos ist der Pass vorzuzeigen.

Das Nachtleben von Málaga konzentriert sich rund um die Plaza de Uncibay mit zahllosen Discos und Musikbars. In Jerez de la Frontera findet man ein ähnliches Angebot um die Calle Divina Pastora, in Cádiz um die Plaza de España.

FLAMENCO

In Málaga werden im Teatro Miguel de Cervantes (Calle Ramos Marín, Tel. 952 22 41 09, www.teatrocervantes.com) Flamencoshows angeboten, in Ronda im Museo Lara (Calle Armíñán 29, Tel. 952 87 12 63). In Jerez de la Frontera hat der Flamenco eine lange Tradition (S. 24); empfehlenswert sind die Shows im La Taberna Flamenca (Calle Angostillo de Santiago 3, Tel. 649 38 39 78). In Cádiz geht man ins La Cava (Calle Antonio López, Tel. 956 21 18 66, www.flamencolacava.com).

THEATER

Exzellente Aufführungen finden im Teatro Miguel de Cervantes (Calle Ramos Marín, Tel. 952 22 41 09) in Málaga sowie im Gran Teatro Falla (Plaza Fragela, Tel. 956 22 08 34) in Cádiz statt. Über aktuelle Spielfilme informieren die Touristeninformationsstellen.

STIERKAMPF

An der gesamten Costa del Sol finden meist am Sonntag »Novilladas« mit jungen Stieren und neuen Toreros statt. In Málaga, Ronda und Jerez sind renommierte Stierkämpfer zu sehen; Reservierung empfohlen.

GOLF

Die meisten Golfclubs finden sich an der Costa del Sol, für viele braucht man ein Handicap-Zertifikat und sollte lange im Voraus buchen. Preisgünstig: Estepona Golf, Estepona (Arroyo Vaquero, Carretera de Cádiz, Km 150; Tel. 952 93 76 05, estepona golf.com), und Golf Torrequebrada, Benalmádena Costa (Carretera de Cádiz, N340, Tel. 952 44 27 42, www.golftorrequeb rada.com).

REITEN

An der Costa del Sol gibt es die Escuela del Arte Ecuestre (Calle Río Padrón Alto, www.escuela-ecuestre.com, Estepona, Tel. 952 80 80 77). Für einen Ausritt am Strand kontaktieren Sie am besten das Hurricane Hotel (Carretera Nacional 340, Km 78, Tarifa, Tel. 956 68 49 19; http://hotel hurricane.com).

ABENTEUER

Para- und Hängegleiten bietet der Club Escuela de Parapente Abdalajís (Valle de Abdalajís, Tel. 650 68 59 69). In der Sierra de Grazalema (S. 61) wirbt Horizon (Calle Corrales Terceros 29, Tel. 956 13 23 63, www. horizonaventura.com) u. a. mit Trekking, Klettern, Mountainbike-Touren, Paragleiten.

WASSERSPORT

Tauchen kann man bei Simply Diving (Carlota Alessandri 25, Torremolinos, Tel. 600 50 65 26, www.simplydiving.com) oder im YellowSub Tarifa (Plaza del Mirador 1, Tarifa, Tel. 956 68 06 80, www.buceotarifa. com). Windsurfen ist im ION-Club (Hotel Hurricane, Carretera Cádiz-Málaga, Tel. 956 68 49 19) bei Tarifa möglich. Delfinbeobachtungen organisiert Dolphin Safari (Marina Bay Complex, Gibraltar, Tel. 00350 20 07 19 14, www.dolphinsafari.gi).

Ein unvergessliches Highlight fast jeder Andalusienreise ist die Alhambra. Tauchen Sie ein in deren Schönheit und Geschichte!

Granada und Almería

Die legendäre Alhambra erwartet Sie! Doch die Region überwältigt auch mit ihrer faszinierenden Natur.

Seite 72–107

Erste Orientierung

Die Provinzen Granada und Almería im Osten von Andalusien bieten so beeindruckende wie verschiedenartige Landschaften. Um Granada herum wechseln sich die mächtigen Berge der Sierra Nevada mit tiefen, bewaldeten Tälern ab; dic kargen Hügel und trockenen Ebenen an der Küste von Almería erinnern an den Norden Afrikas.

Diese atemberaubende Vielfalt gilt auch für die Städte der Region. Granadas Schmuckstück ist die Alhambra, eine der herrlichsten Palastanlagen der Welt und das beeindruckendste Zeugnis des maurischen Andalusien. Zu Granada gehört außerdem der Stadtteil Albaicín, der einem Maurendorf in den Hügeln gleicht.

Granada wirkt nicht so sonnig und temperamentvoll wie Sevilla, auch nicht so lässig-locker wie Málaga oder Cádiz, denn der maurische Einfluss wurde hier im Zuge der christlichen Reconquista umfassender verdrängt als andernorts in Andalusien. Durch die Nähe zu den zerklüfteten Bergen der Sierra Nevada erinnert Granada eher an die Voralpen: Südöstlich der Stadt türmen sich die höchsten Gipfel Spaniens auf, ehe sie zu den Ausläufern der Alpujarras hin abfallen, wo Wein und Essen besonders hervorragend sind.

Das Landesinnere der Provinz Almería gibt mit seinen ausgedörrten, verwüsteten Felsformationen und Schluchten eine gute Kulisse für Wildwestfilme ab, während die baumlose Küste fast wie eine Mondlandschaft wirkt. Die Hauptstadt, Almería, übertraf einst Granada als Maurenbastion. Die Feste Alcazaba erinnert noch daran.

TOP 10

❶ ★★ Granada

❽ ★★ Las Alpujarras

Nicht verpassen!

㉑ Almería

Nach Lust und Laune!

22 Los Millares

23 Parque Natural Cabo de Gata-Níjar

24 Níjar

25 Mojácar

26 Sorbas

27 Mini Hollywood (Oasys)

28 Guadix

Mein Tag mit Strand- und Goldfieber

Weltvergessene Stunden am Strand, Schlemmen am Meer und dazu eine Prise Kultur – im Naturpark Cabo de Gata erleben Sie all dies an einem Tag. Und von Herbst bis Frühling könnten Sie die einzige natürliche Wüste Westeuropas fast für sich alleine haben.

9 Uhr: Frühstück mit Aussicht
Ganz sachte erwacht San José. Von Oktober bis in den Juni hinein geht es hier geruhsam zu. Beginnen Sie den Tag am kleinen Dorfstrand. Mit etwas Glück ist im Mesón El Pescador ein Tisch auf der Promenade frei. Mit dem Blick auf das glitzernde Meer schmeckt das andalusische Frühstück gleich doppelt so gut: »Tostadas con Tomate y Aceite« – geröstetes Weißbrot mit einer Tomaten-Knoblauch-Olivenöl-Mischung.

Appetit auf mehr Meer? Rund 2 km südlich von San José wartet einer der schönsten Naturstrände Spaniens auf Sie. Sie haben die Wahl: Zu Fuß sind Sie in gut 30 Min. dort, mit dem Fahrrad oder dem Auto über eine raue Schotterpiste in 15 bis 20 Minuten.

11 Uhr: Strand pur
Die Playa de Mónsul ist der bekannteste Strand des Cabo de Gata. Traumhafter ist aber die 1,5 km lange Playa de Genoveves. Am Ende der geschwungenen Sandbucht schiebt sich der Morrón de los Genoveves mit seiner schneeweißen Kalkflanke wie ein Walfisch

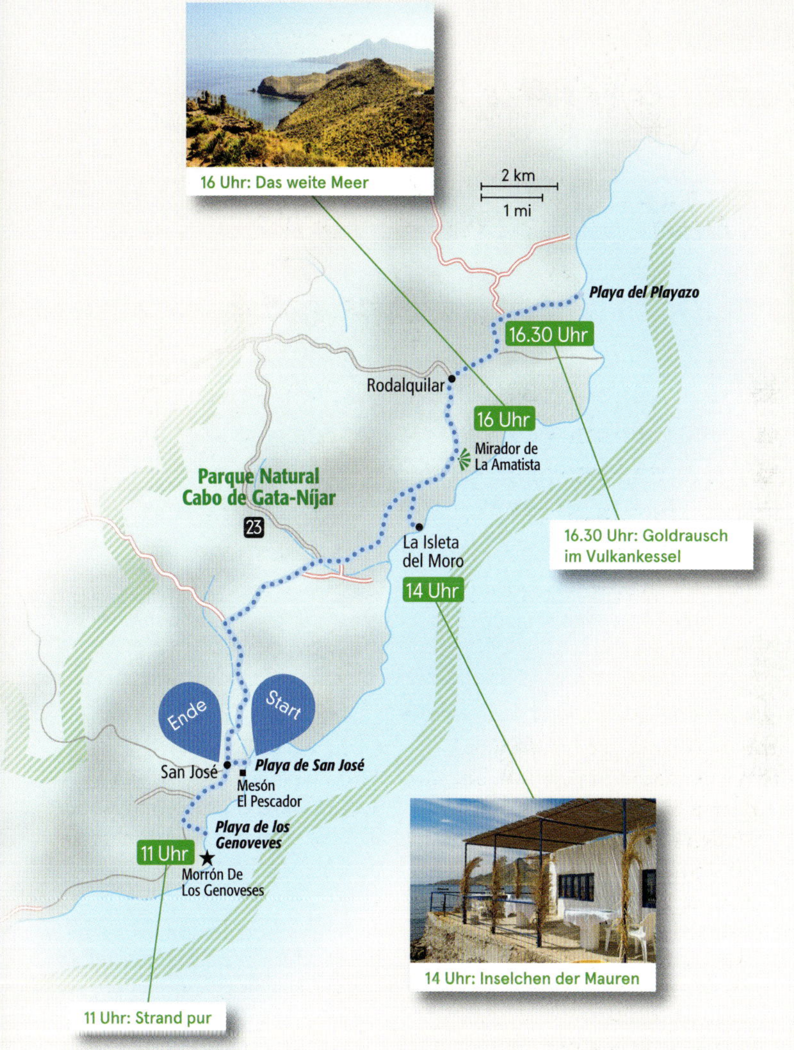
16 Uhr: Das weite Meer
2 km
1 mi
Playa del Playazo
16.30 Uhr
Rodalquilar
16 Uhr
Mirador de
La Amatista
Parque Natural
Cabo de Gata-Níjar
23
La Isleta
del Moro
16.30 Uhr: Goldrausch
im Vulkankessel
14 Uhr
Ende
Start
San José
Playa de San José
Mesón
El Pescador
Playa de los
Genoveves
11 Uhr
Morrón De
Los Genoveses
14 Uhr: Inselchen der Mauren
11 Uhr: Strand pur

Typisch andalusisch starten Sie mit Tostadas in den Tag. So gestärkt, machen Sie sich auf den Weg zur traumhaften Playa de Genoveves mit ihrer bizarr schönen Kulisse.

ins Meer. Keine Gebäude, keine Strandduschen, kein Schnickschnack verschandelt das Ufer. Bei ruhiger See werden Sie dem seichten, klaren Wasser nicht widerstehen können, auch FKK ist erlaubt.

14 Uhr: Inselchen der Mauren

Für das Mittagessen reservieren Sie im 15 km entfernten Fischerdorf La Isleta del Moro einen Tisch auf der Terrasse des gleichnamigen Lokals. In ganz Spanien finden Sie nur noch wenige so charmante Orte, an denen Sie frische Fischgerichte so authentisch genießen können wie hier. Sie sitzen so nah am Wasser, dass Ihnen die Fische praktisch direkt auf den Teller springen könnten. Der Name »Inselchen des Mauren« geht übrigens auf die nordafrikanischen Piraten zurück, die das Dorf bis ins 18. Jh. immer wieder heimsuchten.

16 Uhr: Das weite Meer

Nach dem Essen fahren Sie über die Küstenstraße ins 5 km entfernte Rodalquilar. Legen Sie unterwegs einen kurzen Fotostopp am Mirador Las Amatistas ein. Vom hoch über dem tiefblauen Meer gelegenen Aussichtspunkt bietet sich ein fantastischer Blick auf die raue, von Vulkanen geschaffene Küstenlinie.

16.30 Uhr: Goldrausch im Vulkankessel

Über den kleinen Pass gelangen Sie hinunter nach Rodalquilar. Am

In Rodalquilar wartet eine verlassene Mine (oben) auf Sie – Gold werden Sie hier keines finden, dafür aber ein charmantes Örtchen. Und zum Schluss lassen Sie in San José (rechts) die Seele baumeln.

Ortsanfang sehen Sie die verfallene Arbeitersiedlung. Von 1883 bis Mitte der 1960er-Jahre wurde in der Mine oberhalb des Orts nach Gold geschürft. Nach deren Stilllegung fiel die Einwohnerzahl von 1400 auf 75. Von der alten Mine schauen Sie in die Ebene, die einst Boden eines Vulkankessels war. Danach lohnt der Bummel durch das schmucke Dörfchen mit seinen schneeweißen Häuschen und knallbunten Blumen und ein Abstecher zum 4 km entfernten Playazo-Strand mit der Festung aus dem 18. Jahrhundert.

19 Uhr: Ausklang im Mini-Hafen

Wieder zurück in San José endet der Tag, wie er begonnen hat: In einem der Restaurants an der Promenade – oder Sie suchen sich ein Plätzchen am Mini-Hafen daneben.

Tipp:
Machen Sie die Tour von Herbst bis Frühjahr, wenn es menschenleer ist. Die Osterwoche sowie die Zeit von Juli bis Mitte September sollten Sie meiden; dann wird der Naturpark überrannt, und es ist eigentlich viel zu heiß.

Méson El Pescador
✉ Plaza Génova, 11, 04118 San José
☎ Tel 950 38 04 82

Restaurante/Pensión La Isleta del Moro
✉ Calle Punta Barranco Negro, 59
☎ 950 389 713 und 950 389 764
🌐 www.pensionlaisletadelmoro.com

Fahrradverleih
isub ✉ C/Babor 3 🌐 www.isubsanjose.com
oder Camping Tau (Ostern-Sept.) ✉ Camino de Cala Higuera, s/n, 04118 San José de Níjar
🌐 www.campingtau.com

❶ ★★ Granada

Was?	Maurische Zeugnisse par excellence, eindrucksvolle Kirchen und Museen und natürlich: die sagenhafte Alhambra
Warum?	Um tief einzutauchen in die maurische Seele Spaniens
Wann?	Am besten sofort!
Wie lange?	Lassen Sie sich ruhig ein bisschen mehr Zeit.
Was noch?	Noch ein Besuch der Alhambra – nach Sonnenuntergang
Resümee	So traumhaft schön, wie Sie es sich vorgestellt haben

Die Alhambra von Granada ist das bedeutendste Erbe des maurisch-arabischen Spanien und eines der beeindruckendsten Bauwerke der Welt. Doch die Stadt hat noch sehr viel mehr zu bieten, etwa den Albaicín, das frühere Maurenviertel, die Capilla Real (Königskapelle) und die Kathedrale sowie einige fantastische Kirchen und Museen. In der Altstadt finden Sie bunte Plätze und hübsche Fußgängerzonen.

Die zum Welterbe der UNESCO zählende einstige maurische Königsresidenz liegt herrlich am Fuße der Sierra Nevada zwischen zwei Bergvorsprüngen, die zur fruchtbaren Vega des Río Genil steil abfallen. Der nördliche der beiden Hügelrücken ist der Albaicín, zugleich der ältere Teil von Granada; ihn trennt die tiefe Schlucht des Río Darro, der in der Stadt unterirdisch verläuft und in den Río Genil

Überragend: Die Alhambra ist das unumstrittene Highlight Granadas.

Aber wenn Sie sich nur darauf beschränken, verpassen Sie einiges: Die wundervolle Altstadt und in den Gassen der Stadt immer wieder arabisches Flair – z. B. im arabischen Bad.

mündet, von der Alhambrahöhe. Zuerst wurde die Stadt von Córdoba aus regiert, dann von Sevilla. 1238 stieg sie zur Hauptstadt der Nasriden auf, einer von Muhammad I. Ibn Yusuf Ibn Nasr gegründeten Dynastie. 1246 wurden die Nasriden Vasallen des christlichen Königreichs Kastilien, was Granada als maurisches Königreich bis ins 15. Jh. überleben ließ.

Über 200 Jahre lang nahmen sich die Nasridensultane Zeit, die herrlichen Gebäude der Alhambra und ihre wunderschön dekorierten Räume, Patios und Gärten zu erschaffen. Im Jahr 1492 eroberte das katholische Herrscherpaar Ferdinand und Isabella Granada für Spanien zurück und vertrieben den letzten Nasridensultan, Abur Abd Allah, in Spanien bekannt als Boabdil.

Touristeninformationen
216 A/B2 Plaza del Carmen 9
958 24 82 80 Real de la Alhambra, Cárcel Baja 3 958 24 71 28
Santa Ana 2 958 57 52 02
www.granadatur.com

Parken
Die Zufahrt ins Zentrum ist streng reglementiert, deshalb vertrauen Sie nicht dem Navi, sondern den Verkehrsschildern, denn es drohen auch Geldbußen.
Hotelparkplätze haben festgelegte Zufahrtswege. Tiefgaragen gibt es in La Caleta (nordwestliches Ende der Avenida de la Constitución/nördlich des Bahnhofs), auf der Plaza de San Agustín (nördlich der Kathedrale), an der Plaza Puerta Real (südlich der Hauptpost) sowie am Eingang zur Alhambra.

Die Alhambra

Die weitläufige Palastanlage auf dem Berg besteht aus drei Gebäudekomplexen: Die Alcazaba ist die eigentliche Festung. Östlich davon liegen die Palacios (Paläste): der Nasridenpalast, der den Sultanen als Standort für Verwaltung, Rechtsprechung und Empfänge sowie als private Residenz diente, und der erst im frühen 16. Jh. hinzugefügte Palacio de Carlos V. Der Palacio de Generalife mit seinen Gärten wurde als Sommerpalast sowie zur Erholung genutzt.

Der Löwenhof der Alhambra ist ein Paradebeispiel maurischer Baukunst.

Damit Sie die Alhambra überhaupt besuchen können, müssen Sie lange im Voraus (am besten online) ein Ticket reservieren. Planen Sie für den Besuch mindestens 3 Std. Zeit ein und tragen Sie bequemes Schuhwerk. Einmal auf dem Gelände, können Sie sich frei bewegen. Der Zugang zu den Nasridenpalästen ist jedoch limitiert, Sie können ihn nur zur auf der Eintrittskarte vermerkten Zeit betreten, kommen Sie zu spät, verfällt das Ticket. Beginnen Sie Ihren Rundgang am besten mit der Alcazaba, dem Teil auf der Westspitze. Danach besichtigen Sie den Nasridenpalast und den Palast von Carlos V. Zum Schluss verweilen Sie in den herrlichen Gärten des Generalife mit ihrer Blumenpracht und den plätschernden Brunnen.

Die Alcazaba

Die im 13. Jh. errichtete Alcazaba mit den Torres Bermejas (Rote Türme) ist der älteste Teil der Alhambra. Am westlichen Ende bietet der Torre de la Vela, der ehemalige Wachturm, einen herrlichen Blick über Granada und den Albaicín sowie über die »Vega« genannte Landschaft. Granadas bedeutendster Dichter, Federico García Lorca, stellte sich die dunstige Vega als Bucht im Meer vor und verwirrte einst einen Freund, indem er ihn fragte, ob er am Fuße der Türme die Boote habe dümpeln sehen.

An die südliche Festungsmauer schmiegt sich der Jardín de los Adarves, eine oasenartige Gartenterrasse mit Ulmen und Zypressen.

Palacio Real

Der Nasridenpalast ist ein Juwel islamischer Handwerkskunst aus Stein, Holz und Stuck – und die Krönung der Alhambra. Die gesamte Anlage spiegelt in ihrer subtilen Komposition aus Raum, Licht und Wasser die Kunstfertigkeit der islamischen Baumeister wider. Durch ein bescheidenes Tor gelangen Sie zuerst in den Mexuar, den Verwaltungstrakt. Er gibt mit herrlichem Stuck und Kacheln einen ersten Vorgeschmack auf das, was Sie noch erwartet. Über einen kleinen Patio und durch das Goldene Zimmer (Cuarto Dorado) betreten Sie den Patio de los Arrayanes (Myrtenhof), einen rechteckigen Hof mit einem von Myrten gesäumten

Die »Rote Burg«

Der Name Alhambra leitet sich ab vom arabischen Kala al-Hamra, was »Rote Burg« bedeutet, denn ihre Mauern und Türme erstrahlen im Licht der Abendsonne rot. Mit Alhambra ist nicht nur der Palast der Nasriden, sondern die ganze Anlage mit dem Palast Karls V., der Alcazaba und dem Generalife gemeint.

1 Der Mexuar diente der öffentlichen Rechtsprechung und Versammlungen. Karl V. baute ihn zur Kapelle um.

2 Diwan oder Serail: Der eigentliche königliche Palast mit dem Patio de los Arrayanes und dem von Myrten gefassten Wasserbecken.

3 Harem: Im Zentrum liegt der Patio de los Leones (Löwenhof) mit dem Löwenbrunnen.

4 Patio de Mexuar: Dieser Hof zeichnet sich durch seine Marmor- und Azulejoverkleidungen in warmen Tönen aus, besonders im Cuarto Dorado (Goldenes Zimmer).

5 Torre de Comares und Sala de Embajadores: Mit 45 m ist die Torre de Comares der höchste Turm der Burg. Im Erdgeschoss fanden in der Sala de Embajadores (Saal der Gesandten) die Audienzen statt. Der Thron des Herrschers stand dem Eingang gegenüber.

6 Sala de la Barca: Halle aus sieben Arkaden, deren Name entweder von der schiffsförmigen Artesonadodecke oder vom arabischen »baraka« (Segen) stammt.

❼ Sala de los Reyes: Bemerkenswert sind die drei auf Leder gemalten Bildnisse aus dem 13./14. Jahrhundert. Auf dem mittleren sind die ersten zehn Könige der Nasridendynastie dargestellt (daher der Name Saal der Könige). Aufgrund der wenig kunstvollen Ausarbeitung der muslimischen Szenen werden sie christlichen Künstlern zugeschrieben.

❽ Peinador de la Reina: Der »Ankleideraum der Königin« ist einer der anmutigsten Räume des Palasts: Er wurde von Isabella der Katholischen und den Gemahlinnen Karls V. und Philipps II. benutzt.

❾ Torre de las Damas: Sie ist mehr Zierbau als Festung und eine der ältesten Bauten des Nasridenpalasts, errichtet im 14. Jahrhundert.

❿ Palast Karls V.: Mächtiges Quadrat mit zweistöckigem Rundbau. Im Erdgeschoss das Museo de la Alhambra, darüber das Museo Provincial de Bellas Artes.

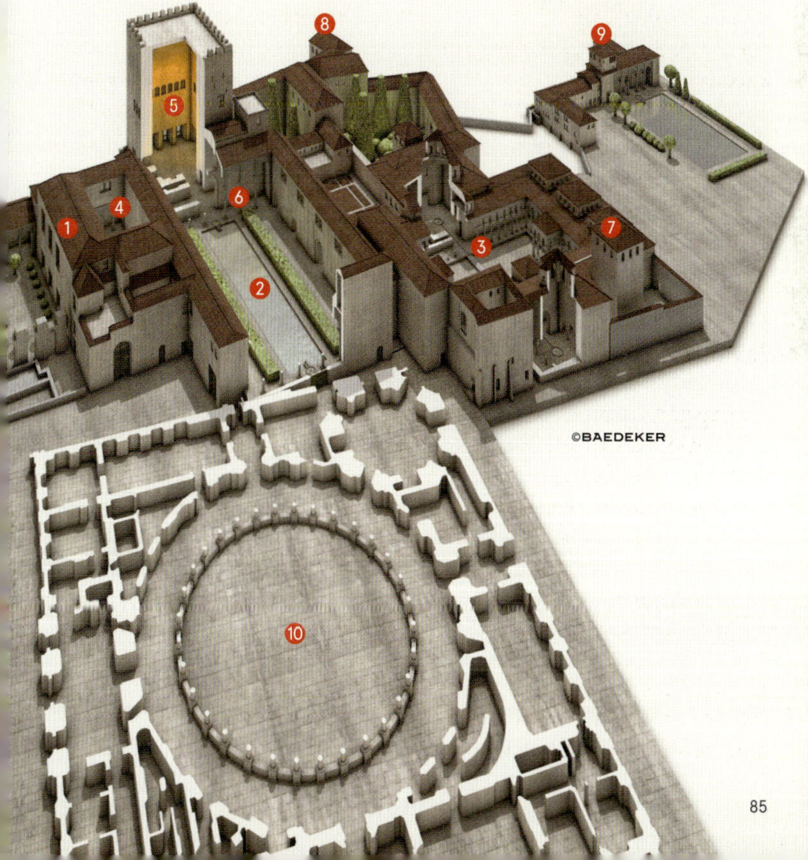

Wasserbecken in der Mitte sowie sanft plätschernden Brunnen. Nach links kommen Sie durch die Arkaden in die Sala de la Barca (Segenshalle) mit einer schiffsfömigen Decke und dann in die Sala de los Embajadores (Botschaftersaal), in der sich der Thron befand und die Gesandten empfangen wurden. Die mit Kacheln und Stuck geschmückten Wände gehen in eine meisterhaft aus Zedernholz geschnitzte Kuppel über, die das von Sternen erleuchtete Firmament darstellt.

Anschließend geht es in die Privatgemächer der Sultane, dort befinden sich auch die Räume des Harems. Das Kernstück bildet der von Marmorsäulen eingefasste Patio de los Leones (Löwenhof). In der Mitte steht der berühmte, von zwölf Löwenskulpturen getragene Brunnen. Rechts des Patio liegt die Sala de los Abencerrajes mit einem zwölfeckigen Marmorbrunnen, in dem sich die gewaltige Stalaktitenkuppel und der 16-seitige Deckenfries spiegeln. Die dunklen Flecken im Brunnenbecken sollen vom Blut von 16 geköpften Rittern stammen, deren Anführer Zoraya die Lieblingskonkubine des Sultans Abu al-Hassan begehrt hatte. Eine prosaischere Erklärung für die Flecken ist wohl einfach der Rost – allerdings scheint sich die grausige Tat tatsächlich hier abgespielt zu haben.

Zauberhaftes Wasserspiel im Generalife

Am anderen Ende des Löwenhofs liegt die lange und schmale Sala de los Reyes (Saal der Könige), wo auf Leder gemalte Deckenbilder Ritterszenen zeigen – vermutlich das Werk späterer christlicher Künstler. Die Halle wurde im Sommer für Darbietungen genutzt, die Alkoven dienten vermutlich als Theaterlogen. Links des Löwenbrunnens öffnet sich die Sala de Dos Hermanas (Saal der zwei Schwestern), deren Name sich auf die beiden großen, in den Boden eingelassenen Marmorplatten bezieht. Ein wunderschönes Stuckdekor ziert das größte Stalaktitengewölbe. Es schließt sich nun die Sala de los Ajimeces an (Saal der Bogenfenster), die Privatgemächer der Lieblingsfrau des Sultans; der Erker geht auf die üppigen Patios hinaus.

Palacio de Carlos V.

Von der Sala de los Ajimeces schlendern Sie durch eine Reihe von Räumen und Gängen ins gleißende Licht der Gärten mit Patios und maurischen Türmen und gelangen zum Renaissancepalast von Karl V. Der spanische König ließ für den quadratischen Bau ab 1527 einen Teil des Nasridenpalasts abreißen. Der eigentlich eindrucksvolle Bau wirkt wie ein Fremdkörper in der harmonischen maurischen Anlage. Das Herzstück des Palasts ist ein runder Hof, der früher auch als Stierkampfarena genutzt wurde.

In den Räumlichkeiten rund um den Hof ist das Museo de la Alhambra mit exquisiten Exponaten aus islamischer Zeit untergebracht; am bekanntesten ist der blau und golden verzierte Jarrón de las Gacelas (Gazellenvase oder -zierkrug).

Strenger als die maurische Baukunst: der Palacio de Carlos V.

Der Generalife

Im Osten der Alhambra liegt auf dem Cerro del Sol (Sonnenhügel) der Generalife, ein Areal mit erfrischenden Brunnen, schimmernden Teichen und Gärten mit Terrassen und Blumenbeeten. Die ersten Grünanlagen wurden bereits im 13. Jh. angelegt, die Interpretation des Namens reicht von Offiziersgarten über Architektengarten bis hin zu Gemüse- und Obstgarten. Hier fanden einst Bankette und Theatervorführungen statt. Heute schlendert man durch den Patio de los Cipreses mit jahrhundertealten Zypressen und taucht die Hände ins kühle Nass des Camino de las Cascades.

---

i

217 D/E2
Calle Real de la Alhambra, s/n
☎ 958 027 971 April bis 14. Okt. tägl. 8.30–20 (Di–Sa 22–23.30 mit Flutlicht); 15. Okt.–März tägl. 8.30–18, (Fr/Sa 20–21.30 Uhr mit Flutlicht)
Bus alle 5 Min. von der Plaza Isabel la Católica und Plaza Nueva
14 €, Senioren 9 €

Tickets sollten unbedingt lange im Voraus gebucht werden; https://tickets.alhambra-patronato.es/ oder telefonisch unter ☎ 034 858 95 36 16
Privatpersonen dürfen maximal 10 Eintrittskarten kaufen.
Nähere Information auf www.alhambradegranada.org (auch auf Deutsch)

Der Albaicín

Das alte maurische Viertel von Granada, der Albaicín, zieht sich die Flanken des Hügels Sacromonte hinauf. Gegenüber, auf der anderen Seite des Darrotals, erhebt sich die Alhambra. Gassen mit Kopfsteinpflaster schlängeln sich dahin, hohe Palmen setzen Akzente zwischen den weiß getünchten, mit bunten Bougainvilleen und Geranien geschmückten Häusern. Dazwischen liegen begrünte Plätze, und immer wieder taucht zwischen den Häusern plötzlich die Alhambra im Blickfeld auf.

Im Süden wird der Albaicín von der Carrera del Darro begrenzt, einer schmalen, am Río Darro entlangführenden Straße. Bevor Sie über die engen, steilen Gassen ins Herz des Albaicín aufsteigen, sollten Sie El Bañuelo, ein arabisches Bad aus dem 11. Jh., besichtigen. Sie betreten es über einen winzigen Hof mit Garten – ein reizender Auftakt für die Besichtigung der Badesäle mit ihren sternförmigen Öffnungen in der Decke. In der Nähe wartet das in einem Renaissancepalast (Casa de Castril) untergebrachte Museo Arqueológico (Archäologisches Museum) mit einer hervorragenden Sammlung prähistorischer, phönizischer, römischer und westgotischer Exponate auf. Vom Balkon des mit Arkaden umgebenen Patio hat man einen schönen Blick auf die Alhambra.

Den schönsten Blick über den Albaicín und auf die Alhambra haben Sie vom Mirador de San Nicolás im oberen Teil des Viertels, besonders am Abend, wenn die Alhambra im Dunkeln vom Flutlicht erhellt wird. Nördlich davon finden Sie an der Plaza Larga Geschäfte und Bars. Weiter westlich liegt die hübsche Plaza San Miguel el Bajo. Unter Platanen sitzt man hier gemütlich in der Bar Lara oder im El Yunque bei einem Drink und Tapas. Vom nahe gelegenen Mirador de Cruz de Quirós genießen Sie ebenfalls eine schöne Aussicht. Oben auf dem Hügel Sacromonte gibt es im Osten Höhlen, in denen früher »Gitanos« lebten. Heute finden dort teure Flamencoshows statt.

Den Albaicín erkundet man entweder gezielt auf einer festen Route, oder Sie lassen sich einfach treiben – und überraschen. Bergab geht es immer wieder zurück ins

Abseits vom Touristenstrom unterwegs in den Gassen des Albaicín

Zentrum von Granada. Allerdings sollte man sich tagsüber vor Taschendieben hüten und nachts das Viertel am besten meiden.

El Bañuelo
✈217 D3
✉Carrera del Darro 31
☎958 22 97 38 ◷Di–Sa 10–14 Uhr
🚌Bus C1 von der Plaza Nueva zum Albaicín 🎟frei

Museo Arqueológico
✈217 D3 ✉Carrera del Darro 43
☎958 57 54 08 ◷Juli/Aug. Di–So 9–15 Uhr, Sept.–Juni Di–Sa 9–21 Uhr, So 9–15 Uhr 🚌Bus C1 von der Plaza Nueva zum Albaicín 🎟1,50 Euro

Capilla Real und Catedral

Im Herzen des modernen Granada, unweit der geschäftigen Gran Vía de Colón, befinden sich zwei wichtige Gebäude: Die Kathedrale und die angrenzende Capilla Real (Königskapelle), beide entstanden nach dem Ende der Maurenherrschaft.

Die Capilla Real an der Südseite der Kathedrale wurde in den Jahren 1505 bis 1521 unter der Leitung von Enrique de Egas in spätgotischem Stil als Grabstätte für die katholischen Monarchen Isabella und Ferdinand erbaut. Eigentlich wollte das Herrscherpaar in Toledo beerdigt werden, doch nach ihrem Sieg über die Mauren entschlossen sie sich für eine Begräbniskapelle in Granada. Die Kapelle ist mit eleganten Säulen und Bögen und einem herrlichen Altaraufsatz ausgestattet. Ein schönes schmiedeeisernes Gitter umschließt das reich verzierte Mausoleum der Herrscher, die hier als Marmorstandbilder dargestellt sind. Zur Rechten sieht man ihre Tochter Johanna (die Wahnsinnige) und deren Mann Philipp. Schmale Stufen führen zur Krypta mit den Bleisärgen hinunter. Ob die sterblichen Überreste in den Särgen überhaupt von der Königsfamilie stammen, ist allerdings ungewiss. Während ihres kurzen Aufenthalts im napoleonischen Krieg verwüsteten französische Soldaten die Kapelle.

Die Capilla Real ist Granadas schönster gotischer Sakralbau.

In der überaus sehenswerten Sakristei befindet sich neben königlichen Kunstschätzen auch Isabellas persönliche Kollektion italienischer und flämischer Malerei.

Aus dem Häusergewirr der Innenstadt erhebt sich die Kathedrale Santa María de la Encarnación, die erste Renaissancekirche Spaniens. Sie wurde von Enrique de Egas 1523 spätgotisch begonnen, 1528 von Diego de Siloé plateresk weitergeführt und 1561 unvollendet geweiht. 1563 setzte Juan de Orea die Arbeiten fort, die sich bis 1703 hinzogen

und schließlich abgebrochen wurden, ohne dass die vorgesehenen zwei Türme erstellt waren; auch der begonnene Turm erreichte nicht die geplante Höhe. Die 47 m hohe Kuppel im Zentrum verleiht dem Gotteshaus eine herrliche Leichtigkeit. In den Seitenschiffen sind beeindruckende Kapellen zu sehen, dazu schöne Gemälde und Skulpturen, darunter einige von Alonso Cano, einem einheimischen Künstler, der im 17. Jh. die Westfassade der Kirche gestaltete. Südwestlich der Kathedrale lohnt der Bummel durch die engen Straßen und hübschen Plätze. Im Osten, jenseits der geschäftigen Calle Reyes Católicos bis zur Plaza del Carmen mit der Touristeninformation in einem gut erhaltenen Gebäude aus dem 14. Jh., befindet sich der Eingang zur Alcaicería, einem pseudo-arabischen Suk mit zahlreichen Andenkenläden. Nicht mehr weit ist es dann von hier bis zur Calle Zacatín, einer Fußgängerzone, die direkt zur Plaza Bib-Rambla führt, einem riesigen Platz mit bunten Blumenständen sowie vielen Cafés, Bars und Restaurants. Jenseits des Platzes beginnt das Haupteinkaufsviertel von Granada.

Mächtig und prächtig: Granadas Kathedrale beeindruckt.

Monasterio de la Cartuja

Den Besuch des Monasterio de la Cartuja (Kartäuserkloster) am nördlichen Stadtrand sollten Sie unbedingt einplanen;

es gehört zu den schönsten Barockgebäuden Spaniens. Im Jahr 1506 begonnen, wurde es erst 300 Jahre später vollendet, 1835 mussten die Mönche im Zuge der Säkularisierung das Kloster verlassen und Teile davon wurden zerstört. Erhalten blieben Kreuzgang, Refektorium, Kirche und Sakristei. In den verschwenderisch gestalteten Innenräumen hat der (nach dem spätbarocken spanischen Baumeister und Bildhauer José Benito de Churriguera benannte) Churriguerismus einen Höhepunkt erreicht.

Oase der Ruhe: Granadas Kartäuserkloster

Parque de las Ciencias

Wer den Wissenschaftspark besucht, lernt Granada von seiner modernen Seite kennen. Besonders Jugendliche sind von der interaktiven Präsentation begeistert; es gibt u. a. ein Planetarium, eine tropische Schmetterlingsvoliere und einen botanischen Garten; das BioDomo widmet sich der biologischen Vielfalt unseres Planeten. Das Museum ist 2 km von der Stadt entfernt; es verkehren regelmäßig Busse.

Capilla Real
216 B2 Oficios 3 958 22 92 39
Mo–Sa 10.15–13.30, So 11–18 Uhr
Busse C1 bis C7 5 €

Catedral
216 B3 Gran Vía de Colón 5
958 22 29 59 Mo–Sa 10–18.30, So 15–18 Uhr Busse C1 bis C7 5 €

Monasterio de la Cartuja
216, bei B5 Calle Real de Cartuja
958 16 19 32 So–Fr 10–20 Uhr, Sa 10–13, 15–20 (im Winter nur je bis 18 Uhr) Busse U1, U2, N7
5 €

Parque de las Ciencias
216, bei A1 Avenida de la Ciencia 958 13 19 00 www.parqueciencias.com Di–Sa 10–19 Uhr, So und Feiertage 10–15 Uhr; Planetarium:
jede Stunde Vorführung
Bus S5 Museum: 7 €,
Planetarium: 2,50 €

❽ ★★ Las Alpujarras

Was?	Ein Ausflug in die Berge
Warum?	Hohe Gipfel und weiße Dörfer – die Schweiz auf Andalusisch
Wann?	Wenn Sie eine Extraportion frische Luft brauchen
Wie lange?	So lange die Füße tragen
Was noch?	Vergessen Sie alle Diäten – in den Bergen isst man deftig.
Resümee	Städtetrips sind nicht alles, was Andalusien bietet.

Die südöstlich von Granada und der Sierra Nevada gelegenen Alpujarras sind eine zwar teils karge, aber reizvolle und klimatisch sehr begünstigte Berglandschaft, die Anfang des 20. Jh.s von Schriftstellern und Wanderern entdeckt wurde.

Schon im 8. Jh. hatten sich in dieser Region Berber angesiedelt, die im 10. und 11. Jh. eine lukrative Seidenindustrie aufbauten. Nach dem Verlust Granadas 1492 zogen sich sämtliche Mauren in die entlegenen Dörfer zurück, bis sie nach mehreren blutigen Aufständen 1569 endgültig vertrieben wurden. Einige Familien mussten allerdings bleiben, um den christlichen Neusiedlern die ausgeklügelten Bewässerungssysteme und Terrassengärten zu erhalten, in denen Getreide, Oliven, Zitrusfrüchte und Gemüse wuchsen, die bis heute angebaut werden.

Das Tor in eine andere Welt

Von Granada gelangt man durch Lanjarón in die westlichen Alpujarras. Hier sprudelt eine der bekanntesten Mineralquellen Spaniens. 20 km weiter östlich biegt man im Marktflecken Órgiva Richtung Norden ab und fährt auf der A-4132 direkt ins Herz der Poqueira-Schlucht. Hier sind die Oberen Alpujarras am schönsten. Das wusste übrigens auch Chris Stewart: Das Gründungsmitglied der britischen Rock-Band Genesis ließ sich in der Nähe von Órgiva als Landwirt nieder.

Die Dörfer von Poqueira

Die Poqueira-Schlucht ist ein breites, steiles Tal, das die Hügel vor dem zweithöchsten Gipfel der Sierra Nevada, dem Pico Veleta (3398 m), durchschneidet. Weiter östlich, aber

Busquístar liegt auf 1160 Metern Höhe am Rio Trevélez in den Alpujarras.

außer Sichtweite, liegt der noch höhere Mulhacén (3481 m). Über die Terrassenhänge des Tals verteilen sich die weißen Häuser von drei Dörfern. Das erste ist Pampaneira mit einem Häusergewirr rund um die alte Kirche Santa Cruz an der Plaza de la Libertad. Hier finden Sie viele Bars und Andenkenläden, in denen Tonwaren, Läufer und Decken aus heimischer Produktion feilgeboten werden. Kein Wunder, dass der Ort von so vielen Ausflugsbussen angefahren wird!

Oberhalb von Pampaneira liegt Bubión, das ruhigste und am wenigsten besuchte Dorf. Bei der Pfarrkirche an der kleinen Plaza de la Iglesia gibt die Casa Alpujarreña Einblick in das Leben der Region. Das Museum ist ein traditionelles Haus, dessen Einrichtung nicht verändert wurde, seit die Bewohner in den 1950er-Jahren fortzogen. Auf dem Weg zum Platz hinunter liegt das Taller del Telar (Weberei), wo Wollstoffe noch mit einem Webstuhl hergestellt werden, der einst dem letzten Webermeister von Granada gehörte. Die exquisiten Stoffe haben schöne Farbtöne. Auch Lampenschirme aus Textil stehen hier zum Verkauf.

Das am höchsten gelegene Dorf, Capileira, ist sehr beliebt und im Sommer entsprechend überlaufen. Jenseits der Hauptstraße lohnt jedoch ein Streifzug durch die schmalen Gassen, in denen die typischen Häuser der Region mit Flachdächern aus Ästen und Lehm stehen. Am Ortsende können

Sie auf einigen Pfaden weiter in die bewaldete Schlucht wandern, wo der Fluss Poqueira in würzig duftenden Kiefernwäldern über glatt geschliffene Kiesel sprudelt.

Trevélez und Umgebung

Die Straße östlich der Poqueiraschlucht schlängelt sich an einem Hügelvorsprung dahin und führt durch die weniger häufig besuchten Dörfer Pitres, Pórtugos und Busquístar. Dann biegt sie nach Norden ab und verläuft an den Hängen eines weiteren tiefen Tals entlang nach Trevélez. Die auf knapp 1500 m Höhe angesiedelte Gemeinde – einer der höchstgelegenen Orte Spaniens – ist für ihren »Jamón serrano«, den luftgetrockneten Schinken, berühmt. Der Ort, der sich seinen typischen Charakter bewahrt hat, zieht sich steil den Hügel hinauf. Im unteren Stadtviertel (»barrio bajo«) buhlen Andenkenläden, Cafés, Restaurants und Geschäfte mit Serrano-Schinken um die Gunst der Kunden. Eine steile Straße führt durch das »barrio medio« zur Oberstadt (»barrio alto«), wo die Straßen schmäler und die Autos seltener werden. Östlich von Trevélez führt ein Weg durch eine reizvolle Landschaft mit Bächen und Wäldern mit Buchen, Pappeln, Eichen und Kiefern tiefer in die Alpujarras hinein. Die Straße passiert einige maurische Siedlungen wie Bérchules und Yegen, urtümliche Dörfer, die sich an Steilfelsen schmiegen und durch ihren gemächlichen Lebensrhythmus bezaubern. Hinter Yegen geht die Landschaft gen Osten dann in die trockenen Hügel der Provinz Almería über.

KLEINE PAUSE

Am Ortsanfang von Pampaneira sitzt es sich schön auf der begrünten Terrasse des Restaurants **Casa Julio.** Über eine Gasse mit Wasserkanal geht es zur Plaza de la Libertad.

Casa Julio: Avenida de la Alpujarra, 9, 18411 Pampaneira, Tel. 958 76 33 22, www.casa-julio.com

---

✈ 212 B2

Rustic Blue
Vermittlung von Ferienvillen, Bubión
☎ 958 76 33 81 🌐 www.rusticblue.com

Mancomunidad de Municipios de la Alpujarra Granadina (Verbund der Alpujarradörfer)
✉ Calle Obrador 6, Cádiar
🌐 www.alpujarraturistica.com

Casa Alpujarreña in Bubión
✉ Plaza Iglesia, Bubión
☎ 958 76 30 32 ⏰ tägl. außer Di 11–14 Uhr, Fr/Sa und Feiertage auch 17–19 Uhr

㉑ Almería

Was?	Eine Stadt, die Sie nicht auslassen sollten.
Warum?	Die uneitle Schwester von Sevilla & Co. gibt sich authentisch und gastfreundlich.
Wann?	Zu den Osterprozessionen – weniger bekannt, aber nicht weniger ergreifend als in Sevilla
Wie lange?	Bis Sie alle Tapas-Bars ausprobiert haben – oder ein, zwei …
Was noch?	Das archäologische Museum – hier wird Frühgeschichte spannend und unterhaltsam dargeboten.
Resümee	Maurisch, mittelalterlich, modern

Ein altes Sprichwort lautet: »Als Almería schon eine Festung war, war Granada nur ein Bauernhof.« Die Mauren nannten die fantastisch über der Stadt thronende Burg »al-Mariyat Bayyana«, was je nach Quelle mit »Spiegel des Meeres«, »Festung« oder auch »Salzküste« übersetzt wird. Unterhalb der Burg bildet die Altstadt mit ihren engen Gassen und verfallenen Gebäuden einen spannenden Kontrast zu den geschäftigen Einkaufsstraßen und schicken Boulevards der Neustadt daneben. In Almería liegen maurisches und mittelalterliches Andalusien sowie das moderne Spanien des 21. Jh.s dicht beieinander.

Ganz im Südosten von Andalusien öffnet sich der weite Golf von Almería und lockt mit langen Stränden – und einer modern geprägten Provinzhauptstadt. Deren touristischer Schatz ist die sehr schön restaurierte Alcazaba, die größte maurische Burg Andalusiens.

Vom 8. Jh. an war Almería der Haupthafen von al-Andalus. Durch die Handelsbeziehungen mit Nordafrika und dem östlichen Mittelmeerraum gelangte die Stadt zu Reichtum. 1490 fiel die Stadt an die Christen – der Bruch mit Nordafrika hatte den Niedergang zur Folge, der durch mehrere verheerende Erdbeben im 16. Jh. noch beschleunigt wurde. Doch im 19. Jh. blühte Almería erneut auf. Heute begünstigen die »Plasticultura« (Gewächshauskultur) und der zunehmende Tourismus die Entwicklung der wenig spektakulären, aber freundlichen und lebhaften Stadt.

Die Alcazaba

Im 10. Jh. nutzten die Baumeister der Alcazaba das raue Gestein oben auf dem Hügel. Bis heute wirken die restaurierten Mauern und Türme der Festung wie natürliche Erweiterungen der Klippen. Über einen gewundenen Treppenweg gelangen Sie von der Altstadt zur Puerta de la Justicia (Gerechtigkeitstor), dem perfekten Beispiel eines maurischen Eingangstors mit doppeltem Hufeisenbogen und einem versetzten Innentor, das Angreifern das Eindringen erschweren sollte. Dahinter kommt der erste Burgbereich. Hier befindet sich eine Zisterne aus maurischer Epoche, der Garten wurde nach maurischem Vorbild angelegt. Weiter geht es hinauf zu einer kühlen Oase mit Bäumen im zweiten Burgbereich. In diesem weitläufigen, teilweise rekonstruierten Areal befanden sich der Palast der maurischen Könige, der Empfangsbereich und die persönlichen Gemächer der Herrscher. Im 16. Jh. wählte der christliche Schlossvogt Almerías diesen Teil als Residenz. Zu ihr gehörte die im Mudéjar-Stil erbaute Ermita de San Juan. Der

Majestätisch und maurisch: Die Alcazaba von Almería beeindruckt ihre Besucher noch immer.

Blick vom Cerro de San Cristóbal, dem Gipfel nahe der Alcazaba, auf Almería

dritte Burgbereich ist der jüngste Teil der Burg. Nach der Eroberung Almerías im Jahr 1489 ließen die Katholischen Könige Isabella und Ferdinand die Burg mitten in die maurische Festung bauen. Von hier hat man einen herrlichen Blick übers Meer. Direkt darunter erstreckt sich das Barrio de Chanca, das alte Fischerviertel von Almería, mit bunten Fassaden, Flachdachhäusern und Höhlenwohnungen in den Felsen. Hier lebt die ärmere Bevölkerung Almerías.

Weitere Sehenswürdigkeiten

Die Catedral ist eine typische Wehrkirche mit vier mächtigen Ecktürmen, turmartiger Apsis und Zinnenkranz. Nach dem Erdbeben von 1522 wurde sie ab 1524 unter der Leitung von Diego de Siloé an Stelle der Freitagsmoschee errichtet. Weniger wuchtig wirken das Hauptportal und die Puerta de los Perdones, beide von Juan de Orea, mit Doppelsäulen, reichem Figurenschmuck und dem Wappen Karls I. als Abschluss. Herausragendes Kunstwerk im dreischiffigen Kirchenraum ist das aus Nussbaumholz geschnitzte Chorgestühl, ebenfalls von Juan de Orea (1558), dessen Figurenreliefs neben Kirchenmännern und Heiligen u. a. auch einen Arbeiter, Beamte und eine Mohrin zeigen.

Das Museo Arqueológico (Archäologisches Museum) zeigt Exponate aus Los Millares, einer bronzezeitlichen Fundstätte, und Objekte der Römer und Mauren. Das Centro de Arte (Kunstzentrum; nahe Zug- und Busbahnhof) präsentiert traditionelle und zeitgenössische Kunst. Die Innenstadt von Almería wird von der Av. Federico García Lorca (auch Rambla de Belén), einem breiten, begrünten Boulevard, der zum Hafen hinunterführt, zweigeteilt. Im Westen liegt die Hauptstraße der Stadt, der schick renovierte Paseo de Almería mit Läden und Café-Bars. An ihrem nördlichen Ende gelangen Sie über die Plaza Manuel Pérez García zur attraktiven Einkaufsmeile Calle de las Tiendas. Auf dieser gelangen sie zur Plaza de la Constitución (Verfassungsplatz, auch Plaza Vieja, alter Platz genannt). Auf dem von Arkaden umgebenen Platz aus dem 17. Jh. können Sie sich ausruhen. Hohe Palmen umgeben das weiße Denkmal, das an die aufständischen Bürger erinnert, die sich 1824 gegen die Unterdrückung durch König Ferdinand VII. zur Wehr setzten und hingerichtet wurden.

KLEINE PAUSE

Hervorragenden Schinken, Tapas und Fischgerichte werden samt exquisitem Sherry in der **Bodega las Botas** serviert, als Tische dienen Sherryfässer.

Bodega las Botas: Calle Fructuosa Pérez. Tel. 950 23 42 39

---

212 B2

Touristeninformation
Parque Nicolás Salmerón s/n
950 17 52 20
www.turismodealmeria.org
Plaza de la Constitución
950 21 05 38

Parken
Tiefgaragen an der Rambla de Belén und beim Kreisverkehr am südlichen Ende der Rambla

Alcazaba
Almanzor s/n 950 80 10 08 Mitte Sept.–März Di–Sa 9–18.30, So 10–17 April–Mai Di–Sa 9–20, So 10–17 Uhr, Juni–Mitte Sept. Mo–Sa 9–15.30, 18.30–22, So 10–17 Uhr frei für EU-Bürger

Catedral
Plaza de la Catedral April–Juni Mo–Sa 10–19 Uhr, So 13.30–19 Uhr, Juli–Sept. Mo–Fr 10–20.30 (letzter Einlass 18.30 Uhr), Sa 10–19 Uhr, So 13.30–19 Uhr, Okt.–März Mo–Fr 10–18.30, Sa 10–14.30 und 15.30–18.30 Uhr, So 13.30–18.30 Uhr 5 €

Museo Arqueológico
Calle de Ronda 91 950 10 04 09
Juli/Aug. Di–Sa 9–21 Uhr, So 9–15 Uhr, Sept.–Juni Di–Sa 14–20.30, Mi–Sa 9–21 Uhr, So 9–15 Uhr Eintritt frei

Centro de Arte – Museo de Almería
Plaza Carlos Cano s/n
950 26 96 80 Juni–Sept. Di–So 10–13 Uhr, Fr/Sa auch 17–20 Uhr, Okt.–Mai Di–So 10.30–13.30 Uhr, Fr/Sa auch 18–21 Uhr frei

Nach den Sternen greifen

Am Cabo de Gata im Osten Almerías ist die Landschaft nicht nur karg wie eine Wüste, sondern auch ebenso wenig besiedelt. Der positive Effekt: Keine Lichtquelle, keine Luftverschmutzung trüben den nächtlichen Sternenhimmel. Fahren Sie also in einer klaren Nacht hinaus an die Playa de Genoveves oder Playa de Mónsul und lassen Sie das unendlichfach funkelnde Firmament über dem Meer auf sich wirken. Wie klein wir Menschen doch sind! Von Mai bis Juli werden Sterngucker auch das wunderschöne Sternbild des Skorpions im Süden erkennen.

Nach Lust und Laune!

22 Los Millares

Lohnend ist ein Ausflug nach Los Millares, etwa 20 km nördlich von Almería. Die recht komplexe Anlage gilt als eine der wichtigsten europäischen Fundstätten aus der Kupfersteinzeit (3200–2200 v. Chr.). Zu sehen sind neben der eigentlichen Siedlung eine etwa 13 ha umfassende Nekropole mit 80 (teilweise rekonstruierten) runden Grabkammern. Planen Sie für den Besuch des großen Areals 1,5 bis 2,5 Stunden ein. Im Sommer kann die Hitze höllisch sein, nehmen Sie daher eine Kopfbedeckung, Sonnenschutz und Wasser mit.

212 C2
Enclave Arqueolócigo Los Millares, südl. von Santa Fé de Mondújar, Zufahrt über Al-3409 oder Al-3411
☎ 677 90 34 04 Mi–So 10–14 Uhr
Eintritt frei.

23 Parque Natural Cabo de Gata-Níjar

Das Kap auf der Ostseite des Golfs von Almería ist die einzige natürliche Wüste Europas: eine Landschaft mit langen, einsamen Stränden und kargen Vulkanhügeln. An der Südspitze steht der Leuchtturm, von dem aus man eine atemberaubende Sicht auf dic zerklüfteten Klippen und die Felsen im Meer hat. Der Reiz des Cabo de Gata liegt in seinen naturbelassenen Stränden, der Pflanzen- und Vogelwelt sowie der Abgeschiedenheit der Klippen und Buchten im Nordosten des Kaps. Die Strände auf der Westseite zwischen dem Dorf San Miguel de Cabo de Gata und dem Leuchtturm sind am besten zugänglich. Mittags kann es hier allerdings sehr windig sein. Kurz vor dem Leuchtturm zweigt links eine schmale Straße ab und schlängelt sich 3 km am Hang über dem Meer bis zu einer Landspitze, auf der neben einem Radiosender der alte maurische Wehrturm Vela Blanca emporragt. Die schönsten Strände der Küste, Playa de Genoveves und Playa del Mónsul, erreicht man über den Ort San José, das touristische Zentrum des Naturparks. Im Touristenbüro von San José werden wunderschöne handgetöpferte Waren von Kunsthandwerkern der Region verkauft.

Im Naturpark stehen Pflanzen und Vögel unter Schutz. Im wüstenartigen Gebiet gedeihen u. a. Zwergfächerpalme, die einzige europäische Palmenart, und ganze Wälder von Agaven mit ihren spektakulären baumartigen Blüten. Hinter dem Dorf San Miguel de Cabo de Gata erstrecken sich weitläufige Salzfelder, Las

Wandern in den Dünen um San José

Salinas, wo man unter anderem Flamingos, Säbelschnäbler, Störche und Silberreiher beobachten kann.

213 D1/2

Oficina de Información
Avenida de San José 27, San José
950 38 02 99
www.cabodegata-nijar.com
tägl. 10–14 und 17.30–20.30 Uhr, im Winter So nur 10–14 Uhr

La Gallineta (€€–€€€)
Carretera de San José, El Pozo de los Frailes 950 38 05 01

Touristeninformation
Centro de Información Parque Natural Cabo de Gata und Centro de Visitantes de Las Amoladeras

24 Níjar

Das Dorf Níjar mit seiner Keramikindustrie geht auf die Mauren zurück. Es liegt in den Ausläufern der Sierra de Alhamilla, 30 km nordöstlich von Almería. Unterhalb des Ortes erstreckt sich die karge Ebene Campo de Níjar mit einem Plastikmeer aus Treibhäusern. Die Töpfer von Níjar haben sich auf lebhafte, bunte Farben spezialisiert. In der Hauptstraße, der Avenida García Lorca, finden Sie viele Kunsthandwerksläden und Töpfereien. Schöne Keramik können Sie in La Tienda de los Milagros in der etwas am westlichen Ortstrand versteckten Calle Pocico 9/Ecke Callejón del Artesano 1 erstehen. Die wichtigsten Ateliers und Ausstellungsräume befinden sich jedoch im Barrio Alfarero, das am oberen Ende der Avenida García Lorca beginnt. Hier werden auch Teppiche und Decken verkauft. Im Zentrum der Altstadt liegt die Plaza la Glorieta mit der Kirche Santa María de la Anunciación (16. Jh.), die eine schöne Mudéjar-Decke birgt.

213 D2 www.nijar.es; www.latiendadelosmilagros.com

25 Mojácar

Mojácar ist in der Provinz Almería der wichtigste Ferienort am Meer und dementsprechend überlaufen. Wer gut zugängliche Strände mit modernen Einrichtungen sucht, ist hier richtig. Mojácar besteht aus zwei Teilen: Der Küstenort Mojácar Playa zieht sich mit herrlichen Stränden an der Küstenstraße entlang. Hier reihen sich Feriensiedlungen, Hotels, Geschäfte, Cafés und Restaurants, lebhafte Bars und Discos aneinander. Zwei Kilometer

Malerisch: Die weißen Häuser von Mojácar Pueblo

landeinwärts liegt auf einem Hügel Mojácar Pueblo, das eigentliche Dorf. Trotz der Touristen, die sich im Sommer hier durch die Gassen drängen, hat sich der Ort einen gewissen Charme bewahrt.

213 D2 Plaza del Frontón, Mojácar 902 57 51 30
www.mojacar.es

26 Sorbas

40 km nordöstlich von Almería liegt das Dorf Sorbas, in dem ebenfalls Tonwaren verkauft werden. Im Barrio Alfarero können Sie Werkstätten und Ausstellungen besichtigen. Östlich des Dorfs liegen inmitten der Kalksteinhügel die Cuevas de Sorbas. Die rund zweistündige Führung durch das Höhlensystem ist zwar etwas abenteuerlich, trotzdem ist sie gut machbar. Helme und Lampen werden gestellt.

213 E2 www.sorbas.es

Cuevas de Sorbas
950 36 47 04
www.cuevasdesorbas.com; Reservierung empfehlenswert
Mo–Fr 10–14, 16–18, Sa, So 10–14 Uhr ab 15 € (je nach Route)

27 Mini Hollywood (Oasys)

Nördlich von Almería liegt die an Arizona erinnernde Landschaft Tabernas, wo berühmte Westernklassiker wie »Die glorreichen Sieben«, aber auch der »Schuh des Manitu« gedreht wurden. Die Wildweststädte, die als Kulissen zwischen Bergschluchten und Wüsten errichtet wurden, sind Touristenattraktion. Die größte und interessanteste heißt Mini Hollywood und liegt – als Teil des »Oasys Theme Park« (Safaripark, Zoo und Wasserpark) – unweit der Carretera Nacional, etwa 6 km westlich von Tabernas. Vor dem Office des Sheriffs finden Cowboyshows statt. Kinder lieben es, Erwachsene finden das oft etwas theatralisch.

212 C2 902 53 35 32
www.oasysparquetematico.com
Juli–Aug. 10–21 Uhr, sonst kürzer (Nov.–März nur am Wochenende 10–18 Uhr) Restaurant und Café (€–€€) 22,50 €, Hunde verboten

28 Guadix

Die lebhafte Bischofsstadt 60 km östlich von Granada ist bekannt für ihre Höhlenwohnungen: komplette Behausungen mit allen Annehmlichkeiten wurden in den weichen Tuffstein gegraben; in den fensterlosen Räumen herrscht eine ausgeglichene Temperatur. Viele Höhlen haben weiß getünchte Anbauten und Gärten. In der Cueva Museo (Museumshöhle) sind mehrere Räume erhalten und mit traditionellem Mobiliar ausgestattet.

Die eigentliche Stadt wird von einer Barockkathedrale aus Sandstein beherrscht. Gegenüber vom Haupteingang führt ein Torbogen zur Plaza de la Constitución, auch bekannt als Plaza Mayor. Von hier geht es durch enge Gassen zu den Renaissancegebäuden der Oberstadt.

212 B2 www.guadix.es

Cueva Museo
Plaza del Padre Poveda
958 66 55 69 Mo–Fr 10–14 und 16–18, Sa 10–14 Uhr 2,60 €

Wohin zum ... Übernachten?

Preise für ein Doppelzimmer pro Nacht:

€	unter 60 Euro
€€	60–90 Euro
€€€	90–140 Euro
€€€€	über 140 Euro

GRANADA

Casa del Aljarife €€€
Diese Pension liegt an einem kleinen Platz im Herzen des Albaicín mit herrlichem Blick auf die Alhambra. Das Haus aus dem 17. Jh. wurde liebevoll restauriert und hat einen hübschen Hof sowie eine Dachterrasse. Die vier Zimmer sind klein, haben aber Flair.
216 C2 Placeta de la Cruz Verde 2, Albaicín ☎958 22 24 25
www.casadelaljarife.com

Hotel Los Tilos €€
Das preiswerte Hotel verzichtet auf jeden Schnickschnack, ist aber komfortabel und modern eingerichtet und liegt zentral an einem hübschen Platz, auf dem jeden Tag ein Blumenmarkt stattfindet. Am schönsten ist die Terrasse im vierten Stock, auf der man etwas trinken, lesen oder den Blick auf die Stadt genießen kann.
216 A2 Plaza de Bib-Rambla 4
☎958 26 67 51 www.hotellostilos.com

LAS ALPUJARRAS

Las Terrazas €–€€€
In diesem hoch oben am Berg gelegenen Haus fühlt man sich gleich heimisch, ob in

Tapasbars locken auch in Granada.

den schlichten, aber behaglichen Zimmern oder in einem der Apartments. Im Sommer erfreut eine Aussichtsterrasse, im Winter macht man es sich am Kaminfeuer gemütlich.
212 B2 Plaza del Sol 7, Bubión
☎958 76 30 34 www.terrazasalpujarra.com
Jan. geschlossen

ALMERÍA

Hotel La Perla €–€€
Das älteste Hotel der Stadt ist noch immer ein Familienbetrieb. La Perla wurde gern von den Stars besucht, als die Italo-Western gedreht wurden. Inzwischen aufgestockt und hell und freundlich modernisiert, bewahrte es noch immer seinen alten Charme. Bitten Sie um ein Zimmer mit Blick auf die Plaza.
212 C2 Plaza del Carmen 7
☎950 23 88 77 www.hotellaperla.es

Wohin zum ... Essen und Trinken?

Preise für ein Drei-Gänge-Menü inkl. Wein und Service:

€	unter 15 Euro
€€	15–40 Euro
€€€	über 40 Euro

GRANADA

Chikito €
Früher war das Lokal ein Künstlercafé, in dem der Dichter Federico García Lorca einkehrte. Heute ist das 1976 wiedereröffnete Chikito eins der besseren Restaurants von Granada. Hier werden andalusische Gerichte serviert. Es gibt auch Tapas. Am späten Abend ist es fast unmöglich, in der Bar einen Sitzplatz zu bekommen. Besucht wird das Restaurant fast ausschließlich von Einheimischen. Dass der Inhaber des Lokals ein großer Stierkampf-Fan ist, sieht man an den zahlreichen Fotos an der Wand.
216 B1 Plaza del Campillo Bajo 9 ☎958 22 33 64
www.restaurantechikito.com

Cunini €€–€€€
Dies ist eines der berühmtesten Marisquerías der Stadt mit leckeren Fisch- und Meeresfrüchtespezialitäten. Probieren sollten Sie die »Caldereta de Arroz, Pescado y Marisco« (Eintopf aus Reis, Fisch und Meeresfrüchten) oder die »Pescaditos Fritos« (frittierter Fisch). Das Restaurant liegt um die Ecke der Kathedrale und hat eine schöne Terrasse.
216 A2 Calle Pescadería 14 958 25 07 77 www.marisqueriacunini.com So abends und Mo geschl.

La Gran Taberna €–€€
Wer gern in aller Ruhe etwas trinken möchte, ist in dieser typischen Tapas-Bar im Zentrum der Stadt fehl am Platz, besonders wenn ein Fußballspiel übertragen wird. Dafür ist die Atmosphäre stimmig, und die Tapas sind hervorragend. Probieren Sie Forelle mit Hüttenkäse, Roquefort mit Rüben, Ziegenkäse-Kanapees oder traditionellere Sorten.
216 C2 Plaza Nueva 12
958 22 88 46 tägl. 9–15 und 19–24 Uhr

San Nicolás €€€
Wählen Sie einen Tisch auf der Terrasse mit (besonders bei Sonnenuntergang) herrlichem Blick auf die Alhambra. Gediegen-klassisch eingerichtet sind der rote und der weiße Speiseraum mit Marmorböden und schön gedeckten Tischen. Auf der Karte steht Nouvelle Cuisine, etwa mit Lavendel und Honig gefüllte Schweinshaxen.
217 D4 Calle San Nicolás 3, Albaicín
958 27 28 42 www.restaurantesannicolas.com Di–Sa 12–23, So 12–16 Uhr

Via Colon €€
Diese unterhaltsame Café-Bar liegt zwischen der geschäftigen Gran Via de Colón und der ruhigeren Gegend um die Kathedrale von Granada. Vor allem zur Mittagszeit ist hier viel los, aber es gibt auch eine ruhigere Außenterrasse direkt an den Mauern der Kathedrale. Im Inneren verleiht ein von Künstlerhand gestalteter Engel der Bar viel Stil. Serviert werden leckere Tapas und Spezialitäten wie Rührei mit wildem Spargel und Langusten.
216 B3 Gran Via de Colón 13
958 22 07 52 tägl. 8–24 Uhr

LAS ALPUJARRAS

El Corral del Castaño €
Das rustikal eingerichtete Restaurant liegt mitten im Ortskern an einem hübschen Platz. Allein der Eingangsbereich des Lokals ist schon einladend. Geboten wird hier eine große Auswahl an leckeren regionaltypischen Gerichten. Sowohl Kellner als auch Koch sind sehr bemüht, die Gäste zufrieden zu stellen. Das Preis-Leistungs-Verhältnis stimmt. Empfehlenswert ist das dreigängige Tagesmenü.
212 B2 Plaza Calvario 16, Capileira
958 76 34 14 tägl. 13–16, 20–22.30 Uhr

Restaurante Ibero €€
Der Familienbetrieb nahe der Kirche bietet preisgünstige Hausmannskost, aber auch Gerichte wie Currys, Dhal und Couscous sowie zahlreiche vegetarische Speisen (leckere Gemüse-Omeletts). Im Restaurant herrscht eine locker-lebendige Atmosphäre bei schnellem und effizientem Service. Gute Weinauswahl.
212 B2 Calle Parra 1, Capileira
653 93 50 56

ALMERÍA

Casa Puga €€
Die Kneipe im Zentrum von Almería existiert seit 1870. Beliebt ist sie wegen ihrer Tapas: Die kleinen Fisch- und Fleischgerichte sind legendär – großes Angebot mit guter Qualität. So verwundert es nicht, dass das Lokal mittags und abends immer gut besucht ist. Man steht gemütlich an der Theke oder man isst im Comedor, im Speisesaal, an einem kleinen Tisch neben den großen Tonfässern mit dem Hauswein.
212 C2 Calle Jovellanos 7
950 23 15 30 www.barcasapuga.es
Mo–Sa 12–16, 20–24 Uhr

Restaurante Valentín €€€
Das Valentín ist eines der bekanntesten Fischrestaurants von Almería und in dieser

Straße eine von mehreren guten Adressen. Spezialitäten sind Meeresfrüchte wie »cazuela de rape« (gebackener Seeteufel in einer Sauce aus Mandeln und Pinienkernen) und »langosta« (Hummer). Die Atmosphäre ist gemütlich, das Interieur typisch andalusisch mit dunklem Holz, unverputztem Mauerwerk und weißem Anstrich. Wenn Sie etwas zu feiern haben, gönnen Sie sich hier das Menu degustación.
212 C2 Calle Tenor Iribarne 19
950 26 44 75 www.restaurantevalentin.es
Mo und im Sept. geschlossen

Torreluz Mediterranéo €€€
Das Restaurant ist eines der schicksten der Stadt. Zur Innenausstattung gehören Brokatstühle, Glasmalerei und Blattgold, die Bedienung ist diskret und aufmerksam, die Gerichte sind schmackhaft zubereitet. Spezialitäten: Spanferkelbraten aus dem Holzofen, gegrilltes Fleisch, frischer Fisch.
212 C2 Plaza Flores 1 950 28 14 25
Mo–Sa 13.30–16 und 20.30–24 Uhr

Wohin zum … Einkaufen?

In den Provinzen Granada und Almería blickt man auf lange Handwerkstraditionen zurück. Diese reichen von Holzarbeiten mit Intarsien aus Granada bis hin zu bunten Töpferwaren aus Níjar oder Textilien und Kleidung aus den Alpujarras.

GRANADA

Das Hauptshoppinggebiet der Stadt liegt zwischen den beiden wichtigsten Durchgangsstraßen, der Calle Reyes Católicos und der Gran Vía de Colón. In der **Reyes Católicos** finden sich kleine, recht trendige Modegeschäfte. An der Südseite der Kathedrale liegt die **Alcaicería**, ein pseudoarabischer Suk, vollgepfropft mit Andenkenläden, in denen Sie Messing- und Kupferarbeiten, geprägtes Leder und Töpferwaren kaufen können, eine gute Auswahl an Bekleidungs- und Souvenirläden finden Sie in der schmalen Fußgängerzone **Zacatín.** Typische Andenken aus Granada sind die »Taraceas« (Holzeinlegearbeiten), die in mehreren Geschäften in der **Cuesta de Gomérez** angeboten werden, einer engen Straße, die von der Plaza Nueva steil zur Alhambra hinaufführt. In dieser Straße sind neben Andenkenläden einige der besten Gitarrenbauer Andalusiens ansässig.

Artikel aller Art führt das Kaufhaus **El Corte Inglés** zwischen der Carrera de la Virgen und Acero del Darro, der breiten Verlängerung der Calle Reyes Católicos. Ein beliebtes Lebensmittelgeschäft ist die breit sortierte **Mantequería Castellano** (Calle Almireceros 6, Tel. 958 22 12 25) gleich bei der Gran Vía de Colón gegenüber der Kathedrale. In der **Calderería Vieja** und **Calderería Nueva** an der Westseite des Albaicín finden Sie eine Reihe von Läden, die arabische Gewürze, Parfüm, Essen und Andenken verkaufen.

LAS ALPUJARRAS

In den Oberen Alpujarras werden in Dorfläden,etwa in Pampaneira, Souvenirs, Tonwaren und traditionelle Jarapas (grob gewebte Läufer und Bettüberwürfe) verkauft. In Pampaneira lohnt die **Bodega La Moralea** (Calle Verónica 4, Tel. 958 76 32 25) einen Besuch. In großer Auswahl gibt es dort sowohl heimische Lebensmittelspezialitäten als auch Kunsthandwerkliches. In Bubión bekommen sie im **Taller del Telar** (Calle Trinidad, Tel. 958 76 31 71, www.tallerdeltelar.com) exquisite, handgewebte Textilien und Stoffe. Luftgetrockneten Serrano-Schinken kaufen Sie am besten in Trevélez.

STADT UND PROVINZ ALMERÍA

Die Haupteinkaufszone von Almería ist die **Calle de las Tiendas** mit vielen kleinen Gassen ringsum. Auf dem **Morgenmarkt** in der Calle Aguilar de Campo beim Paseo de Almería herrscht buntes Treiben.

Wer etwas edlere Tonwaren erstehen möchte, der fährt nach Níjar, wo es auch leuchtend bunte Jarapas gibt. Halten Sie nach **La Tienda de los Milagros** (Callejón del Artesano 1, Tel. 950 36 03 59) Ausschau, denn das Angebot an Tonwaren ist dort besonders fantasievoll. Schöne Keramik gibt es außerdem in Sorbas, wo die Ateliers im unteren Stadtviertel eher funktionale Produkte anbieten. Kunstvoll gestaltete Töpferobjekte finden Sie etwa in der **Alfarería Juan Simón** (San Roque 21, Tel. 950 36 40 83). In der Touristeninformation von San José (Cabo de Gata) bieten Kunsthandwerker Töpferwaren in individuellem und farbenfrohem Design an.

Wohin zum … Ausgehen?

Die Website www.granadatur.com informiert über Veranstaltungen in Granada. Die Tageszeitung »Ideal« gibt Ausgehtipps.

NACHTLEBEN

Zahlreiche Clubs und Musikbars in Granada – vor allem zwischen der Calle Martínez de la Rosa und der Calle Pedro Antonio de Alarcón – haben sich auf die vielen Studenten eingestellt und sind daher recht günstig. Ein bisschen edler ist die Diskothek **Boom Boom Room** (Carcel Baja 10, Tel. 608 66 66 10, http://boomboomroom.es) gleich bei der Gran Vía de Colón in der Nähe der Kathedrale. Das Publikum ist hier trendiger, dementsprechend höher als andernorts sind auch die Preise.

Ebenfalls ein trendiges Szenelokal, aber nicht ganz so teuer ist **El Camborio** (Camino del Sacromonte, Tel. 958 22 12 15). Hier gibt es neben mehreren Tanzflächen auch eine Gartenterrasse mit Blick auf die Alhambra. Vor Mitternacht ist hier nichts los. Almería bietet rund um die Calle San Pedro mehrere Musikbars, im Sommer werden am Paseo Maritimo am östlichen Ende der Rambla de Belén in Richtung Meer **Discozelte** aufgestellt. Sie sind recht laut und für Jugendliche gedacht, aber die Jugendlichen in Spanien haben kein Problem mit den Älteren, und so kann hier jeder vorbeischauen.

TANZ

Das **Teatro Alhambra** (Calle de Molinos 56, Tel. 958 02 80 00, www.teatroalhambra.com)

Für Nachtschwärmer: El Camborio

in Granada bringt Flamenco, Ballett und modernen Tanz sowie spanische Stücke auf die Bühne.

In Granada gibt es eine Reihe von Flamencobühnen: **Bar Liberia** (Duquesa 8, Tel. 958 27 04 11), **El Curro** (Camino del Sacromonte 85, Tel. 658 68 89 69), **Peña la Platería** (Placeta de Toqueros 7, Tel. 958 22 77 12, www.laplateria.org), **Pibe Peña Las Cuevas del Sacromonte** (Camino del Sacromonte 41, Tel. 620 18 26 63), **Sala Vimaambi** (Cuesta de San Gregorio 30, Tel. 958 22 73 34, www.vimaambi.com).

AKTIVITÄTEN IM FREIEN

In der Sierra Nevada und in den Alpujarras gibt es im Freien viel zu unternehmen.

Die Alpujarras sind zum **Wandern** ideal, und wer geübt sowie gut ausgerüstet ist, kann die Gipfel der Sierra Nevada stürmen. Alle Arten von geführten Aktivitäten in den Bergen können Sie im **Nevadensis** buchen (Plaza de la Libertad, Pampaneira, Tel. 958 76 31 27, www.nevadensis.com).

Wenn Sie **reiten** möchten, setzen Sie sich mit **Dallas Love** (Bubión, Tel. 608 45 38 02, www.spain-horse-riding.com) oder **Cabalgar Rutas Alternativas** (Bubión, Tel. 958 76 31 35, www.ridingandalucia.com) in Verbindung, die vom Ausritt bis zur achttägigen Trekkingtour alles organisieren. Spaß am Abenteuer hat man beim Klettern und Paragleiten, aber auch bei Wanderungen und Ausritten. Informationen bietet Nevadensis (oben). Freunde des **Wassersports** fahren zum Cabo de Gata (S. 101), wo es zahlreiche Anbieter von Kajak- und Tauchtouren gibt, etwa **Media Luna Aventura** (San José, Tel. 950 38 04 62, www.medialunaventura.com).

Schreiten Sie durch den Säulenwald der Mezquita von Córdoba und bestaunen Sie die rot-weiß verzierten Bögen.

Córdoba und Jaén

Die Wunderwelt des zauberhaften Córdoba ist nur eines der Highlights der Region: Wie wäre es etwa mit einem Ausflug in die Berge?

Seite 108–141

Erste Orientierung

Kunst oder Natur? Im Norden Andalusiens bekommen Sie beides. Nirgendwo sonst stehen mehr Renaissancebauten als in Úbeda und Baeza in der Provinz Jaén. Und nirgendwo sonst wachsen mehr Olivenbäume. Die Gebirge im Nordosten sind Wunderkammern der Natur. Córdoba in der gleichnamigen, sich westlich an Jaén anschließenden Provinz, galt im Mittelalter als reichste, größte und modernste Stadt des Abendlandes.

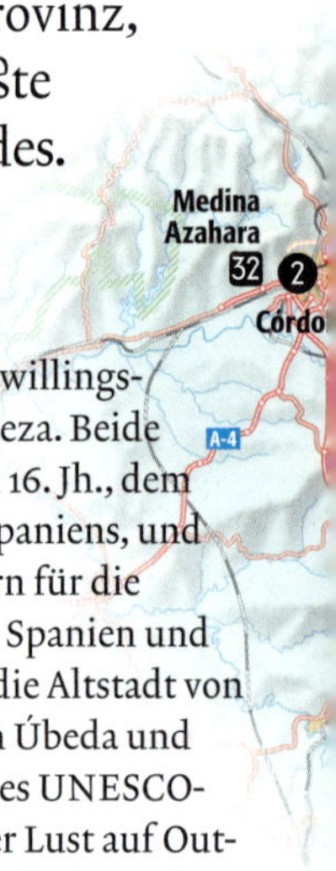

Heute erinnern die Mezquita, die älteste Moschee Europas, und die jüngst zum UNESCO-Welterbe erklärte Ruinenstadt von Medina Azahara an den Glanz von damals. Aber in Córdoba gibt es noch mehr zu entdecken: stille Plätze, blumige Patios und ein Hinterland voll barocker Pracht.

Die Provinz Jaén wird vom Olivenanbau geprägt, hat aber noch viele andere Schätze vorzuweisen. In der Stadt Jaén erhebt sich eine gewaltige Kathedrale, zudem herrscht hier ein überaus reges kulturelles Leben. Mehr Charme versprühen jedoch die rund 10 km voneinander entfernt liegenden Zwillingsstädte Úbeda und Baeza. Beide entwickelten sich im 16. Jh., dem goldenen Zeitalter Spaniens, und wurden zu Vorbildern für die Renaissancekunst in Spanien und Lateinamerika. Wie die Altstadt von Córdoba stehen auch Úbeda und Baeza auf der Liste des UNESCO-Weltkulturerbes. Wer Lust auf Outdoor-Aktivitäten hat, findet in der schönen Bergwelt der Sierra de Cazorla an der Ostgrenze von Jaén viele Optionen für erholsame Wanderungen durch die Wälder und kann auch einige der verstreut gelegenen Dörfer erkunden.

TOP 10

❷ ★★ Córdoba

❺ ★★ Úbeda

Nicht verpassen!

㉙ Priego de Córdoba

㉚ Baeza

㉛ Parque Natural de Cazorla y Segura

Lust und Laune!

32 Medina Azahara

33 Zuheros

34 Jaén

35 Baños de la Encina

36 Montoro

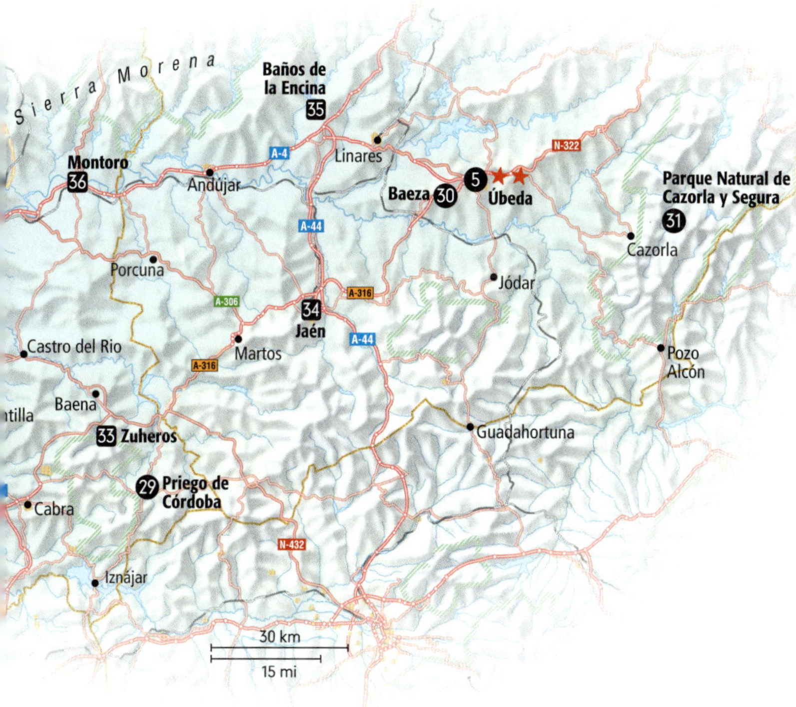

Mein Tag mit 1001 Genüssen

Verwinkelte Gässchen, knallbunter Blumenschmuck an schneeweißen Fassaden, lauschige Patios und ein reiches maurisches Erbe – unter den großen andalusischen Städten ist Córdoba die lieblichste. Während zu Hause noch nasskalter Schmuddelwinter herrscht, können Sie hier nach Herzenslaune in Farben, Düften und Genüssen schwelgen, ganz wie einst im sinnesfrohen Al-Andalús.

8.30 Uhr: Genuss am Morgen

Zugegeben, dass Sie die Mezquita (S. 117) frühmorgens gratis besuchen können, ist kein Geheimtipp mehr. Dennoch lohnt sich das zeitige Aufstehen. Die noch tief stehende Sonne verleiht dem Orangenhof eine ganz eigene Atmosphäre, noch ohne die große Touristenmasse dürfen Sie den einzigartigen Säulenwald im Inneren auf sich wirken lassen und noch etwas von der eigentlichen Bestimmung des weltberühmten Gebäudes erahnen: ein Ort der Einkehr und Besinnlichkeit zu sein.

9.30 Uhr: Das Auge isst mit

Nach so viel Kultur am Morgen haben Sie sich ein Frühstück verdient, oder gar einen ausgiebigen Brunch? Der ideale Ort dafür ist der Mercado Victoria. Die lichte, moderne Markthalle liegt inmitten der gleichnamigen freundlichen Parkanlage am Westrand der Altstadt. Sie erreichen sie in einem 15-minütigen Spaziergang: Durch die Calle Romero und Calle Almanzor gelangen Sie durch die Puerta de Almodóvar an den Südrand des Parks und nach rechts zur Markthalle.

12.30 Uhr: 12 Patios auf einen Streich
C. Isabel Losa
Palacio de Viana
12.30 Uhr
Plaza de Colón
Av. Ronda de los Tejares
C. Juan Rufo
Calle Alfaroso
200 m
200 yd
Jardines de la Victoria
17 Uhr: Einfach abtauchen
Plaza de la Corredera
Elminibar
Mercado Victoria
9.30 Uhr
15.30 Uhr
Calle St. Victoria
Ende
17 Uhr
Calle Ángel de Saavedra
Baños Árabes de Córdoba
Start
15.30 Uhr: Kleine Stärkung
C. Almanzor
C. Romero
C. Puerta de Almodóvar
8.30 Uhr
Mezquita Catedral de Córdoba
8.30 Uhr: Genuss am Morgen
9.30 Uhr: Das Auge isst mit

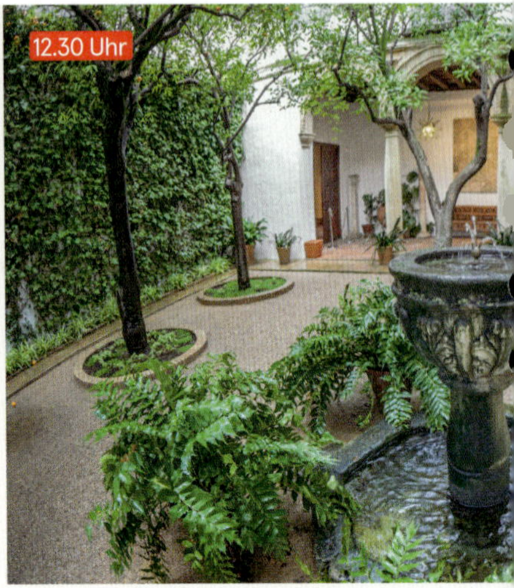

Der Morgen erwartet Sie mit der Mezquita im Morgenlicht: Genießen Sie die ruhige Atmosphäre, bevor sich hier die Massen Bahn brechen. Nach einem ausgiebigen Frühstück warten die verträumten Patios des Palacio de Viana.

Jetzt haben Sie die Qual der Wahl: Sie können im »Panea« ganz klassisch mit Kaffee oder Tee, Croissants und süßchen Teilchen frühstücken. Oder gönnen Sie sich mit Austern und Champagner eine kleine Caprice im »Ostras & Mallorca«? Vielleicht darf es aber auch, von Al-Andalús inspiriert, etwas deftiger sein, mit marokkanischen Aromen im »Bocaíto Andalusí«? Am bunten Obststand »Mil Sabores« können Sie Fotos für die zu Hause schießen (ein bisschen Neid ist Ihnen gewiss!) und sich mit vitaminreicher Wegzehrung eindecken.

12.30 Uhr: 12 Patios auf einen Streich

Córdoba ist berühmt für seine wunderschönen Patios. Sie sich mühsam in der Altstadt zu erlaufen, ist eine Möglichkeit. Die bequemere ist, im Palacio de Viana gleich 12 auf einmal zu besichtigen. Der herrschaftliche Palast kann auf eine über 500-jährige Geschichte zurückblicken. Seit 2012 sind die herrlichen Innenhöfe für Besucher geöffnet. Solche Vielfalt an Gartenkunst auf engstem Raum werden Sie sonst nirgends in Córdoba finden. Und jeder Patio lädt auf seine Weise zum Verweilen ein, mal im Schatten von Orangebäumchen, mal neben plätschernden Wasserspielen.

15.30 Uhr: Kleine Stärkung

Auf dem Weg zurück in die Altstadt bietet sich eine Einkehr auf der großen Plaza de la Corredera an. Die Auswahl an

Tanken Sie ein wenig Sonne bei einem Tässchen Kaffee auf der Plaza de la Corredera. Zum Schluss genießen Sie das süße Nichtstun: Mit entspannten Stunden in den zauberhaften arabischen Bädern Córdobas geht der Tag zu Ende.

Restaurants und Tapas-Bars ist groß, aber versuchen Sie Ihr Glück doch mal im winzigen Lokal »Elminibar« an der südwestlichen Ecke. Gutes Essen, nette Bedienung – was braucht man mehr?

17 Uhr: Einfach abtauchen

Der Tag hat früh begonnen, nun kann er entspannt ausklingen. Lassen Sie sich in den wunderschönen Baños Árabes de Córdoba verwöhnen. Die stilvolle Anlage verzaubert Sie wie ein Traum aus 1001 Nacht – vergessen Sie für ein paar Stunden den Alltag und den Winter zu Hause.

i

Markthalle Mercado Victoria
✉ Paseo de la Victoria 🌐 www.mercadovictoria.com ◔ Mitte Sept. bis Mitte Juni So–Do 10–1 Uhr, Fr/Sa 10–2 Uhr, Mitte Juni bis Mitte Sept. So–Do 10–24 Uhr, Fr/Sa 10–2 Uhr

Palacio de Viana
✉ Plaza de Don Gome 2 🌐 www.palaciodeviana.com ◔ Juli–Aug. Di–So 9–15 Uhr, sonst Di–Sa 10–19 Uhr, So 10–15 Uhr 🎫 Patios 5 €, mit Palast 8 €

Elminibar
✉ Plaza de la Corredera 39
☎ 679 31 31 62

Baños Árabes de Córdoba
✉ Calle Almanzor 18
🌐 www.bañosarabesdecordoba.com
◔ So–Fr 10–24 Uhr, Sa 10–2 Uhr
🎫 ab 19 € (nur Bad bis zu 3 Std.)

❷ ★★ Córdoba

Was?	Museen, Galerien, Boutiquen und Cafés
Warum?	Unter Andalusiens großen Städten ist sie die lieblichste.
Wann?	Anfang Mai – weil man Ihnen dann beim Patio-Fest garantiert den Hof macht.
Wie lange?	Wenigstens einen Tag lang
Resümee	Andalusische Schönheit mit Flair und einer Menge Highlights

Die nach Sevilla bedeutendste Stadt Andalusiens liegt auf einer zum Guadalquivir sanft abfallenden Ebene am Fuß der Sierra de Córdoba, eines Ausläufers der Sierra Morena. Enge Gassen, kleine Plätze, weiß getünchte Häuser, zumeist mit den typischen Patios – Córdoba besitzt einen der größten Altstadtkerne Europas und dazu die fantastische Mezquita.

Schon in altiberischer Zeit gab es hier am Knie des Betis (Guadalquivir) eine Siedlung. 171 v. Chr. machte der römische General Claudio Marcelo »Corduba« (dt. Anhöhe am Fluss) zur Hauptstadt der Provinz Hispania Ulterior. Unter den Römern erlebte Córdoba eine erste wirtschaftliche und kulturelle Blüte. Im 4. Jh. n. Chr. wurde es Bischofssitz und geriet schließlich unter byzantinische Herrschaft, welche die heftig wütenden Vandalen beendeten. Im 8. Jh. von den Mauren besetzt, verwandelten die islamischen Herrscher Córdoba innerhalb von 200 Jahren in eine schillernde, mit Bagdad und Damaskus wetteifernde Stadt. 1236 fiel Córdoba an die Christen. 1482 empfingen hier die Katholischen Könige Isabelle und Fernando erstmals Christoph Kolumbus. Mit der Eroberung Granadas und der Vertreibung der Juden Ende des 15. Jh.s setzte Córdobas Niedergang ein. Erst im 20. Jh. blühte die Stadt wieder auf, seit 1984 ist sie Teil des UNESCO-Weltkulturerbes, 2012 erklärte die UNESCO die Fiesta de los Patios zum immateriellen Erbe der Menschheit.

i

✈ 211 E4

Touristeninformation
✉ Plaza del Triunfo (gegenüber Alcázar; Mo–Fr 9–19.30 Uhr, Sa/So 9.30–15 Uhr), Plaza de las Tendillas (tägl. 9–14 und 17–19.30 Uhr) und am Bahnhof (tägl. 9–14 und 16.30–19 Uhr)
☎ 902 20 17 74 🌐 www.turismodecordoba.org

Die Mezquita

Vom maurischen Córdoba hat vieles überdauert, das bedeutendste Zeugnis aber ist die Mezquita. Diese älteste Moschee Europas entstand zwischen dem 8. und 12. Jahrhundert. An Schönheit und Ausmaßen kann sie mit den großen Moscheen von Mekka, Damaskus, Kairo und Istanbul konkurrieren. Daran ändert auch die christliche Kathederale nichts, die im 16. Jh. nach der Reconquista mitten hineingebaut wurde.

An der massiven, rund 180 m auf 140 m messenden Außenmauer der Mezquita deuten nur die Steinmetzarbeiten an den Torbögen auf die überwältigenden Schätze hin, die einen im Innern erwarten. Mit einer Fläche von 23 400 m² war sie jahrhundertelang die zweitgrößte Moschee nach Mekka.

Durch die Puerta de Perdón neben der Torre de Alminar gelangen Sie in den Patio de los Naranjos (Orangenhof), wo die muslimischen Gläubigen einst ihre rituellen Waschungen vornahmen. Die Eintrittskarten für die Moschee erhalten Sie im Arkadengang links der Puerta del Perdón. Innen verzweigen sich ganze Säulenwälder in alle Richtungen. Mehr als 850 Säulen – einige schlicht gehalten, andere mehrfarbig prunkend aus Marmor, Jaspis und Onyx – tragen Bögen, die abwechselnd aus rotem Ziegel und weißem Stein gefertigt sind. Sie lassen den Raum der Moschee tief, zugleich aber geheimnisvoll wirken.

Die Mezquita thront über Córdoba.

Die ehemalige Haupt-moschee …

… des westlichen Islam – eine der größten Moscheen der Welt – und heutige Kathedrale (Mezquita-Catedral) ist die bedeutendste Schöpfung maurisch-religiöser Baukunst in Spanien. Eher schlicht im Äußeren, beeindruckt sie innen mit einem »Wald« von über 850 in Doppelarkaden angeordneten Säulen aus Jaspis, Onyx, Marmor und Granit.

1 Maksûra: Ursprünglicher Kalifen-Gebetsraum.

2 Kathedrale: Bischof Alonso Manrique bekam 1523 von Karl V. die Erlaubnis zur Errichtung einer Kathedrale inmitten des islamischen Gebetsraums. Sie wirkt in ihrem Stilmix aus Gotik und Renaissance als Fremdkörper.

3 Campanario (Glockenturm): Nach dem Bau der Kathedrale begann ab 1593 der Umbau des Minaretts zum Glockenturm. Den Turm krönt ein Standbild des Erzengels Raphael, des Schutzheiligen der Stadt.

4 Mauer: Das Bauwerk umgibt eine bis zu 20 m hohe Mauer mit Strebepfeilern und klassischen Schmuckelementen des Islam – rot-weiße Hufeisenbögen, florale und geometrische Muster und kufische Schriftbänder.

5 Wasserbecken: An großen Wasserbecken wurden rituelle Waschungen vorgenommen, ehe man die einst zum Hof hin offene Gebetshalle betrat.

6 Muslimischer Gebetsraum: Mehr als 850 Säulen tragen die Bögen mit den rot-weißen Keilsteinen aus Kalkstein und Ziegeln. In der Mezquita waren weder Wege noch Richtung vorgegeben, jede Stelle war ihr Mittelpunkt: Für Muslime ist jeder Platz, an dem er betet, Allah gleich nah. Damals drang Tageslicht durch die heute

zugemauerten Pforten, und tausende Öllämpchen erhellten den Raum.

7 Mihrâb Nuevo (Neuer Mihrâb): Unübertroffen: die Gebetsnische des Vorbeters. Das Allerheiligste der Moschee weist gen Mekka. Die aus einem einzigen Marmorblock gehauene, die Weltmuschel symbolisierende Kuppel strömt über von Mustern, Koranversen und Mosaiken byzantinischer Künstler.

8 Capilla del Cardenal: Hier wird der Kirchenschatz aufbewahrt: Größte Kostbarkeiten sind eine silberne Monstranz (1510–1516) und ein Prozessionskreuz von Enrique de Arfe, neun Heiligenstatuen, ein Elfenbeinkruzifix von Alonso Cano sowie arabische Handschriften (9./10. Jahrhundert).

9 Arkaden: Unter den Arkaden an der Nordseite trafen sich Studenten und Lehrer, um zu disputieren. Westlich des Turms praktizierten Ärzte, östlich sprachen die »qadi« Recht.

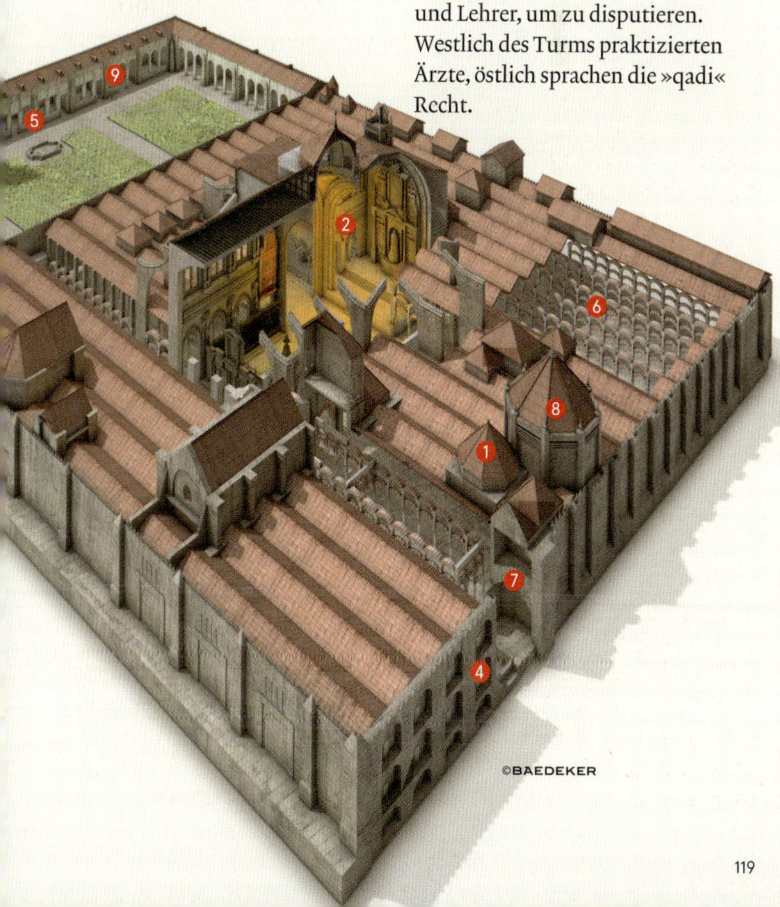

Früher ließen Türen Licht vom Patio de los Naranjos ins Innere, bei den christlichen Umbauten wurden diese Bogentüren geschlossen und Seitenkapellen installiert.

Statt Heiligenbildern überziehen florale Muster den »mihrâb« in der Mezquita.

Das schönste Beispiel islamischen Dekors findet sich am Ende des Gebäudes. Wo der breiteste Gang aufhört, liegt die »maksura«, in der einst die Kalifen beteten, mit dem »mihrâb«, der nach Mekka ausgerichteten Gebetsnische. Eine Absperrung hält Besucher auf Abstand, doch durch den Hufeisenbogen erhaschen Sie einen Blick hinein. Die Kuppel unmittelbar vor dem »mihrâb« wird von Kreuzrippen getragen, die einen Stern bilden – eine Bauweise, die von christlichen Baumeistern kopiert wurde.

Nach der Eroberung Córdobas durch Ferdinand III. von Kastilien wurde die Moschee im Jahr 1236 zur Kathedrale geweiht. Im 14. Jh. fanden mit der Capilla Real und der Capilla de Villaviciosa erste bauliche Veränderungen statt. Ab 1523 entstand mitten in der Mezquita die Kathedrale. König Karl V. zeigte sich »not amused«, als er sah, wie in die Mezquita eingegriffen worden war: Er hatte den Plan unterstützt, war aber vom Resultat schockiert und beschuldigte den Bischof von Córdoba, »das einzigartigste Bauwerk der Welt« zerstört zu haben.

Tatsächlich wirkt die Kathedrale in der Moschee wie ein Fremdkörper, das Gesamtkunstwerk als solches wird davon aber kaum beeinträchtigt. Chor und Hochaltar haben keine Mauern, sodass der Übergang zum maurischen Säulenwald fließend ist. Für sich betrachtet, sind diese Elemente aus Gotik und Renaissance nicht minder schön – auch das herrlich geschnitzte barocke Chorgestühl und die gedrehten Säulen.

---

i

214/215 D2 ✉ Calle Torrijos 10 ☎ 957 47 05 12 🌐 www.mezquita-catedraldecordoba.es ◐ März–Okt. Mo–Sa 10–19, So 8.30–11.30, 15–19 Uhr, Nov.–Feb. Mo–Sa 10–18, So 8.30–11.30, 15 bis 18 Uhr 10 € Besichtigung Turm: jede halbe Stunde, 2 €

Messen: Mo–Sa 9.30 Uhr, So 12 und 13.30 Uhr, Eintritt frei.
Ein besonderes Erlebnis ist die nächtliche Besichtigung der Mezquita (ab 21.30 Uhr, 18 €). Information auf 🌐 www.mezquita-catedraldecordoba.es oder www.elalmadecordoba.com

Die Judería und der Alcázar

Nördlich der Mezquita beginnt die Judería, das alte jüdische Viertel. Enge Gassen, weiß getünchte Häuser, mit Pflanzen vollgestellte Innenhöfe und lauschige Plätze schaffen eine eigene Atmosphäre.

Rund um die Mezquita sind die Straßen voll von Andenkenläden, doch stößt man immer wieder auf verschwiegene Ecken wie die mit Blumen geschmückte Calleja de las Flores, eine enge Sackgasse, durch die man auf den Glockenturm der Mezquita blickt. Am Westrand der Judería liegt die Plaza Maimónides mit dem Museo Taurino (Stierkampfmuseum). Links vom Museum finden Sie in der Calle Judíos die Statue von Moses Maimónides, dem großen jüdischen Philosophen und Theologen aus dem 12. Jh., der in Córdoba geboren wurde. Etwas weiter befindet sich die einzige seit der Vertreibung der Juden im Jahr 1492 in Andalusien erhalten gebliebene Synagoge, die aus dem 14. Jh.stammt, jedoch derzeit geschlossen ist. In der Nähe lockt die moderne Rekonstruktion eines Zoco, eines arabischen Markts; Kunsthandwerksläden und eine Bar gehen auf einen Patio hinaus. Am Ende der Calle Judíos ist in der alten Stadtmauer die Puerta de Almodóvar, ein Tor aus dem 14. Jh., erhalten.

In Córdobas Judería finden sich zwischen Souvenirläden und Lokalen schöne Plätzchen zum Entspannen.

Verlässt man das Labyrinth der Gassen in Córdobas jüdischem Viertel, locken gleich weitere Attraktionen wie der Alcázar und seine Gärten.

Westlich der Mezquita steht am Fluss der Alcázar de los Reyes Cristianos (Palastburg der christlichen Könige). Er wurde im späten 13. Jh. von den christlichen Eroberern von al-Andalus errichtet, an gleicher Stelle hatten Römer, Westgoten und die Kalifen ihre Paläste. Er diente jahrhundertelang der Inquisition als Zentrum und wurde im 19. Jh. als Gefängnis genutzt. Heute lassen die herrlichen Gärten mit Brunnen und Wasserbecken die grausige Vergangenheit vergessen. Die verbliebenen Gebäude sind schlicht, doch wurden einige schöne Mosaike aus der römischen Epoche hier zusammengetragen.

Noch mehr Sehenswertes

Das Viertel nördlich und westlich der Mezquita ist viel weniger besucht ist als die Judería. Dort befindet sich das Museo Arqueológico (Archäologisches Museum) an der von Bäumen beschatteten Plaza Jerónimo Páez. Der sehenswerte Renaissancepalast Palacio de los Paéz wurde 2011 durch einen modernen Anbau ergänzt, ausgestellt sind Exponate aus prähistorischer Zeit sowie aus den Epochen der Römer und der Mauren. Zu den Höhepunkten zählen römische Mosaike und die edle Bronzefigur eines Hirschs, die in Medina

Azahara, einer Palaststadt aus dem 10. Jh. (10 km westlich von Córdoba), gefunden wurde. Unweit des Flusses fand auf der Plaza del Potro (Fohlenplatz) früher der Viehmarkt statt; die Statue eines sich aufbäumenden Pferdes erinnert daran; hier entdeckte der Schriftsteller Luis de Góngora (1561–1627) Vorbilder für seine Protagonisten. Auf der Westseite des Platzes befindet sich die Posada del Potro, die schon im »Don Quijote« von Cervantes erwähnt wird und heute das Centro Flamenco Fosforito beherbergt. Schräg gegenüber steht das Hospital de la Caridad, in dem das Museo de Bellas Artes (Museum der schönen Künste) untergebracht ist. Die verzierten Decken der Räume im Erdgeschoss sind ebenso schön wie einige der Gemälde. Die Sammlung bietet Werke von Zurbarán, Goya und Murillo. Auf der anderen Seite des Patio widmet sich ein weiteres Museum einem Künstler aus Córdoba, Julio Romero de Torres, der für seine kitschigen erotischen Darstellungen bekannt ist. Südlich der Mezquita führt die Puente Romano über den Guadalquivir.

Im Herzen der Neustadt speien Brunnen an der Plaza de las Tendillas Wasser. Während Sie in einem Café sitzen, gibt die Uhr Flamencoklänge von sich. Später können Sie Richtung Westen auf der Einkaufsmeile Conde de Gondomar bis zur Fußgängerzone, der Avenida del Gran Capitán, bummeln.

KLEINE PAUSE

Beginnen Sie den Abend mit einem Sherry in der Bar **El Caballo Rojo**, die zu den ältesten Lokalen der Stadt zählt.

El Caballo Rojo: Calle Cardenal Herreo 28, Tel. 957 47 53 75, www.elcaballorojo.com

---

Museo Taurino
214 C2 Plaza Maimónides 957 20 10 56 Sommer Di–Sa 8.30–15, So 8.30–14.30 Uhr, Winter Di–Fr 8.30–20.45 Uhr, Sa 8.30–16.30 Uhr, So 8.30–14.30 Uhr 4 €

Sinagoga (Synagoge)
214 B2 Calle Judíos 20 957 20 29 28 Derzeit geschlossen

Museo Arqueológico de Córdoba
215 D3 Plaza de Jerónimo Páez, 7 957 35 55 17 Juli/Aug. Di–So 9–15 Uhr, Sept.–Juni Di–Sa 9–21 Uhr für EU-Bürger frei, sonst 1,50 €

Alcázar de los Reyes Cristianos
214 A1 Plaza Campo Santo de los Mártires 957 20 17 16 Di–Fr 8.30–20.45, Sa 8.30–16.30 Uhr, So 8.30–14.30 Uhr 4,50 €

Museo de Bellas Artes
215 E3 Plaza del Potro 1 957 10 36 59 Juli/Aug. Di–So 9–15 Uhr (Sept.–Juni 9–21 Uhr) für EU-Bürger frei, sonst 1,50 €

Museo Julio Romero de Torres
215 E3 Plaza del Potro 1 957 47 03 56 Di–Sa 8.30–15, So 8.30–14.30 Uhr Eintritt 4,50 €

❺ ★★ Úbeda

Was?	Eine wunderschöne Altstadt aus einem Guss
Warum?	Weil Sie »in den Hügeln von Úbeda« dem Massenrummel entfliehen
Wann?	Sofern das in Ihren Zeitplan passt, in der Semana Santa
Wie lange?	Einen halben Tag, wer kann und mag, bleibt etwas länger.
Resümee	Entdecken Sie bei Ihrem Streifzug eindrucksvolle Architektur und traditionelle Töpferkunst.

Der Legende nach verhalf ein christlicher Ritter Úbeda zu Bekanntheit. Bei der entscheidenden Eroberungsschlacht im Jahr 1233 war der junge Hallodri unauffindbar, sei's aus Feigheit, sei's wegen eines Rendezvous'. Als König Ferdinand III. wissen wollte, wo er gewesen sei, antwortete der Ritter vage: »In den Hügeln von Úbeda.« Wer heute nach einer Ausrede sucht oder nicht zum Punkt kommt, der bekommt oft zu hören: »Verliere dich nicht in den Hügeln von Úbeda!«

Berühmter Sohn der Stadt: 1949 kam in Ubéda Joaquín Sabina, Spaniens bekanntester Liedermacher, zur Welt.

Architektonische Schatzsuche

Úbeda wartet mit einem besonderes architektonischen Kleinod auf. An der Plaza de Vázquez de Molina am Südrand der Stadt steht ein in Spanien einmaliges Ensemble prächtiger Renaissancegebäude. Die beiden reichtsten und vornehmsten Familien der Stadt, die Tuchhändler Cobos und Molinas, beauftragten dafür Mitte des 16. Jh.s herausragende Baumeister und Künstler. Nach Plänen von Diego de Siloé erschufen sie mit der einschiffigen Sacra Capilla del Salvador ein Meisterwerk der Renaissancearchitektur. Stifter war der in der Krypta beigesetzte Francisco de los Cobos, Sekretär Kaiser Karls I. Die reliefgeschmückte Hauptfassade flankieren zwei niedrige Rundtürme. Über dem Eingangsportal sieht man allegorische Darstellungen des Glaubens und der Gerechtigkeit sowie die Wappen der Los Cobos und der Molinas; darüber thront der von den Heiligen Petrus und Paulus eingerahmte Christus als Erlöser. Hinter einem prächtigen Chorgitter steht der »retablo«, den nur eine Christusfigur schmückt: Sie ist der letzte Rest der 1936 im

Bürgerkrieg verbrannten Figurengruppe »Verklärung Christi« von Alonso de Berruguete. In der prachtvollen Sakristei wir der Kirchenschatz aufbewahrt.

Wichtigstes Ereignis im kirchlichen Jahreslauf ist die Semana Santa, die Karwoche. Wie hier in Úbeda wird sie vielerorts mit großen Prozessionen begangen.

Andere bemerkenswerte Gebäude an der Plaza sind der Palacio de las Cadenas (Kettenpalast) mit einer klassizistischen Fassade (heute beherbergt er das Rathaus) und direkt gegenüber die Kirche Santa María de los Reales Alcázares auf den Fundamenten der früheren Moschee. Ein Stück weiter nördlich liegt der alte Marktplatz, die Plaza del Primero de Mayo, wo Stierkämpfe stattfanden und während der Inquisition Ketzer verbrannt wurden. Hier befinden sich das alte Rathaus mit seinen eleganten Arkaden und die Kirche San Pablo mit einem schönen gotischen Portal.

Um die Calle de Valencia liegen die Töpferateliers, aus denen die bekannte grün-braun-schwarz glasierte Úbeda-Keramik stammt (S. 141). Im Keramikmuseum Paco Tito im Haus Nr. 22 können Sie typische Alltagstöpferwaren bewundern, in der Werkstatt von Melchor Tito im Haus Nr. 44 können Sie sie ab Hersteller kaufen.

Rechts an der Sacra Capilla del Salvador vorbei kommen Sie zur Plaza de Santa Lucía. Vom dortigen Aussichtspunkt haben Sie einen schönen Blick über Olivenhaine bis zu den Bergen der Sierra de Cazorla. Ganz im Nordwesten

Prächtig ausgestattet ist die Apsis der Sacra Capilla del Salvador.

beherbergt das einstige Hospital de Santiago aus dem 16. Jh. ein Kulturzentrum, besonders sehenswert ist dort der während der Öffnungszeiten frei zugängliche Innenhof.

Parador: Plaza de Vázquez de Molina

KLEINE PAUSE

Lassen Sie sich bei einem Kaffee im **Parador** (16. Jh.) in die Renaissance zurückversetzen.

---

212 B4

Touristeninformation
Avda Cristo Rey s/n ☎ 953 75 04 40
www.turismodeubeda.com

Sacra Capilla del Salvador
Plaza Vázquez de Molin Mo–Sa 9.30–14 und 16.30–19.30, So ab 11.30 Uhr 5 €

Museo Alfarería Paco Tito
Valencia 22 ☎ 953 75 14 0 96
Mo–Sa 8–14 und 16–20 Uhr, So 10–14 Uhr
Eintritt frei

Innenhof Hospital de Santiago
Calle Obispo Cobos 28
tägl. 10–14 und 17–21 Uhr

㉙ Priego de Córdoba

Was?	Eine schlichte Kirche mit barockem Aha-Effekt
Warum?	Klein, aber oho!
Wann?	Wenn Sie Lust auf einen entspannten Nachmittag haben
Wie lange?	Ein paar Stunden
Was noch?	Den Blick über schier endlose Olivenplantagen vom Mirador de Adarve
Resümee	Schon das Flair der Brunnen lohnt den Besuch.

Priego de Córdoba ist ein idyllisches Schmuckstück in den Bergen – genießen Sie die Aussicht.

Die ruhige Provinzstadt Priego – ein Zentrum der Textilverarbeitung und Olivenölherstellung – liegt in herrlicher Berglandschaft am Rande des Naturparks Sierra Subbética. Die Stadt entstand zur Zeit der Römer und wurde im 13. und 14. Jh. von Mauren und Christen umkämpft. Die lukrative Seidenproduktion ermöglichte im 17. und 18. Jh. den Bau aufwendig ausgestatteter Barockkirchen und schöner Brunnen. Im maurischen Viertel führen die Gassen noch immer zwischen weiß getünchten, mit Blumen geschmückten Häusern hindurch.

Im Zentrum trifft man sich auf der Plaza de Andalucía und der angrenzenden Plaza de la Constitución zum morgendlichen Plausch. Das historische Priego erstreckt sich östlich der Plaza de Andalucía. Hier fällt neben anderen schönen Gebäuden das berühmteste Bauwerk der Stadt ins Auge, die Iglesia de la Asunción. Die in schlichtem Weiß getünchte Kirche birgt im Inneren eine Überraschung: Das barocke »Sagrario«. Francisco Javier Pedrajas (1772–1784) stattete die achteckige, von Balustraden umlaufene Kapelle mit biblischen Szenen in überschwänglichem Stuck aus. Den Pfeilern

Wasserspiele im Hinterland

Wasser ist ein kostbares Nass im heißen Süden Spaniens. Um so überraschender ist die riesige barocke Brunnenanlage im kleinen Bergdorf Priego de Córdoba. Mit ihren grandiosen Ausmaßen könnte sie selbst die Alhambra in Granada zieren. Am Abend sitzt es sich an der Fuente del Rey ganz wunderbar, wenn die Hitze des Tages langsam an Stärke verliert, die Vögel in den Bäumen zwitschern, das Wasser munter plätschert und langsam, aber sicher das Leben im Ort in der abendlichen Frische wieder erwacht.

vorgesetzt sind Apostelfiguren, in der Mitte werden die Kirchenväter dargestellt.

Von der Kirche führt die Calle Real in das verkehrsberuhigte Barrio de la Villa, wo an den Hauswänden Körbe mit Geranien und Bougainvilleen hängen. Am östlichen Ende einer Grünanlage haben Sie vom Mirador de Adarve einen herrlichen Blick ins Umland. Im Nordwesten des Viertels wartet die Iglesia de San Pedro mit einem schönen Altargemälde auf. Gleich um die Ecke befinden sich die Carnicerías Reales.

Auf royalen Spuren

Der königliche Schlachhof und Markt aus dem 16. Jh. sind heute nicht mehr in Betrieb, jedoch architektonisch interessant. Der gepflasterte Hof ist von Arkaden umgeben, von den Sprossenfenstern blickt man über Olivenhaine. Eine enge Wendeltreppe führt hinunter in die ehemaligen Schlachträume. Gelegentlich stellen hier lokale Künstler aus.

Die Calle del Río verläuft an der Iglesia del Carmen vorbei zu einer prächtigen Brunnenanlage. Die ältere Fuente de la Salud (Gesundbrunnen) wurde im 16. Jh. von Francisco del Castillo geschaffen und besteht aus einer manieristischen Vorderfront mit Polsterquadern, in deren Mitte sich ein Tempelchen mit der Virgen de la Salud befindet. Die im 19. Jh. fertiggestellte barocke Fuente del Rey (Königsbrunnen) nimmt fast den ganzen Platz ein. Aus 139 Rohren, viele als furchteinflößende Maskarone gestaltet, plätschert das Wasser ins Hauptbecken, in dessen Mitte der Wagen von Neptun und seiner Gemahlin Amphitrite die Wellen durchpflügt. Beide Brunnen sind Nationaldenkmäler.

KLEINE PAUSE

Wenn Ihnen das Barockdekor der Iglesia de la Asunción gefiel, sollten Sie im Restaurant **Asador La Muralla** einkehren.

Asador La Muralla: Calle Abad Palomino, www.asadorlamuralla.com, Tel. 957701856

---

212 A3

Touristeninformation
Plaza de la Constitución 3
www.turismodepriego.com

Parken
An der Plaza Palenque, am westlichen Ende der Carrera de las Monjas, gibt es einen Parkplatz. Allerdings ist dieser morgens schnell besetzt.

Iglesia de la Asunción
Plaza de Abad Palomino
Di–Sa 11–13.30, So 10.30–12 Uhr

30 Baeza

Was?	Prächtige Architektur und ein Gericht in einem alten Schlachthof – ein Schelm, wer Böses dabei denkt.
Warum?	Wer Úbeda sagt, muss auch Baeza sagen.
Wann?	Vormittags, wenn alles geöffnet ist
Wie lange?	Bis Ihre Zeitreise zu Ende ist
Was noch?	Ein Spaziergang auf der alten Stadtmauer mit Blick auf unendliche Olivenplantagen
Resümee	Reise in die Renaissance

Umgeben von Oliven-, Getreide- und Weinfeldern entpuppt sich das hoch über dem Tal des Río Guadalquivir gelegene Baeza als architektonische Perle der Renaissance mit fast unverändert intakt gebliebenem, geschlossenem Stadtbild.

Am besten beginnen Sie Ihre Entdeckungstour an der Plaza del Pópulo mit ihren edlen Renaissancegebäuden. Sie heißt auch Plaza de los Leones nach den steinernen Löwen am verwitterten Brunnen. Durch den Zwillingsbogen der Puerta de Jaén und des Arco de Villalar aus dem 16. Jh. erreichen Sie nach 250 m den Paseo de las Murallas. Vom Fußweg auf der alten Stadtmauer bietet sich eine sehr schöne Aussicht auf die Umgebung. Gegenüber dem Doppelbogen sehen Sie die attraktive Fassade des alten Schlachthofs, das heutige Amtsgericht. Früher tagte das Gericht in der Casa del Pópulo am oberen Ende des Platzes, in dem sich heute die Touristeninformation befindet. Links davon steigen Sie über die Escalerillas de la Audiencia in die enge Gasse Calle Romanones hinauf. Diese führt nach links zur Plaza Santa Cruz und zum Palacio de Jabalquinto, erkennbar an der gotischen Fassade mit rautenförmigen Verzierungen. Im – von doppelstöckigen Arkaden umgebenen – Hof steht ein Brunnen. Eine Barocktreppe führt ins Obergeschoss.

Dem Palast gegenüber wartet die kleine romanische Iglesia de Santa Cruz mit Resten westgotischer Bögen und der Moschee auf, die hier einst stand.

Durch die Cuesta de San Felipe gelangen Sie zur ruhigen Plaza de Santa María mit einem Brunnen in Form eines

Triumphbogens. Der Platz wird von der Catedral de la Natividad de Nuestra Señora beherrscht, deren weitläufiges Schiff aus der Renaissance stammt. Entworfen wurde es von Andrés de Vandelvira, auf den auch viele Gebäude in Úbeda zurückgehen. Den Hauptaltar ziert ein reich geschmückter Altaraufsatz, zahlreiche »rejas« – schmiedeeiserne Gitter – trennen die Seitenkapellen ab. Die Kathedrale steht über den Fundamenten einer alten Moschee,.

Baezas Altstadt – hier die Plaza de Santa María mit dem von Ginés Martínez entworfenen Brunnen vor der Kathedrale – ist sehr gut erhalten.

Zurück an der Plaza del Pópulo lädt der Paseo de la Constitución zur Rast. Arkaden sowie Bars und Cafés säumen den begrünten Paseo. In der nördlichen Parallelstraße Calle Benavides lohnt ein Blick auf das Rathaus (Fassade aus dem 16. Jh.).

KLEINE PAUSE

Gesellen Sie sich im **La Góndola** zu den Einheimischen und probieren Sie »patatas baezanas« (Kartoffeln mit Pilzen).

La Góndola: Paseo Portales Carbonería

---

212 B4

Touristeninformation
Plaza del Pópulo ☎ 953 77 99 82
http://turismo.baeza.net

Parken
An der Plaza de la Constitución.

Palacio de Jabalquinto
Plaza Santa Cruz
Mo–Fr 9–14 Uhr
frei

Iglesia de Santa Cruz
Plaza Santa Cruz
Mo–So 11–13 Uhr frei

Catedral
Plaza de Santa María Mo–Fr 10.30–14, 16–18, Sa 10.30–18, So 10.30–17 Uhr 4 €

㉛ Parque Natural de Cazorla y Segura

Was?	Berge wie in der Schweiz, nur in wärmeren Gefilden
Warum?	Um sich draußen mal ein bisschen auszupowern
Wann?	Im Frühling, wenn Spaniens Blüten blühen
Wie lange?	Bis Sie sich wieder nach urbaner Umtriebigkeit sehnen
Resümee	Der perfekte Ort, um zu Fuß, zu Pferd, im Kajak, per Rad oder Auto die Umgebung zu erkunden.

Cazorla wird von der Ruine der Burg La Yedra überragt und ist von wunderschöner Natur umgeben.

Im äußersten Nordosten Andalusiens steigen aus dem hügeligen Land der Provinz Jaén die Sierra de Cazorla und die Sierra de Segura auf, getrennt durch den Oberlauf des hier entspringenden Guadalquivir. Hier verläuft die Wasserscheide zwischen Mittelmeer, in das der Río Segura fließt, und Atlantik, den der Guadalquivir sucht.

Den Parque Natural de Cazorla y Segura prägen zerklüftete, über 2000 m hohe Berge, dazwischen tiefe, felsige Schluchten und dicht bewaldete Täler. Kleine Dörfer ducken sich an die Felsen. Den besten Zugang zum Naturpark bietet Cazorla am Südwestrand des Bergzugs. Die attraktive Stadt schmiegt sich an den Fuß des Peña de los Halcones

(Falkenfelsen), der imposant hinter dem Hauptplatz, der Plaza de la Constitución, aufragt. Von dort lohnt der Bummel durch die Calle Dr Muñoz zur Plaza de la Corredera mit Cafés und Geschäften. Am Rathaus vorbei kommen Sie durch die schmale Calle Gómez Calderón zum Aussichtspunkt Balcón del Pintor Zabaletato. Er bietet einen Blick auf die halb verfallene Burg La Yedra, die auch »Las Cuatro Esquinas« – vier Ecken – heißt. Links der Burg spitzen die Ruinen der Kirche Santa María hervor.

Ein Kuriosum finden Sie in Cazorlas Calle Negrillo: ein Haus, dessen Fassade Dutzende von Fahrrädern zieren.

Der Naturpark

Die Sierra de Cazorla y Segura bildet zusammen mit einigen kleineren Bergzügen den größten Naturpark Andalusiens. Die Berge sind bewaldet mit immergrünen Eichen und Kiefern sowie Erlen, Ahorn und Wacholder. Insgesamt gibt es über 1200 Pflanzenarten. Zur Fauna zählen Rotwild, Füchse, Wildkatzen, Steinböcke und Wildschweine. Das gut ausgebaute Straßennetz macht eine Autofahrt durch den Park zum Vergnügen. Von Beobachtungsposten am Straßenrand sehen Sie mit etwas Glück Greifvögel wie Gänsegeier, Steinadler und Wanderfalken. Rund um Cazorla und im Naturpark gibt es einige markierte Wanderwege. In Cazorla können Sie organisierte Tagestouren buchen, auch per Pferd, Mountainbike oder mit dem Jeep in entlegenere Gebiete.

Der Park beginnt 2 km östlich von Cazorla beim Dorf La Iruela, dessen winzige Burg auf einem Felsen thront. Fährt man 34 km auf der A-319 in nordöstlicher Richtung durch die Berge, erreicht man das Centro de Interpretación Torre del Vinagre. Hier ist im Sommer immer viel los, aber die Ausstellungen, die das Ökosystem des Parks erläutern, sind hervorragend. In der Nähe befindet sich ein Botanischer Garten mit den Pflanzen der Sierra.

KLEINE PAUSE

Stellen Sie sich in **Cazorla** ein leckeres Picknick zusammen.

---

212 C4

Cazorla Touristeninformation
Paseo del Cristo 11 ☎ 953 96 91 91
www.turismoencazorla.com

Parken
Es gibt einen Parkplatz an der Plaza del Mercado, etwas unterhalb der Plaza de la Constitución.

Nach Lust und Laune!

32 Medina Azahara

Die Ruinen der Palaststadt aus dem 10. Jh. liegen rund 10 km von Córdoba entfernt. Mit dem Bau der Anlage

Die Ruinen von Medina Azahara vermitteln einen Eindruck von der einstigen Pracht.

wurde 936 begonnen, in ihrer Blütezeit war sie ein Paradebeispiel für die maurische Baukunst, jüngst wurde sie zum UNESCO-Weltkulturerbe erklärt. Hauptattraktion ist der exquisite Raum von Abd al-Rahman III. mit schönen Marmorarbeiten. Am besten erreichen Sie Medina Azahara mit dem Auto. Vom Parkplatz fährt ein Shuttlebus alle 20 Minuten zum 2 km entfernten Eingang. Ab Córdoba verkehrt ein Zubringerbus, für den man am besten schon einen Tag vorher bei den Touristeninformationen in Córdoba reservieren sollte.

211 D4 10 km westlich von Córdoba www. medinaazahara.org
Mitte Sept. bis März Di–Sa 9–18 Uhr, April–Juni Di–Sa 9–21 Uhr, Juli–Mitte Sept. Di–Sa 9–15, So immer 9–15 Uhr
für EU-Bürger frei, Führungen 18 €

Bus ab Córdoba
Abfahrt: Avenida Alcázar Di–Fr um 11, Sa/So um 10 und 11, im Sommer auch 16.30 Uhr 8,50 €

33 Zuheros

Die engen Gassen von Zuheros zu erkunden, macht viel Spaß. Zum Charme des Ortes gehört die Lage auf einem Berg mitten in der Sierra Subbética unweit von Priego de Córdoba. Auf den Felsen über den Häusern sind die Ruinen einer maurischen Burg zu sehen. An der Plaza de la Paz steht die Iglesia de la Virgen de los Remedios, daneben thront die im 9. Jh. von den Mauren begonnene Burg auf einem Felsen. Zuheros ist bekannt für Olivenöl und Käse. Die Cueva de los Murciélagos (Fledermaushöhle) mit beeindruckenden Gesteinsformationen liegt etwa 4 km östlich von Zuheros.

211 E3 Plaza de la Paz 1
957 69 45 45 www.zuheros.es/turismo

Cueva de los Murciélagos
211 E3 957 69 45 45 Touren April–Sept. Di–Fr 12.30 und 17.30 Uhr, Sa/So/Fei 11, 12.30, 14, 17, 18.30 Uhr, Okt.–März Di–Fr 12.30 und 16.30 Uhr, Sa/So/Fei 11, 12.30, 14, 16, und 17.30 Uhr (vorab telefonisch bestätigen lassen)
7,50 €

34 Jaén

Die Stadt Jaén lohnt wegen ihrer majestätischen Kathedrale, den arabischen Bädern, schönen Museen und der Altstadt einen Besuch. Ab 1248 entstand die Kathedrale, ab dem 16. Jh. erhielt sie ihr prächtiges Renaissance-Gewand. Die gewaltige Westfassade wird von zwei hohen Türmen flankiert, dazwischen sind elegante korinthische Säulen und reicher Figurenschmuck zu sehen. Innen beeindruckt der Säulenwald; der Chor besticht durch meisterliche Schnitzarbeiten. In der Kathedrale befindet sich das Santo Rostro, das »heilige Gesicht« – ein Schweißtuch, mit dem die heilige Veronika Jesus auf dem Weg zur Kreuzigung die Stirn gewischt haben soll. Es wird jeden Freitag ausgestellt.

Die restaurierten Baños Árabes liegen unter dem Palacio de Villadompardo (mit einem Museum für Kunst, Kunsthandwerk und Brauchtum). Das Mauerwerk ist durch sternförmige Oberlichter unterbrochen und wird von typisch maurischen Säulen und Hufeisenbögen getragen. Durch einen Glasfußboden blickt man auf Überreste aus der Römerzeit.

Das Museo de Jaén zeigt Artefakte aus der Zeit der Phönizier, Römer und Mauren; in einem Seitenanbau sind zudem Steinskulpturen aus dem 5. Jh. v. Chr. zu sehen. In den Vierteln La Magdalena und San Juan an den nordöstlichen Hängen des mit Büschen bewachsenen Stadtbergs Santa Catalina blieb im Gassengewirr Jaéns maurischer Charakter besonders gut erhalten. Und über allem wachen die Ruinen der alten maurischen Burg.

Die doppeltürmige Kathedrale von Jaén ist weithin sichtbar.

Nordöstlich von Jaén gelangen Sie über ungezählte Haarnadelkurven in das hoch auf einem Berg gelegene Dorf Segura de la Sierra mit einer maurischen Burg, arabischen Bädern und einer Renaissancekirche.

211 F4 Touristeninformation, Calle de la Maestra 8 953 31 32 81 www.turjaen.org

Catedral
Plaza de Santa María Mo–Fr 10–14, 16–20, Sa 10–14, 16–19, So 10–12, 16–19 Uhr 5 €

Baños Árabes
Plaza de Santa Luisa de Marillac 953 24 80 68 Di–Sa 9–22, So 9–15 Uhr frei für EU-Bürger

Museo de Jaén
Paseo de la Estación 29 953 10 13 66 Juli/Aug. Di–So 9–15 Uhr, Sept.–März Di–Sa 9–21, So 9–15 Uhr frei für EU-Bürger

35 Baños de la Encina

Dieser Ort wartet mit einer der schönsten auf dem Berg thronenden Burgen Spaniens auf. Die 14 Türme und der gewaltige Bergfried der maurischen Festung beherrschen das winzige Dorf. In den Jahren 967 bis 986 bauten die Kalifen von Córdoba das Castillo de Bury Al-Hamma zur Verteidigung gegen kriegerische Clans aus der Sierra Morena und der Sierra de Cazorla. Innen wartet nichts als weite Leere, doch kann man den Bergfried, die Torre del Homenaje, erklimmen und den Panoramablick genießen. Besichtigung nur mit Führung.

Panoramablick auf das Dorf Baños de la Encina

211 F4 Avenida José Luis Messía 2 953 61 33 38 www.bdelaencinaturismo.com Führungen: tägl. außer Di Dauer 45 Min 3 €

36 Montoro

Der Ort liegt in einer Schleife des Río Guadalquivir, der von einer Brücke aus dem 15. Jh. überspannt wird. Die Ocker- und Weißtöne der Häuser harmonieren mit dem rötlichen Farbton des Hügels, auf dem Montoro liegt. Überragt werden die Häuser vom barocken, dreistöckigen Turm der Sankt-Bartholomäu-Kirche an der Plaza de España. Neben der Kirche steht der alte Herzogspalast, das heutige Rathaus. Im Norden des Platzes führt eine Gasse in ein noch älteres Viertel mit der Kirche Santa María de la Mota, heute ein Museum für Mineralien und Archäologie.

211 E4 Corredera 25
957 16 00 89
www.montoro.es/turismo

Santa María de la Mota
Plaza de Santa María
Sa, So 10.30–14 Uhr

Wohin zum ... Übernachten?

Preise für ein Doppelzimmer pro Nacht:

€	unter 60 Euro
€€	60–90 Euro
€€€	90–140 Euro
€€€€	über 140 Euro

CÓRDOBA

Hotel Eurostars Conquistador €€€
Das Hotel befindet sich direkt gegenüber der Mezquita, die man vom Speisesaal und einigen Zimmern aus sieht. Die klimatisierten Zimmer sind relativ groß. Das Restaurant serviert internationale Gerichte, aber auch typisch andalusische Speisen. An warmen Tagen gibt es das Frühstück, Mittag- und Abendessen im hübschen Innenhof, wo man ansonsten auch nur ein Getränk zu sich nehmen kann.
✢215 D3 ✉Magistral González Francés 15–17 ☎957 48 11 02 ⊕www.eurostarsconquistador.com

Hotel y Hostal Maestre €–€€€
Es besteht kein großer Unterschied zwischen dem Hotel und dem »Hostal«, die einen Häuserblock vom Fluss entfernt in einer ruhigen Seitenstraße liegen, und selbst die Preise variieren nur unwesentlich. Die Zimmer im Hotel sind schlicht und behaglich. Das Hostal ist einen Tick günstiger und einfacher, hat aber den eindeutig schöneren, typisch cordobesischen Patio mit Arkadengang, weiß-blauen andalusischen Fliesen und jeder Menge blühender Pflanzen.
✢215 E3 ✉Calle Romero Barros 4 und 6 ☎957 47 24 10 ⊕www.hotelmaestre.com

Hotel Mezquita €€
Das Hotel ist in einem typischen Haus der Judería aus dem 16. Jh. untergebracht. Gemälde und Antiquitäten verleihen dem Hotel heute noch nostalgisches Flair. Die Originalsäulen und das Originalmauerwerk blieben erhalten, dazu ein reizender Patio, in dem im Sommer das Essen serviert wird. Die Zimmer bieten allen Komfort und sind mit geschnitzten Möbeln und Satinvorhängen ausgestattet. Die Lage gegenüber vom Haupteingang der Mezquita ist ideal.
✢215 D2 ✉Plaza Santa Catalina 1, ☎957 47 55 85 ⊕www.hotelmezquita.com

Los Omeyas €€–€€€
Mitten im Gassengewirr des früheren Judenviertels von Córdoba versprüht dieses frisch renovierte Hotel mit maurischen Bögen und viel weißem Marmor und Gitterwerk viel andalusisches Flair. Über den Patio in der Mitte gelangt man zu den komfortabel und geschmackvoll eingerichteten Zimmern mit Klimaanlage. Vom obersten Stockwerk blickt man auf den Turm der Mezquita. Das Frühstück ist im Preis nicht enthalten. Manchmal sind hier Gruppen untergebracht.
✢215 D3 ✉Calle Encarnación 17 ☎957 49 22 67 ⊕www.hotel-losomeyas.com

PRIEGO DE CÓRDOBA

Hostería de Rafi €
Als eines der wenigen kleinen »Hostals« liegt das Rafi mitten im Zentrum mit Geschäften und Barockkirchen ringsum. Die Zimmer sind nichts Besonderes, die Bäder dafür geräumig und modern. Von der Lobby gelangt man in die angrenzende Bar, die meist brechend voll von Einheimischen ist. Sie alle schätzen die gute Auswahl an Tapas und kleinen Gerichten.
✢212 A3 ✉Isabel La Católica 4 ☎957 54 07 49 ⊕hosteriaderafi.es

JAÉN

Parador Castillo de Santa Catalina €€–€€€€
Dieser Parador zählt zu den imposantesten in ganz Spanien. Er liegt hoch oben auf dem Cerro de Santa Catalina zwischen den Türmen einer mittelalterlichen maurischen Burg. Die Zimmer sind mit luxuriösen Himmelbetten ausgestattet und haben Balkone mit herrlicher Aussicht. Die Räumlichkeiten sind allesamt prunkvoll mit hohen Decken und maurischem Dekor. Das Restaurant, in dem Gerichte aus Jaén serviert werden, ist ebenfalls empfehlenswert.

Willkommen im Parador de Úbeda!

↟212 A3 ✉El Castillo de Santa Catalina
☎953 23 00 00 ⊕www.parador.es

BAEZA

Hotel Fuentenueva €€
Das historische Haus geht auf einen riesigen Palast aus dem 16. Jh. zurück, der 1812 in drei Wohneinheiten aufgeteilt wurde. In einer Grundsanierung wurde das Ambiente der elf Zimmer extravagant gestaltet – mit Marmorböden, modernen Möbeln und sprudelnden Brunnen. Vom japanischen Dachgarten mit Pool genießt man einen herrlichen Blick auf das Zentrum von Baeza.
↟212 B4 ✉Carmen 15 ☎953 74 31 00
⊕www.fuentenueva.com

ÚBEDA

María de Molina €-€€
Das Hotel liegt am historischen Hauptplatz und ist in einem Palast aus dem 16. Jh. untergebracht. Der überdachte Patio mit Säulen, Wandteppichen und einem Steinbrunnen dient als Lobby. Mit seinen Rattanmöbeln, ockerfarbenen Wänden, Palmen und anderen Pflanzen ist er eine behagliche Oase. Die Zimmer sind solide mit dunklen Holzmöbeln und begehbaren Schränken ausgestattet; man genießt einen schönen Blick vom Balkon auf die Plaza.
↟212 B4 ✉Plaza del Ayuntamiento s/n
☎953 79 53 56 ⊕www.mariademolina.es

Parador de Úbeda €€-€€€€
Der Parador im Renaissancepalast aus dem 16. Jh. befindet sich mitten im historischen Zentrum am schönen Renaissanceplatz Vázquez de Molina. Hinter der Hauptfassade des Hotels entdeckt man einen wunderschönen Innenhof. Einige Gästezimmer bieten einen Ausblick auf den herrlichen Platz vor dem Hotel. Regionale Spezialitäten genießt man im Hotelrestaurant. Nach dem Abendessen lädt die hoteleigene Bar zu einem Drink ein.
↟212 B4 ✉Plaza de Vázquez Molina
☎953 74 02 00 ⊕www.parador.es

Wohin zum ... Essen und Trinken?

Preise für ein Drei-Gänge-Menü inkl. Wein und Service:

€	unter 15 Euro
€€	15–40 Euro
€€€	über 40 Euro

CÓRDOBA

Almudaina €€€
Eine der besten Adressen in Córdoba, in einem Palast aus dem 16. Jh. gegenüber dem Alcázar. Gespeist wird in sechs edlen Speiseräumen, auch im herrlichen, mit Glas überdachten Patio. Serviert werden hervorragende regionale Gerichte. Nicht gerade günstig, aber auf alle Fälle lohnend.
↟214 C2 ✉Campo Santos de los Mártires 1 ☎957 47 43 42
⊕www.restaurantealmudaina.com
◔So. abends geschlossen

El Caballo Rojo €€€
Typisch andalusisches Restaurant gegenüber der Mezquita. Die regionalen Gerichte kann man auch als Tapas genießen. Zu den Highlights des Lokals zählt der üppig bestückte Nachtischwagen, den man nicht auslassen sollte.
↟214 C2 ✉Calle del Cardenal Herrero 28 ☎957 47 53 75 ◔tägl. 9–24 Uhr
⊕www.elcaballorojo.com

El Churrasco €€€
Wie sein Name erahnen lässt (er steht für Grillfleisch in einer würzigen Soße) hat sich dieses hervorragende Restaurant im Herzen der Judería auf Fleischgerichte spezialisiert, aber auch Fisch gibt es hier. Stilvoll gespeist wird in zwei typisch andalusischen Patios und in zehn individuell gestalteten Speiseräumen. Den Appetit auf Tapas können Sie in der angrenzenden Bar stillen.
214 C2 Calle Romero 16
957 29 08 19 www.elchurrasco.es
im Aug. geschlossen

El Rincón de Carmen €€–€€€
Das Lokal eignet sich für ein romantisches Abendessen zu zweit im nach Jasmin duftenden Patio. Es liegt mitten im ehemaligen Judenviertel in einem Gebäude aus dem 18. Jahrhundert. Auf der Speisekarte stehen andalusische Fleischgereichte wie »Rabo de toro a la cordobesa (Ochsenschwanz)«, aber auch mediterrane Fischgerichte.
214 C2 Romero 4 957 29 10 55
www.restauranterincondecarmen.es
tägl. 12–16 und 20–23.30 Uhr

Taberna Plateros €–€€
Dieses Lokal wurde schon im 19. Jh. eröffnet. Über die große Gaststube mit Patio gelangt man in weitere Räumlichkeiten und in die traditionelle Bar. Die Wände sind mit Fotos von Manolete, dem Torero aus Córdoba, geschmückt, den Patio zieren Kacheln und Mauersteine. Auf den Tisch kommt Hausmannskost, und die Auswahl an Tapas ist groß.
215 D3 San Francisco 6 957 47 00 42
www.tabernaplateros.com
Di–Sa 8–16 und 19.30–24 Uhr

Im Caballo Rojo bekommt man gute Tapas.

PRIEGO DE CÓRDOBA

Balcón del Adarve €€€
Unten kann man Tapas genießen, im oberen Stock werden gute Fleisch- und Fischgerichte serviert. Herrlich ist der Blick von der Terrasse auf die Landschaft. Aufmerksamer Service, prima Preis-Leistungs-Verhältnis.
212 A3 Paseo de Colombia 36
957 54 70 75 www.balcondeladarve.com
tägl. ab 12 Uhr

BAEZA

Casa Juanito €€–€€€
Die Eigentümer setzen gern traditionelle Rezepte aus der Region auf die Speisekarte, die Gerichte sind ungewöhnlich und lecker. Kaltgepresstes Olivenöl aus der hauseigenen Presse ist eine Standardzutat. Zu den Spezialitäten zählen Rebhuhnsalat, Rinderfilet mit Tomaten und Paprika oder »alcachofas Luisa«, Artischockenherzen mit Tomaten und Knoblauch, dazu bietet die Bodega eine reiche Weinauswahl.
212 B4 Av. Alcalde Puche Pardo 57
953 74 00 40 www.juanitobaeza.com
Di–Sa 13.30–15 und 20.30–23.30 Uhr; 24. und 31. Dez. geschlossen

CAZORLA

Mesón Don Chema €
Das Lokal liegt etwas versteckt, ist aber sehr populär. Prima Tapas, nettes Personal.
212 B3 Escaleras del Mercado 2
953 71 05 29 Di geschlossen

Taberna Quinito €
Hier gibt es leckere Tapas, die man bei schönem Wetter auch auf der Terrasse genießen kann.
212 B3 Plaza Santa María 7 953 72 15 07
Di geschlossen

ÚBEDA

Restaurante El Marqués €€
Zu diesem Hotel in der Innenstadt gehört ein hervorragendes, elegant in warmen Ocker- und Cremetönen gehaltenes, subtil

beleuchtetes und modern möbliertes Restaurant. Hier kann man wunderbar einen Kaffee trinken, ein leichtes Mittagessen einnehmen oder sich ein Menú del día mit drei Gängen gönnen. Regionalküche mit einem Touch Nouvelle Cuisine.

212 B4 Hotel María Molina, Plaza del Ayuntamiento s/n ☎ 953 75 72 55
tägl. 12–16 und 20–24 Uhr

Wohin zum … Einkaufen?

Die alteingesessenen Leder- und Silberwerkstätten in Córdoba produzieren schöne Waren. Südlich der Stadt liegt rund um Priego de Córdoba ein Gebiet, das für Wein und Olivenöl bekannt ist. In Úbeda in der Provinz Jaén findet man die schönste Keramik.

PROVINZ CÓRDOBA

In Córdoba Stadt lässt es sich vorzüglich in dem Viertel rund um die Plaza de las Tendillas shoppen. Besonders in der Fußgängerzone Conde de Gondomar gibt es allerhand schicke Modegeschäfte wie **Pampling Córdoba** (Calle Conde de Gondomar 5, Tel. 857 80 07 66), durch sie gelangen Sie schließlich in die ebenfalls verkehrsberuhigte Av. del Gran Capitán. Hier, an der Kreuzung mit der Av. Ronda de los Tejares befindet sich auch das verlockende Kaufhaus **El Corte Inglés**.

Rund um die Mezquita finden Sie typische Mitbringsel und Postkarten. Die berühmten Lederarbeiten erstehen Sie am besten in bekannten Ateliers wie **Meryan** (Calleja de las Flores 2, Tel. 957 47 59 02, www.meryancor.com), wo neben maurisch verzierten Lederwaren auch modisch-trendige Artikel angeboten werden. Im **Zoco**, dem Kunsthandwerkermarkt, (Calle de los Judíos s/n, Tel. 957 20 40 33, www.artesaniadecordoba.com), gibt es Keramik, Glas, Textilien, Leder und filigrane Silberarbeiten in großer Auswahl. Eine recht authentische **Markthalle** gibt es an der Plaza de la Corredera. Hier werden an 27 Ständen allerlei Lebensmittel und Leckereien feilgeboten, samstags ist besonders viel los (Mo–Sa 8–14.30 Uhr).

Wenn Sie in Richtung Süden nach Priego de Córdoba fahren, gelangen Sie ins Oliven- und Weinbaugebiet Montilla. Wie die sherryähnlichen Weine, denen kein weiterer Alkohol zugesetzt wird, heißt auch der wichtigste Weinort der Region: Moriles. Priego de Córdoba ist eine der Hochburgen der Olivenölproduktion: Rund 80 Prozent des spanischen Olivenöls werden in Andalusien hergestellt.

Farbenfroh und künstlerisch präsentiert sich die in der Region hergestellte Keramik.

PROVINZ JAÉN

Die wunderschöne Keramik von **Úbeda** ist an ihrer dunkelgrünen Glasur zu erkennen. Die Calle de Valencia ist das Keramikviertel der Stadt, wo es so schöne Werkstätten gibt wie die Alfarería Pablo Tito; zu ihr gehört das **Museo de Alfarería Paco Tito** (Calle Valencia 22, Tel. 953 75 14 96, www.pablotito.es) oder in der Nähe **Cerámica Alameda** (Cno. El Cementerio, Tel. 953 75 18 03, www.ceramicaalameda.net). Ein weiteres Geschäft für hochwertige Keramik und andere Kunsthandwerksartikel ist **Alfarería Góngora** (Cuesta de la Merced 32, Tel. 953 75 46 05, www.alfareriagongora.com) in der Verlängerung der Calle Valencia. In der Calle Real, der alten Hauptstraße von Úbeda, verkaufen ein oder zwei Geschäfte Flechtwaren aus Esparto-Gras; die Handwerkskunst hat in dieser Gegend eine lange Tradition.

In der Sierra de Cazorla können Sie in **Cazorla** durch die quirlige **Markthalle** an der Plaza de Andalucía bummeln oder in den Läden in der Calle Dr Muñoz regionale Produkte kaufen. Typische Mitbringsel aus der Sierra finden Sie im **Centro de Interpretación** in Torre del Vinagre (Tel. 953 71 30 17) in recht guter Auswahl.

Wohin zum ... Ausgehen?

Unzählige Veranstaltungshinweise für Córdoba finden Sie auf www.andalocio.es. Die lokale Tageszeitung heißt einfach Córdoba. Fragen Sie in den Touristeninformationen nach aktuellen Veranstaltungskalendern.

NACHTLEBEN

Tanz- und Musikbars findet man an der Calle Cruz Conde nördlich der Plaza de las Tendillas.

FLAMENCO

In Córdoba können Sie klassischen Flamenco im **Tablao Flamenco Cardenal** (Calle Buen Pastor 2, Tel. 691 21 79 22, www.tablaocardenal.es) erleben, nur einen fünfminütigen Fußmarsch von der Mezquita entfernt. Untergebracht ist der Tablao in der Casa Palacio del Conde de Torres Cabrera, einem Herrenhaus aus dem 18. Jh. mit wunderschönen Innenhöfen (Aufführungen Mo–Do um 20.15, Fr, Sa um 21 Uhr). Eine gute Alternative ist **La Bulería** (Calle Pedro López 3, Tel. 957 48 38 89). Zu den wenigen noch authentischen Flamenco-Tempeln Spaniens zählt **El Tablao de Bodegas Campos** (Calle Lineros 32, Tel. 636 74 74 71). Die Aufführung beginnt hier um 20.30 Uhr, danach gibt es ein Abendessen. Es empfiehlt sich zu reservieren.

THEATER

Córdoba besitzt ein schönes Theater, nämlich das **Gran Teatro** (Avenida del Gran Capitán 3, Tel. 957 48 02 37, www.teatrocordoba.org), in dem auch Konzerte, Tanzdarbietungen und Schauspiele stattfinden. Das Theater und die Touristeninfo halten jeweils die aktuellen Monatsprogramme bereit.

FREIZEIT UND SPORT

Das **Hammam Baños Árabes** (Calle Corregidor Luís de la Cerda, Córdoba, Tel. 957 48 47 46, www.hammamalandalus.com) ist ein im maurischen Stil erbautes traditionelles Dampfbad mit Massagen. In der »tetería« (Teezimmer) können Sie sich anschließend entspannen.

Wer das Abenteuer unter freiem Himmel liebt, kommt im bergigen **Parque Natural de Cazorla y Segura** (S. 132) auf seine Kosten. Sie können natürlich auch allein losgehen, aber auf der Website www.turismoencazorla.com (auf Spanisch) finden sie unter »Ocio und Multiaventura« zahlreiche organisierte Aktivitäten wie Jeepfahrten in abgelegenere Gebiete und Exkursionen per Pferd oder Mountainbike, Rafting, Kajak- und Kanufahrten, Bergsteigen, Gleitschirmfliegen und geführte Wanderungen. Ein relativ ähnliches Programm bietet **Aventura Cazorlaa** (Calle Ximinez 17, Tel. 953 71 00 73, www.aventuracazorla.com) an.

Laue Sommernacht in Sevilla: Es ist warm, und das leise Gemurmel der Leute an den Tischen erfüllt die Gassen.

Sevilla und Huelva

Das lebendige Sevilla, weitere geschichtsträchtige Städte und ergreifend schöne Natur prägen diesen Teil Andalusiens.

Seite 142–177

Erste Orientierung

In keiner Stadt sind die typischen Merkmale Andalusiens so ausgeprägt wie im lebensfrohen Sevilla. Orangenbäume und blühende Parks prägen das Bild; aus den Bars dringt Flamencomusik, in ruhigen Straßen hört man das Geklapper von Pferdekutschen. Moderne Gebäude bilden mit Palästen aus der Maurenzeit, Kirchen und mittelalterlichen Gassen eine gelungene Architektursynthese. Außerdem laden hier einige der besten »tapas«-Bars Spaniens zum Verweilen ein.

Sevilla ist einer der heißesten Orte des europäischen Festlands. Kein Wunder also, dass die Stadt erst erwacht, wenn man anderswo schon ins Bett geht – die Nächte Sevillas, wenn man von Bar zu Bar zieht, haben es in sich! In der Provinz rund um die andalusische Hauptstadt kann man weniger bekannte, aber nicht minder faszinierende Orte wie die alte Römerstadt Itálica, das von einem Mauerring umgebene Carmona mit maurischen Straßen und einer römischen Nekropole sowie das historische Écija besichtigen. An der Küste liegt Huelva. Die Hauptstadt der gleichnamigen Provinz ist vorrangig ein Industriehafen und bietet keine großartigen Sehenswürdigkeiten, doch lohnt ein Ausflug in den Norden der Provinz. Hier besucht man die in den Bergen des Naturparks Sierra de Aracena liegende Stadt Aracena mit der Gruta de las Maravillas, einem Kalksteinhöhlensystem. Rund um Aracena erstrecken sich ausgedehnte Korkeichenwälder (»dehesas«), in die winzige, von der Zeit scheinbar vergessene Dörfer eingebettet sind. Die Küste ganz im Süden der Provinz Huelva heißt Costa de la Luz. Sie zählt zu den längsten und abgeschiedensten in ganz Andalusien. Im Osten erstrecken sich das Delta des Río Guadalquivir und der Parque Nacional Coto de Doñana mit weitläufigen Feuchtgebieten, Dünen und Sandsteppen, in denen viele wilde Tiere leben.

TOP 10

3 ★★ Sevilla

6 ★★ Carmona

9 ★★ Parque Nacional de Doñana

Nicht verpassen!

37 Aracena & Gruta de las Maravillas

Nach Lust und Laune!

38 Écija

39 Itálica

40 Minas de Río Tinto

41 Costa de la Luz (Huelva)

42 El Rocío

Mein Tag mit Pilgern, Römern und Flamenco

Was viele nicht wissen: In Sevilla, Inbegriff für Lebendigkeit und Lebensfreude, beginnt einer der berühmten Jakobswege. Heute pilgern Sie ein Stück auf der Vía de la Plata genannten Route, machen in Itálica einen Zeitsprung zu den Römern und beenden den Tag mit exzellentem Flamenco.

8 Uhr: Erste Spuren

Die Markierung des Jakobswegs finden nur Eingeweihte: Begeben Sie sich zur Südwestecke der Kathedrale von ❸★★ Sevilla an der Avenida de la Constitución vor die Puerta de San Miguel. Auf der anderen Straßenseite sehen Sie an dem Rundbogenportal eine blaue Kachel mit gelber Jakobsmuschel – sie ist das erste Wegzeichen der Vía de la Plata genannten Jakobswegroute. Würden Sie ihr folgen, kämen Sie nach ca. 1000 km ins galicische Santiago de Compostela.

Erst einmal gehen Sie aber zum Hauptportal. 32 Heiligenfiguren flankieren die prächtige Puerta de la Asunción, eine davon ist der heilige Jakobus, erkennbar an Pilgerhut und Pelerine mit Jakobsmuschel. Finden Sie ihn?

Jetzt pilgern Sie zwar keine 1000, aber immerhin 1 km auf dem Jakobsweg: Am Ende der Westfassade biegen Sie links in die Calle García de Vinuesa und gleich rechts in die Calle Jimios ein. Als Calle Zaragoza stößt sie auf die Calle Reyes Católicos, auf der Sie nach links zur

16 Uhr: ¡Qué viva el Flamenco!
Linie 1721
Calle Alfonso XII
Plaza de Armas
Calle Torneo
Calle Cuna
Ende
16 Uhr
Linie 1720
Calle Arjona
Calle Zaragoza
Flamenco Museum
Calle Reyes Católicos
100 m
100 yd
Start
Calle Jimios
Puente de Isabell II (Triana)
Catedral de Sevilla
Puerta de La Asunción
8 Uhr
Canal de Alfonso XII
9.30 Uhr: Römischer Lifestyle
Itálica
39
9.30 Uhr
8 Uhr: Erste Spuren
Santiponce
Linie 1720
Parque del Alamillo
Linie 1721
1 km
0,5 mi
Linie 1721
Guadalquivir
Camas
Start/ Ende
Plaza de Armas
SEVILLA
Linie 1720
3
Canal de Alfonso XII

Aufgereiht: Am Hauptportal von Sevillas Kathedrale betrachten Sie die Heiligenfiguren (oben links), im Flamenco-Museum hingegen nicht ganz so heilige Tänzer (rechte Seite unten).

Puente de Triana wandern. Der Jakobsweg führt über den Guadalquivir weiter zur Römerstadt Itálica; Sie gehen jedoch auf der Calle Arjona nach rechts bis zum 500 m entfernten Busbahnhof Plaza de Armas und nehmen den Bus.

9.30 Uhr: Römischer Lifestyle

Nach dem quirligen Sevilla empfängt Sie 39 Itálica mit wohltuender Ruhe. Um das alte Amphitheater spendet eine schöne Grünanlage Schatten, die freigelegten Mosaiken einiger Villen zeugen vom guten Geschmack der Römer. Es ist leicht, sich vorzustellen, dass dies nicht unbedingt eine der schlechtesten Wohngegenden war.

Bis nach Gijón am Atlantik führte einst die von den Römern angelegte Straße. Die Araber nannten sie »Balata«, befestigte Straße; daraus wurde die Vía de la Plata (Silberweg), auf der Christen zum Grab des Apostels Jakobus pilgerten.

Doch nicht nur Pilger nutzten den Weg: Ende des 9. Jh.s überfiel der muslimische Heerführer Almansor Santiago de Compostela und ließ die Glocken der Jakobuskirche auf der Vía de la Plata von Christen nach Córdoba tragen, wo sie zu Lampen umfunktioniert wurden. Als die Christen Córdoba 1236 zurückeroberten, mussten Mauren die Glocken auf demselben Weg nach Santiago zurücktragen.

14 Uhr: Zurück in den Trubel!

Nach der Besichtigung Itálicas geht es mit dem Bus zurück

Die Römer führten in Itálica ein stilvolles Leben, wie Bodenmosaiken noch heute bezeugen (rechts oben). Dem Genuss frönen auch die Einwohner und Gäste Sevillas, wenn sie am Fluss sitzen und es sich gutgehen lassen (oben).

nach Sevilla. Bummeln Sie nun noch ein bisschen am Fluss entlang oder gleiten Sie z. B. über die Calle Alfonso XII zurück in den städtischen Trubel. Gönnen Sie sich am Ufer oder in einer der Gassen einen kleinen Imbiss!

16 Uhr: ¡Qué viva el Flamenco!

Sevilla ist eine Hochburg des Flamenco – ein Besuch hier ist nicht komplett, solange Sie sich nicht eine entsprechende Show angesehen haben. Insider halten die Aufführungen im Museo del Baile Flamenco (S. 163) mit der Tänzerin Cristina Hoyos für sehr authentisch. Am besten stimmen Sie sich zuvor mit einem Rundgang durch die teils interaktive Ausstellung des Museums darauf ein. Wetten, dass Sie später beim abendlichen Spaziergang durch Sevillas Gassen die eine oder andere Flamenco-Pirouette drehen?

Estación Plaza de Armas
218 A3 nach Itálica: Expresslinie 1721 Mo–Fr 9 Uhr (Fahrzeit ca. 20 Min.) nach Sevilla Linie 1720 jeweils zur vollen und halben Std. (Fahrzeit ca. 30 Min.) ca. 1 €

❸ ★★ Sevilla

Was?	Die lebensfrohe Hauptstadt Andalusiens
Warum?	Weil keine andere Stadt Pracht und Lebensfreude so gekonnt verbindet
Wann?	Auf keinen Fall im Hochsommer! Viel zu heiß!
Wie lange?	Bleiben Sie, bis Sie das Flair der Stadt in sich aufgesogen haben, dann können Sie lange davon zehren.
Resümee	Stierkampf, Flamenco, Feria – diese Stadt funkelt!

Auf beiden Seiten des Río Guadalquivir gelegen, besticht Sevilla durch Lebendigkeit und Eleganz. Die »sevillanos« wissen das Leben zu genießen und verstehen sich aufs Feiern, etwa beim überschäumendsten Fest Spaniens, der Feria de Abril.

»Herkules erbaute mich, Julius Caesar umgab mich mit Mauern, und der heilige König nahm mich ein«, verkündet eine Inschrift an der Puerta de Jerez. Dass Herkules Sevilla tatsächlich gründete, darf aber bezweifelt werden. Als die Römer um das Jahr 206 v. Chr. hierher kamen und die Karthager vertrieben, existierte eine Siedlung namens Hispalis, die für Caesar eine wichtige Hafenstadt war. Im Jahr 712 beendeten die Mauren die westgotische Herrschaft. Die Almohaden brachten die Ichbilîja genannte Stadt im 12. Jh. zur Blüte.

Unter den Christen wurde Sevilla im 16. Jh. zu Spaniens wichtigstem Auslaufhafen nach Amerika. Im 17. Jh. folgte mit der Versandung des Guadalquivir der Niedergang. 1929 fand hier die Ibero-amerikanische Ausstellung statt.

Das Herz der Stadt bildet ein als UNESCO-Welterbe geschütztes Gebäudeensemble: der Real Alcázar, der Palast der muslimischen und christlichen Herrscher, die Kathedrale mit dem Grab des Christoph Kolumbus und das Archivo General de Indias voller Urkunden zur Kolonialgeschichte.

Touristeninformation
210 C3
Avenida de las Delicias 9
954 2 34 65
www.visitasevilla.es

Parken
Außerhalb des Zentrums parkt man am besten nahe dem Bahnhof Santa Justa, in der Calle Luis de Morales. Einige Metro-Stationen in Vororten haben günstige Parkplätze.

Sundowner am Guadalquivir

Einer der schönsten Orte in Sevilla, um den Sonnenuntergang zu erleben, ist das Ufer des Guadalquivir. Zwischen den Brücken Puente de San Telmo und Puente de los Remedios finden Sie einladende Uferbars, etwa das Terraza Martini Sevilla. Mit Logenblick auf den träge dahinziehenden Fluss können Sie hier bei einem Aperitif die »hora violeta«, die blaue Stunde genießen, jenen Moment zwischen Tag und Nacht, wenn sich der Himmel leuchtend samtblau färbt.

Terraza Martini Sevilla, Paseo de las Delicias 3

Kathedrale und Giralda

Die Kathedrale von Sevilla, Santa María de la Sede, ist die größte gotische Kirche der Welt, ein architektonisches Gesamtkunstwerk mit herausragenden Skulpturen, Gemälden und Kunsthandwerksarbeiten.

Nachdem Ferdinand III. Sevilla 1248 den Mauren abgenommen hatte, weihte man die Moschee zur Kathedrale des Königreichs Sevilla. Ab 1401 entstand über der inzwischen baufälligen Moschee die neue Kathedrale, deren Bauzeit sich über 500 Jahre hinzog. Mit 116 m Länge, 76 m Breite und dem 37 m hohen Hauptschiff ist sie die größte gotische Kathedrale der Welt.

Die Giralda

Die von 1184 bis 1196 von den maurischen Almohaden errichtete, 97,5 m hohe Giralda ist das Wahrzeichen der Stadt. Im 16. Jh. bauten die Spanier das einstige Minarett zum Glockenturm mit 25 Glocken um; zuoberst thront die »siegreicher Glaube« genannte Frauenskulptur, die der Volksmund schlicht »giraldillo«, Wetterfähnchen, nennt – was dem ganzen Turm seinen Namen gab. Das filigrane Bauwerk ist eine perfekte Symbiose aus maurischer Baukunst und Elementen der Renaissance. Statt über Treppen gelangt man über 35 Rampen bis zur Aussichtsplattform – so kam der Sultan zu Pferd bis nach oben, von wo er die Aussicht auf seine Stadt genießen konnte.

Der Eingang zur Giralda befindet sich in der Nordostecke der Kathedrale, unweit der Puerta de la Concepción. Von oben bietet sich Ihnen wie dereinst dem Sultan eine fantastische Sicht über Sevilla und auf Teile der Dachkonstruktion im Orangenhof der Kathedrale.

Die Kathedrale

Das Areal der Kathedrale können Sie auf der Nordseite durch die Puerta del Perdón betreten. Durch dieses Gnadentor gelangen Sie zunächst in den Patio de los Naranjos (Orangenhof), in dem die muslimischen Gläubigen die rituellen Waschungen vor dem Betreten der Moschee vornahmen. Über dem Hof erhebt sich die gotische Fassade der

Die Giralda, der Glockenturm, war einst ein Minarett und überragt die Fialen und Pfeiler der Kathedrale.

Puerta de la Concepción (Empfängnistor), durch die man das Innere der Kathedrale betritt. Hier sollten Sie zunächst einmal die gigantischen Dimensionen des Baus auf sich wirken lassen. Im Zentrum des 1401 bis 1507 errichteten Hauptschiffs befindet sich die Capilla Mayor, der Altarraum mit dem Coro (Chor). Der vergoldete und bemalte Altaraufsatz ist das Prunkstück der Kathedrale; er besteht aus 45 geschnitzten Tafeln mit Szenen aus dem Leben Jesu Christi – über 1000 biblische Gestalten sind dargestellt. Im Zentrum dieses Ehrfurcht gebietenden Meisterwerks der Gotik steht eine Statue der Virgen de la Sede. Das Chorgestühl umfasst 117 geschnitzte Sitze.

Hinter dem Altarraum entstand im 16. Jh. die Capilla Real, die königliche Grabkapelle mit einem imposanten Altar. Ebenfalls aus dem 16. Jh. stammt auf der Südseite die Sacristía Mayor, ein von Diego de Riaño und Diego de Siloé im Stil der Renaissance errichteter Prachtbau mit schöner

Catedral de Santa María de la Sede

Die Kathedrale von Sevilla sollte auf Wunsch des Domkapitels so groß sein, dass »sie uns [die Domherren] für verrückt erklären«. Das ist gelungen: Mit 116 m Länge, 76 m Breite und einer Höhe von 37 m in der Vierung ist sie die größte gotische Kirche der Welt geworden.

1 Giralda: Der Turm war einst das Minarett der Hauptmoschee.

2 Galerie: Die Aussichtsgalerie liegt 70 m hoch.

3 Brunnen: Der achteckige Brunnen ist der Rest der muslimischen »midhâ«, des Brunnens für religiöse Waschungen.

4 Bibliothek: Die Bibliothek des Domkapitels besitzt u. a. Handschriften von Kolumbus und die Bibel Alfons' des Weisen.

5 Sagrario: Dieser Barockbau birgt einen Retablo mit einer »Kreuzabnahme« von Pedro Roldán.

6 Kirchenschiff: »Im Mittelschiff könnte Notre-Dame von Paris erhobenen Hauptes spazieren gehen« (Théophile Gautier).

7 Chor: Das Chorgestühl ist gotisch. Die Capilla de la Concepción Chica an der Südwand bewahrt die »La Cieguecita« (Die Blinde), eine Holzplastik der Jungfrau Maria.

8 Capilla Mayor: Der Retablo ist mit fast 30 m Höhe und 20 m Breite das größte Altarbild der Welt.

9 Capilla Real: In einem Silberschrein ruhen die Gebeine Ferdinands III. des Heiligen, links davon Ferdinands Sohn Alfons X. der Weise, rechts Ferdinands Gemahlin Beatrix von Schwaben.

10 Sacristía Mayor: Sie birgt u. a. die Schlüssel von Sevilla (1248), ein Reliquiar Alfons' X., eine Kreuzreliquie der heiligen Helene, den »Tenebrario« von Bartolomé Morel und das Gemälde »Kreuzabnahme« von Pedro de Campana.

⓫ Capilla de San Antonio: Darin befinden sich u. a. die Gemälde »Taufe Christi« und »Das Christkind erscheint dem heiligen Antonius von Padua« von Murillo.

⓬ Capilla de Santiago: Hier können u. a. ein Jakobusbild von Juan de Roelas und ein Bild von Valdés Leal (»Heiliger Laurentius«) besichtigt werden.

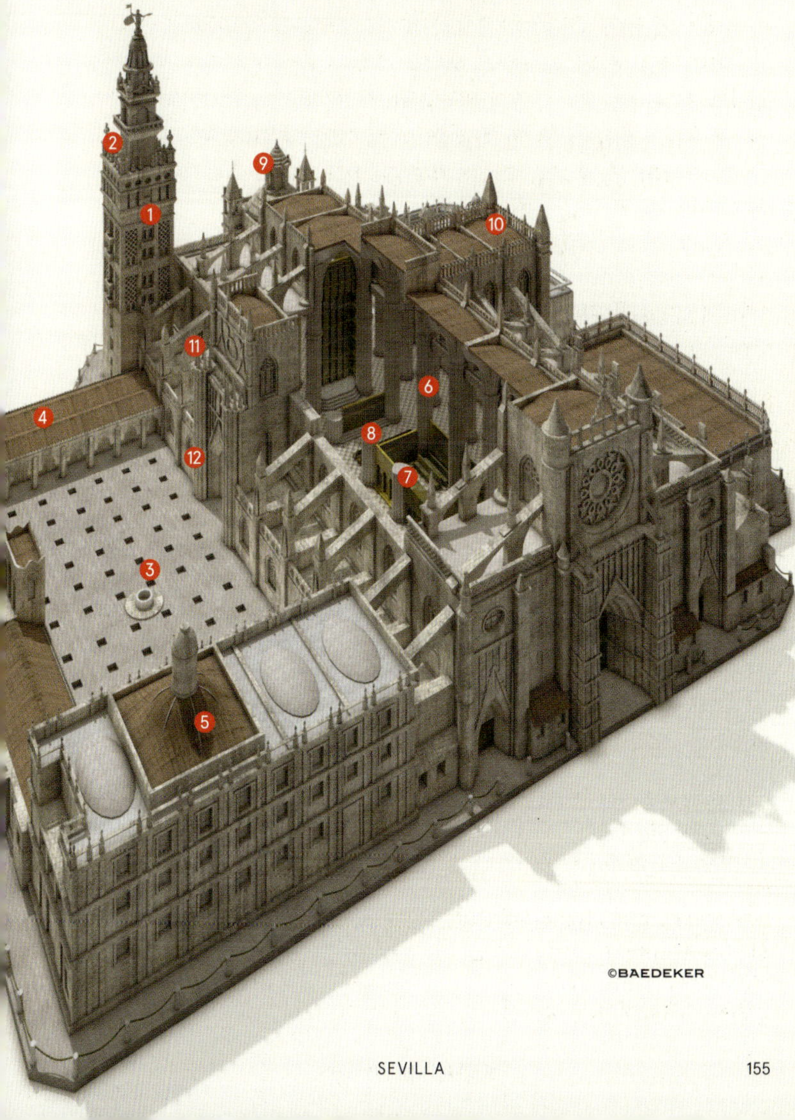

Kolumbusgrab in der Kathedrale: Vier Herolde (die vier Königreiche León, Kastilien, Navarra und Aragón symbolisierend) tragen den steinernen Sarkophag.

Kuppeldecke. In der 1529 erbauten Sacristía de Los Cálices daneben sind vor allem die Gemälde bemerkenswert. Dazu gehören Goyas »Heilige Justa und Rufina«, eine »Pietà« von Morales, von Valdés Leal eine Darstellung der »Heiligen Drei Könige« und von Murillo die »Heilige Familie«.

Neben der Sacristía de los Cálices befindet sich das Kolumbusgrab: Ob darin wirklich die Gebeine des Seefahrers ruhen, war lange fraglich, denn nach seinem Tod 1506 wurde Kolumbus bei Sevilla bestattet, doch 1596 nach Santo Domingo auf Haiti überführt und von dort nach Havanna auf Kuba, wo 1892 das von Arturo Mélida geschaffene Grabdenkmal errichtet wurde. Als Kuba im Spanisch-Amerikanischen Krieg von 1898 »verloren ging«, schaffte man das Grabmal an seinen heutigen Platz. Ein 2006 durchgeführter DNA-Abgleich der Überreste aus dem Sarkophag mit solchen von Familienmitgliedern bestätigte schließlich, dass es sich tatsächlich um Kolumbus' Gebeine handelt.

Cervecería Giralda: Calle Mateos Gago 1, Tel. 954 22 82 50, www.cerveceriagiralda.com, Mo–So 12 bis 24 Uhr

KLEINE PAUSE

Gut schmeckt ein Bier in der **Cervecería Giralda**, von der aus man einen hervorragenden Blick auf die Kathedrale hat.

Kathedrale Santa María de la Sede und Giralda
218 B2 Plaza Virgen de los Reyes
954 21 49 71 Mo 11–15.30, Di–Sa 11–17, So 14.30–18 Uhr C1, C2, C3, C4
9 € (Mo 16.30–18 Uhr gratis)

Real Alcázar

Der unmittelbar gegenüber der Kathedrale gelegene Alcázar war ursprünglich die Burg der maurischen Herrscher, die vom 10. Jh. an daran bauten. Der Grundriss des Palastes zeigt das klassische Schema islamischer Architektur mit Innenhöfen, von denen unterschiedliche Hallen und Räumlichkeiten abgehen. Bemalter Stuck und »azulejos« (S. 17), Kacheln, fügen sich zu wunderbaren geometrischen Mustern zusammen. Die herrlichen Gärten sind äußerst einladend.

Der Real Alcázar wurde ab dem Jahr 913 auf den Ruinen einer römisch-westgotischen Festung errichtet. Das Innere des Gebäudes stammt fast gänzlich aus dem späten Mittelalter. Nach der Einnahme Sevillas durch Ferdinand III. zogen die christlichen Könige hier ein. Pedro I., der Grausame, (reg. 1350–1369) ließ darin seiner Geliebten María de Padilla königliche Gemächer einrichten. Dafür holte er maurische Baumeister und Handwerker aus Granada und Toledo, die den heute nach ihm benannten Palastteil erstellten und damit eines der schönsten Zeugnisse der »mudéjar«-Baukunst in Spanien schufen. Die Katholischen Könige veränderten einige Räume, unter Karl V. wurde ein weiterer Anbau errichtet.

Besichtigung des Real Alcázar

Hinter dem Eingang liegt der Patio del León (Löwenhof), dahinter der größere Patio de la Montería (Jagdhof). Rechts davon erstreckt sich das Cuarto del Almirante (Admiralszimmer), das Isabella von Kastilien zur Planung der Reisen nach Amerika nutzte. Am schönsten ist die Sala de Audiencias (Audienzsaal) mit einer Artesonado-Decke, einem Modell des Schiffes von Kolumbus, der »Santa María«, und dem herrlichen Altarstück »Madonna der Seefahrer« aus dem 16. Jh., das u. a. Kolumbus und Amerigo Vespucci zeigt.

Im Palast Pedros I. besticht der zentrale Hof, der Patio de las Doncellas (Damenhof) mit üppigen Fächerbogen, Steingitterwerk und einem Fries aus »azulejos«. In der Mitte lässt ein Brunnen schlanke Wassersäulen aufsteigen. Der Hof ist von reich dekorierten Räumen umgeben, die schmale Durchgänge miteinander verbinden. Der zweistöckig angelegte Salón de los Embajadores (Gesandtensaal) ist der

Man betritt den von hohen Mauern umgebenen, wunderschönen Alcázar von der Plaza del Triunfo und gelangt in den mit Orangen und Blumen bepflanzten Patio del León.
Die Gärten des Alcázar vereinen auf wunderbare Weise die Gartenbaukunst des Islam mit der der Renaissance.

älteste und schönste Saal im Alcázar. Er wird von einer prächtigen Stalaktitenkuppel (1420) aus Zedernholz abgeschlossen.

Eine Treppe in der Ecke des Patio de las Doncellas führt in die düsteren Salones de Carlos V., die Privatgemächer Karls V. aus dem 16. Jahrhundert. Nicht weit vom Estanque del Mercurio (Merkurbecken) gelangt man an einer Cafeteria vorbei zum Apeadero mit einer Sammlung von Kutschen und weiter zum Ausgang.

---

i

218 C2 Patio de Banderas
954 50 23 24 April–Sept. tägl. 9.30–19, Okt.–März bis 17 Uhr
Café C1, C2, C3, C4

ab 11,50 €, Kinder unter 16 Jahren frei; zur Vermeidung von Warteschlangen ist der Online-Ticketkauf empfehlenswert, Audioguide möglich.

Barrio de Santa Cruz

Rund um die Kathedrale und den Real Alcázar gibt es viele schmale Gassen – eine willkommene Abwechslung zu den verkehrsreichen Hauptstraßen. Das Gleiche gilt für das Barrio de Santa Cruz. Im mittelalterlichen Sevilla war dies die »aljama«, das Viertel der Juden und Araber. Im Schicksalsjahr 1492 wurde hier bei einem Pogrom viel zerstört, es blieb aber auch vieles erhalten. Beim Bummel durch die Gassen können Sie immer wieder durch schmiedeeiserne Gitter einen Blick in einen hübschen »patio« erhaschen.

Die Taverne El Rinconcillo (Zum stillen Winkel) ist in einem 1670 errichteten Haus untergebracht.

Eine kleine Oase der Ruhe ist die Plaza de Santa Cruz. Das Kreuz in der Mitte symbolisiert die von den Truppen Napoleons zerstörte Iglesia de Santa Cruz. Ebenfalls reizvoll ist die Plaza de Doña Elvira mit Brunnen und Schatten spendenden Bäumen. Am Ostrand des Viertels liegen die angenehm schattigen Jardines de Murillo (Murillo-Gärten). Im ganzen Viertel verlocken Bars und Cafés zur Einkehr.

Fantastischen Flamenco können Sie im Museo del Baile Flamenco erleben. 2006 eröffnete die renommierte Flamencotänzerin Cristina Hoyos (Sevilla 1946) das Museum. Das Besondere: Neben den Ausstellungen zur Geschichte und Kultur des Tanzes wird täglich hochkarätiger Flamenco geboten.

Museo de Bellas Artes

Eine der besten Kunstgalerien Spaniens birgt der ehemalige Convento de la Merced Calzada ganz am Westrand der Altstadt. Mit seinem »patio« und den Galerien ist schon das Gebäude sehenswert, der Schwerpunkt der Sammlung liegt auf Werken des sevillanischen Barock (Zurbarán, Murillo) und der andalusischen Malerei des 19. Jahrhunderts.

Die Dauerausstellung verteilt sich auf 14 Räume. Höhepunkt ist Saal V, die frühere Klosterkapelle. Hier werden Werke der bedeutendsten sevillanischen Maler Francisco de Zurbarán und Bartolomé Esteban Murillo ausgestellt, aber auch Werke von Goya, Velázquez, El Greco, von Murillos Zeitgenossen Juan de Valdés de Leal sowie von Bildhauern wie Pedro Millán. Schon die Kapelle selbst ist sehenswert, sogar die Kuppel ist mit restaurierten Gemälden bestückt. In einer kleinen Nische rechts hängt Murillos Muttergottes mit Kind, das als »La Virgen de la Servilleta« bekannt ist, da der Maler das Gemälde auf eine Serviette skizziert haben soll. Die Säle XII und XIV zeigen Kunst aus dem 19. und 20. Jahrhundert. In Saal XII beschwört das etwas kitschig geratene Gemälde von Gonzalo Bilbao die Welt der Carmen in der Tabakfabrik herauf, auch eine »Sommernacht in Sevilla« des impressionistischen, in der andalusischen Hauptstadt geborenen Malers ist hier zu sehen.

Casa de Pilatos

Der heute den Herzögen von Medinaceli gehörende Palast Casa de Pilatos vereint Elemente des »mudéjar«, der Gotik und der Renaissance auf eine so gelungene Art und Weise, dass er fast auf eine Stufe mit dem Alcázar zu stellen ist. Mit seinem Bau begann man 1492, um das Jahr 1520 war er vollendet. Da der Bauherr im Jahr zuvor nach Palästina gereist war, meint der Volksmund zu wissen, dass das Gebäude eine Nachahmung des Hauses von Pontius Pilatus in Jerusalem sei. Angelegt ist das Haus um einen einzigartigen »patio«, den man durch ein triumphbogenartiges Portal aus Carrara-Marmor betritt, eine Arbeit des Genueser Künstlers d'Aprile von 1532. Ab 1950 wurde das Haus in seiner alten Pracht wiederhergestellt. Im Rahmen einer Führung können Sie die herrlich ausgestatteten Räume kennenlernen.

Plaza de España und Parque de María Luisa

Ab Mitte des 19. Jh.s war der heutige Parque de María Luisa der Privatgarten des Palacio de San Telmo, 1893 schenkte ihn Infantin María Luisa de Borbón der Stadt. Ab 1911 wurde er als Schauplatz der Iberoamerikanischen Ausstellung von 1929 nach Plänen des französischen Landschaftsarchitekten

Der zentrale Innenhof der Casa de Pilatos präsentiert sich als zweistöckiges Geviert von Arkaden, deren Rundbogen mit mudejaren Mustern verziert sind. Die Mitte des Hofes nimmt ein Delfinbrunnen mit Januskopf ein.

Jean-Claude Nicolas Forestier zum öffentlichen Stadtpark umgestaltet. Heute ist die 340 000 m² große Grünanlage eine wahre Augenweide mit bunten Blumengärten, riesigen Bäumen, Teichen und Pavillons, verschlungenen Wegen und breiten Flanierpromenaden. Hauptplatz der Exposición Iberoamericana war die spektakuläre Plaza de España im Nordosten des Parks, ein riesiger, halbmondförmiger Platz mit geschwungenen Treppen, die zu Ziegelgebäuden mit Arkaden hinaufführen. Unten zeigen bunte Kachelmosaiken historische Szenen und die Wappen der spanischen Provinzen. Vor dem Halbrund des Platzes spannen sich dekorative Brücken über einen künstlichen See, auf dem man mit dem Ruderboot fahren kann. Im Süden liegen an der hübschen Plaza de América das Museo Arqueológico (Archäologisches Museum) mit einer Sammlung prähistorischer bis maurischer Altertümer sowie das Museo de Artes y Costumbres Populares (Volkskundemuseum), das Kunsthandwerk und Trachten aus dem 18. und 19. Jh. präsentiert. Beide entstanden ebenfalls im Rahmen der Ausstellung vom Jahr 1929.

Beeindruckend: die halbmondförmig angelegte Plaza de España

Plaza Nueva und Calle Sierpes

Im Norden der Kathedrale gelangen Sie über die betriebsame Avenida de la Constitución zur Plaza de San Francisco. Nach links, vorbei am Ayuntamiento (Rathaus, 16. Jh.) mit seiner schönen Renaissancefassade, kommen Sie auf die Plaza Nueva. Im Schatten großer Platanen treffen sich hier die Sevillanos tagsüber zum Plausch, und auch abends herrscht viel Trubel. Politische Kundgebungen und andere Veranstaltungen finden hier statt. Nach Norden erstreckt sich rund um die Calle Sierpes, die wichtigste Einkaufsstraße der Stadt, die große Fußgängerzone mit allerlei Geschäften und »tapas«-Bars. 200 m rechts vom Ende der Sierpes baute der deutsche Architekt Jürgen Mayer zwischen 2006 und 2011 mit den Setas (Pilzen; offiziell Metropol Parasol) einen spektakulären Hingucker: Die fantastisch geschwungene Dachkonstruktion aus Holz dient als Aussichtsplattform, darunter finden Veranstaltungen statt.

Torre del Oro, Plaza de Toros da la Maestranza und Triana

Ein Gefühl von Ruhe und Weite erleben Sie am breiten, träge dahinziehenden Guadalquivir. Am Ostufer steht der Torre del Oro; den Namen »Goldturm« verdankt der maurische Turm aus dem 12. Jh. seiner früheren golden leuchtenden Kachelfassade. Heute beherbergt er ein kleines Schifffahrtsmuseum. Vom Anleger unter dem Turm starten alle 30 Minuten die

Boote der Cruceros Torre de Oro zu einstündigen Rundfahrten. Weiter nördlich finden Sie am Paseo de Cristóbal Colón die riesige barocke Stierkampfarena La Maestranza – angeblich die schönste der Welt. Ein Stück weiter kommen Sie über die Puente de Isabel II nach Triana, wo die »gitanos«, der Flamenco und die Keramikproduktion zu Hause sind.

Isla de la Cartuja

Weiter im Norden fand auf der von beiden Armen des Gudadalquivir umschlossenen Isla de La Cartuja die Expo 92 statt. Im ehemaligen Kartäuserkloster, auf das sich der Name der Insel bezieht, befindet sich das andalusische Ausstellungszentrum für zeitgenössische Kunst (Centro Andaluz de Arte Contemporáneo). Auf der Ostseite der Insel liegt der riesige Vergnügungspark Isla Mágica.

Museo del Baile Flamenco
218 C3 Calle Manuel Rojas Marcos 3 954 34 03 11 www.museoflamenco.com Museum: tägl. 10–19 Uhr, 2–3 Shows tägl. 10 €

Museo de Bellas Artes
218 A3 Plaza del Museo 955 54 29 31 Mitte Juni–Mitte Sept. Di–So 9–15.30, Mitte Sept.–Mitte Juni Di–Sa 9–19.30, So 9–15.30 Uhr C1, C2, C3, C4 frei für EU-Bürger, sonst 1,50 €

Casa de Pilatos
218 C3 Plaza de Pilatos 1 954 22 52 98 Mai–Sept. 9–19, Okt.–April 9–18 Uhr C1, C2, C3, C4 (zur Plaza San Agustín) 8–10 €

Plaza de España und Parque de María Luisa
218 C1 Avenida de Isabel la Católica Bus C1, C2, C3, C4 frei

Museo Arqueológico
218 südl. C1 Plaza de América 955 12 06 32 Juli/Aug. Di–So 9–15, Sept.–Juni Di–Sa 9–21, So/Fei 9–15 Uhr frei für EU-Bürger

Museo de Artes y Costumbres Populares
218 südl. C1 Plaza de América 954 71 23 98 Juli/Aug. Di–So 9–15, Sept.–Juni Di–Sa 9–21, So/Fei 9–15 Uhr frei

Setas de Sevilla
218 C3 Plaza de la Encarnación 14 Aussichtsplattform tägl. 10–22 Uhr setasdesevilla.com

Cruceros Torre del Oro
218 B1 Muelle del Marqués del Contadero (unter Torre del Oro) 954 56 16 92 crucerosensevilla.com Mai–Sept. 11–22, sonst bis 19 Uhr 17 €, Kinder unter 12 Jahren gratis

Centro Andaluz de Arte Contemporáneo (CAAC)
218 westl. A4 Cartuja de Santa María de Las Cuevas 955 03 70 70 Di–Sa 11–21, So 10–15.30 Uhr www.caac.es 3 €

Isla Mágica
218 nördl. A5 Avenida de los Descubrimientos s/n 902 16 17 16 Mai–Sept. tägl. 11–19 bzw. 24 Uhr www.islamagica.es 32 €

6 ★★ Carmona

Was?	Typisch andalusisches Städtchen mit Geschichte
Warum?	Eine entzückendere kleine Altstadt werden Sie weit und breit nicht finden.
Wann?	Jederzeit
Wie lange?	Einen Tag
Was noch?	Eine kleine Tapas-Pause auf der schönen, von Arkaden gesäumten Plaza de Abastos
Resümee	Genau das Richtige für Liebhaber geruhsamer Stadttouren

Auf einem kahlen Hügelrücken inmitten der Vega del Corbones, einem der fruchtbarsten Landstriche Andalusiens, thront das Städtchen Carmona. Die historische Altstadt gilt als eine der schönsten Andalusiens, übertroffen nur noch von Baeza und Úbeda. Mit seinem ausgedehnten römischen Gräberfeld besitzt Carmona ein Kulturdenkmal ersten Ranges.

Die Necrópolis Romana umfasst annähernd 1000 Gräber aus dem 2. vorchristlichen bis zum 4. nachchristlichen Jahrhundert, von denen etwa 250 freigelegt wurden. Es gibt Führungen, aber man findet sich auch allein zurecht. Ein Museum informiert über die Bestattungstechniken der Römer.

Die Altstadt besichtigen

Die beeindruckende römische Puerta de Sevilla ist das Tor zur Altstadt von Carmona. Durch das Büro der Touristeninformation können Sie auf die Befestigungsmauern und Zinnen des Tores steigen. Jenseits der lebhaften Plaza Blas Infante steht außerhalb der Stadtmauer die Iglesia de San Pedro aus dem 15. Jh.; ihr Turm ist der Giralda in Sevilla nachempfunden. Am von Palmen gesäumten Hauptplatz von Carmona, der Plaza de San Fernando, befindet sich in einem herrlichen Renaissancegebäude das »ayuntamiento« (Rathaus) von Carmona. Im »patio« stellt ein römisches Mosaik ein Medusenhaupt dar. Auf der Plaza de Abastos findet donnerstags der Wochenmarkt statt. An der Plazuela del Marqués de las Torres erhebt sich die gotische Iglesia de Santa María Mayor. Halten Sie im Inneren nach der Säule mit

dem eingravierten westgotischen Kalender Ausschau! Am östlichen Stadtrand liegt die restaurierte Puerta de Córdoba.

Carmonas hübsche Altstadt versprüht viel andalusisches Flair.

KLEINE PAUSE

Selbst wenn Sie nicht im exklusiven **Parador** (S. 173), dem Hotel im renovierten Alcázar del Rey de Pedro, wohnen, sollten Sie hier etwas trinken. Die einstige maurische Festung ließ Pedro der Grausame im 13. Jh. zu seinem Lieblingspalast umbauen. Wer es sich leisten kann, bleibt zum Essen.

210 C3

Touristeninformation
Alcázar de la Puerta de Sevilla
☎ 954 19 09 55 www.turismo.carmona.org

Parken
Parkplätze in der Puerta de Sevilla und um die Plaza de San Fernando

Necrópolis Romana
Avenida de Jorge Bonsor 9
☎ 600 14 36 32 April–Juni Di–Sa 9–21, So 9–15, Juli–15. Sept. Di–So 9–15, 16. Sept.–März Di–Sa 9–18, So 9–15 Uhr frei

Iglesia de San Pedro
Calle San Pedro
Öffnungszeiten in der Touristeninformation erfragen
1 €

Ayuntamiento (mit Mosaik)
Calle El Salvador 2
☎ 954 14 00 11
Mo–Fr 8–15 Uhr
www.carmona.org Eintritt frei

Iglesia de Santa María Mayor
Calle Martín López de Córdoba
Mo–Sa 10–14, 17–19 Uhr, Sa nachmittags und So geschl.
inkl. Museum 3 €

9 ★★ Parque Nacional de Doñana

Was?	Feuchtgebiet mit einzigartiger Landschaft
Warum?	Die spanische Carmargue begeistert nicht nur Vogelfreunde.
Wann?	Im Oktober, wenn die Zugvögel anreisen, oder im Mai, wenn alles grünt und blüht
Wie lange?	Bis Sie einen Pardelluchs erspäht haben…
Was noch?	El Rocío besuchen, den Nachbarort mit Western-Flair
Resümee	Fantastische Fotos einer einzigartigen Landschaft

Im Parque Nacional Coto de Doñana leben auch viele Hirsche.

Der Parque Nacional de Doñana ist eines der größten Naturschutzgebiete Spaniens und eines der bedeutendsten Feuchtgebiete der Welt. Er dient als Refugium für heimische Vögel wie den bedrohten spanischen Kaiseradler, Zugvögel und eine Vielzahl von Säugetieren.

Der Park umfasst eine Fläche von rund 540 km² rund um das Delta des Río Guadalquivir, der ihn im Osten begrenzt. Nach Süden reicht er bis zur Mündung des Flusses gegenüber von Sanlúcar de Barrameda, im Westen zieht sich die Grenze von Matalascañas am Atlantik bis nach El Rocío. Das Gebiet war von jeher kaum besiedelt – zu feindlich war das Klima des Marschlandes (»marismas«), in dem bis Mitte des 20. Jh.s noch die Malaria grassierte.

Vom Jagdrevier zum Schutzgebiet

Während der El-Rocío-Wallfahrt zu Pfingsten ist kein Besuch des Parks möglich.

Der Zugang mit Hunden (außer Blindenhunden) ist verboten.

Nach der Vertreibung der Araber christianisierte Alfons X. im 13. Jh. das Gebiet und ließ Einsiedeleien errichten. Ab dem 15. Jh. nutzten es die Herzöge von Medina Sidonia als Jagdrevier. Der 7. Herzog dieses Geschlechts, Alonso Pérez de Guzmán, errichtete 1595 seiner Gattin Doña Ana inmitten des heutigen Nationalparks einen Palast, der heute ein Forschungszentrum ist. Aus dem Namen »Coto de Doña Ana« wurde im Lauf der Zeit »Coto de Doñana«. Ende des 19. Jh.s machte der englische Jäger und Naturforscher Abel

Zahllose Zugvögel überwintern hier, legen auf ihrem Weg nach Afrika eine Pause ein und gesellen sich zu den hier lebenden Arten.

Chapman auf den Vogelreichtum aufmerksam, wonach englische Eiersammler dem Ökosystem verheerend zusetzten. 1900 kaufte Sherrybaron William Garvey das Gebiet. Im Jahr 1969 gipfelten die Bemühungen von Naturschützern in der Schaffung des Parks mit einer Fläche von 370 km²; 1978 erfolgte die Erweiterung. Seit 1994 ist der Park ein Biosphärenreservat der UNESCO. Rund 300 000 Vögel ziehen jedes Jahr im Oktober aus Nordeuropa in die »marismas« und im März zurück. Vögel kann man im Nationalpark deshalb am besten im Winter beobachten. Doch auch im Sommer sind die Chancen gut, Flamingos, Störche und Greifvögel zu sehen.

Mehrere Besucherzentren regeln den Zugang zur Doñana. Das Centro de Recepción del Acebuche (Punten) ist das wichtigste und hat Ausstellungen, Souvenirs und ein Café. Hier werden Touren im Allradfahrzeugen vermittelt.

KLEINE PAUSE

Coto de Doñana eignet sich hervorragend für ein Picknick – besorgen Sie sich frisches Brot, Manchego-Käse, Serrano-Schinken und eine Flasche Rioja.

210 B2

Centro de Recepción del Acebuche
bei A-483, 5 km nördl. von Matalascañas ☎ 959 43 04 32 www.donanavisitas.es tägl. Sommer 8–15 und 16–20, Winter 16–19 Uhr Führung: 30 €, Tour mit Allradfahrzeug (ca. 80 km, 3–4 Std.) nach Reservierung

Doñana Reservas – Visitas Guiadas
Av. de la Canaliega s/n, El Rocío ☎ 959 44 24 74 www.donanareservas.com Führung (3,5–4 Std.): ab 30 €

Centro Recepción Las Rocinas
bei A-483, im südlichen Vorortbereich von El Rocío ☎ 959 43 95 69 tägl. Sommer 10–15, 16–20, Winter 9–19 Uhr

㊲ Aracena & Gruta de las Maravillas

Was?	Ein Marktflecken und eine beeindruckende Tropfsteinhöhle
Warum?	Weil es hier die schönsten dicken Hintern zu sehen gibt
Wann?	Am besten bei Hitze – dann ist die Höhle angenehm kühl.
Wie lange?	Solange Sie mögen.
Was noch?	Nach dem Besuch der Höhle geht es hoch hinauf zur Burg, wo Sie die Aussicht genießen können.
Resümee	Durch und durch sündhaft: Erst betrachten Sie die steinernen »Schinken«, dann schwelgen Sie in Jamón Ibérico.

Aracena liegt im Norden der Provinz Huelva mitten in der Sierra de Aracena, auf deren sanft geschwungenen Hügeln sich ausgedehnte Korkeichenwälder (»Dehesas«) erstrecken. Der wichtigste Touristenmagnet hier ist das 1,2 km lange Höhlensystem der Gruta de las Maravillas (Wunderhöhle); bei der 45-minütigen Führung durch die Gänge und Galerien sehen Sie bizarr geformte Stalaktiten und Stalagmiten und mehrere kleinere Seen. Beleuchtung und musikalische Untermalung verleihen der Szenerie Dramatik. Die Führungen finden auf Spanisch statt, aber die Gesteinsformationen erklären sich eigentlich von selbst. Zu den Höhepunkten der Besichtigung zählt die Sala de los Culos (Saal der Hintern), wo die Ablagerungen wohlgerundeten menschlichen Hinterteilen ähneln. In der Höhle herrschen konstant 16 bis 19 °C, und fast 100 % Luftfeuchtigkeit – ziehen Sie sich warm an!

Die Gruta de las Maravillas soll ein Schäfer im 19. Jh. entdeckt haben, als er nach verloren gegangenen Schafen suchte.

Lebendiger Marktflecken

In Aracena laden natursteingepflasterte Gassen zwischen weiß getünchten Häusern zum Bummeln ein. Dreh- und

Angelpunkt ist der Hauptplatz, die Plaza Marqués de Aracena, wo in der Regel viel los ist. Im einstigen Rathaus an der hübschen Plaza Alta befindet sich das Informationszentrum für den Naturpark Sierra de Aracena. Ganz oben auf dem Hügel kommen Sie durch das Tor aus dem 16. Jh. zur imposanten Iglesia de Nuestra Señora del Mayor Dolor (13.–15. Jh.) mit einem reich verzierten »mudéjar«-Turm; daneben steht die Ruine der ehemals maurischen Burg.

Aracena ist zudem das Zentrum des Jamón Ibérico – des edelsten, aber auch teuersten Schinkens der Welt. Hauptproduktionsort ist das 20 km westlich gelegene Jabugo. In Aracena können Sie den Schinken in einer der Bars in der Unterstadt probieren und in einem der vielen Läden kaufen. Während der Jamón Serrano vom weißen Hausschwein stammt, wird Jamón Ibérico ausschließlich vom typischerweise dunklen Weideschwein, dem Cerdo Ibérico, gewonnen, einer uralten endemischen Rasse der Iberischen Halbinsel. Wenn Sie sich auch für die geschichtlichen Hintergründe des iberischen Schinkens interessieren, sollten Sie einen Besuch im Museo del Jamón einplanen. Mit sieben Ausstellungsräumen widmet sich das Museum dieser lokalen Spezialität.

Auf www.audioguiasaracena.es können Sie sich Audioguides im MP3-Format (Spanisch und Englisch) zu den Sehenswürdigkeiten der Stadt herunterladen.

KLEINE PAUSE

Was könnte hier besser munden als ein **Picknick** mit Jamón Ibérico? Suchen Sie sich einfach ein idyllisches Plätzchen.

---

i

✈ 210 B4

Touristeninformation
✉ Calle Pozo de la Nieve, Plaza San Pedro (auch Eintrittskarten zur Gruta de las Maravillas) ☎ 663 93 78 76
🌐 www.aracena.es

Parken
Am Eingang der Stadt von der N-433 her befindet sich an der Plaza de San Pedro ein Parkplatz; bezahlt wird beim Wächter.

Gruta de las Maravillas
✉ bei der Plaza San Pedro
☎ 959 12 82 06/12 83 55
🕒 tägl. 10.30–13.30 und 15–18 Uhr; Führungen Mo–Fr stündl., Sa/So halbstündl. 🎟 9 €; Eintrittskarten im Touristenzentrum gegenüber vom Zugang zu den Höhlen, beschränkte Besucherzahlen (35 Pers. pro Tour) und Wartezeiten bis zu 2 Std.; Kombiticket Höhle, Castillo, Museo del Jamón 12 €

Museo del Jamón
✉ Calle Gran Vía s/n ☎ 663 93 78 70
🕒 Mo Fr 11.15–13.15 und 16.15–18.15, Führungen 13.45–18.45, Sa/So 11.15–13.30 und 16.15–18.30, Führungen 11.30, 12.30, 13.45, 16.30, 17.30, 18.45 Uhr 🎟 3,50 €, gratis Audioguide

Nach Lust und Laune!

38 Écija

13 Kirchen mit barocken Glockentürmen, deren bunte Kacheln in der Sonne glänzen, verleihen Écija den Spitznamen »Stadt der Türme«. Im Herzen der Kleinstadt liegt die ausgedehnte Plaza de España. Zu den bemerkenswerten Profanbauten zählen der Palacio de Peñaflor, dessen elegant geschwungene Fassade Balkone und farbenprächtige Fresken zieren; innen finden sich Stuck und Marmor. Der Palacio de Benamejí hat einen schönen »patio« und beherbergt das kleine Museo Histórico Municipal, in dem man alles über die Stadtgeschichte erfährt, sowie die Touristeninformation.

Ciudad de las Torres, Stadt der Türme, wird Écija auch genannt.

211 D3

Touristeninformation
Elvira 1 ☎ 955 90 29 33
www.turismoecija.com

Palacio de Peñaflor
Calle Castellar Mo 10–13.30 und 16.30–18.30, Sa 10–14 und 17.30–20 Uhr, So 11–14 Uhr 2 €

Museo Histórico Municipal
Palacio de Benamejí, Plaza de la Constitución 1 Juni–Sept. Di–Fr 10–14.30, Sa 10–14.30 und 20–22, So und Fei 10–15, Okt.–Mai Di–Fr 10–13.30, 16.30–18.30, Sa 10–14 und 17.30–20, So und Fei 10–15 Uhr 3 €

39 Itálica

Die Überreste der einst bedeutenden Stadt des Römischen Reiches liegen 9 km nördlich von Sevilla. Itálica wurde 206 v. Chr. nach einem Sieg der Römer über die Karthager als Militärlager gegründet. Rasch gewann die Stadt an militärischer und wirtschaftlicher Bedeutung, die Kaiser Hadrian und Trajan kamen hier zur Welt. Nur ein kleiner Teil der einst 52 ha großen Stadt liegt frei, doch lohnt sich der Besuch. Zu sehen sind das einst 3000 Personen fassende Amphitheater, die Fundamente einiger Villen sowie Mosaiken, darunter ein herrliches Neptunmotiv.

210 C3
Avenida de Extramadura 2, Santiponce ☎ 955 12 38 47 April–Juni Di–Sa 9–21, So 8–15, Juli–Mitte Sept. Di–So 9–15, Mitte Sept.–März Di–Sa 9–18, So 9–15 Uhr frei für EU-Bürger

Beeindruckend: die Ruinen von Itálica, der ersten römischen Stadt in Spanien

40 Minas de Río Tinto

Fast 5000 Jahre lang wurden am Río Tinto u. a. Eisen, Kupfer und Silber abgebaut, geblieben ist eine so bizarre Landschaft, dass sich sogar die NASA wegen der Ähnlichkeit mit den Lebensbedingungen auf dem Mars dafür interessierte. Die Hänge und Abraumhalden leuchten Rostrot, Smaragdgrün und Ocker. Im späten 19. Jh. betrieben britische und deutsche Firmen den Abbau in großem Stil. Seit 2015 baut die zypriotische Firma Atalaya Mining in kleinerem Rahmen Kupfer ab. Das Dorf Minas de Río Tinto ist nicht besonders schön, doch erzählt das Museo Minero (Bergbaumuseum) die Geschichte anhand von hervorragenden Exponaten aus Geologie, Archäologie und Sozialgeschichte. Im Rahmen einer Führung gehen Sie mit Helm und Grubenlampe durch einen 200 m langen unterirdischen Stollen. Faszinierend ist auch die 12 km lange Rundfahrt mit der 100 Jahre alten Minenbahn durch die schaurig-schöne Minenlandschaft.

210 B4

Museo Minero
Parque Minero de Riotinto, Plaza Ernest Lluch ☎ 959 59 00 25
parquemineroderiotinto.es
Mitte Juli–20. Sept. tägl. 10.30–15, 16–20, 21. Sept.–Mitte Juli nur bis 19 Uhr Museum: 5 €, Führung: 5 bis 14 €, Zugfahrt: 11 €, Kombiticket: 19 €

41 Costa de la Luz (Huelva)

Südöstlich von Huelva stehen am Mündungsgebiet des Río Odiel Fabriken und Raffinerien unvermittelt in der Landschaft. Doch gleich hinter Mazagón erstreckt sich über 30 km bis nach Matalascañas ein weitgehend unbewohnter Küstenstreifen. Den von Sanddünen und Kiefernwäldern gesäumten Strand erreicht man nur von wenigen Punkten an der Küstenstraße

Es bedarf einiger Kraft, die geschmückten Wagen bei der Wallfahrt in El Rocío vorwärts zu bewegen.

aus, hinter der sich der Parque Nacional Coto de Doñana (S. 166) erstreckt. Am bequemsten gelangen Sie bei Mazagón und Matalascañas zum Strand. In beiden Ferienorten geht es im Sommer recht hoch her, doch liegt Mazagón manchen zu nah an der Flussmündung, und in Matalascañas säumen Hotelburgen den Strand. 7 km weiter südöstlich steht der Parador de Mazagón oberhalb eines beliebten Strandabschnitts (Parkplatz). Vor dem Parador lohnt der Abstecher nach rechts zum »Pino centenario«, einer beindruckenden 300 Jahre alten Pinie. Oder Sie parken 9 km weiter am Parkplatz »Cuesta Maneli« und folgen dem angelegten Wanderweg gut 1 km durch die von Kiefern und Wacholder bestandenen Dünen bis zur abgelegenen Playa Cuesta de Maneli.

↠ 210 A3

42 El Rocío

Wer zum ersten Mal nach El Rocío inmitten des Nationalparks Doñana kommt, der glaubt sich fast in eine Wildweststadt versetzt. Breite, menschenleere Sandstraßen durchziehen das meist verschlafene Dorf mit seinen flachen, schneeweißen Häusern im Kolonialstil.

Der Ort ist das Ziel der Romería del Rocío (S. 205), einer Wallfahrt, bei der jedes Jahr an Pfingsten über eine Million »romeros« (Pilger) aus Spanien und aus dem Ausland auf die rund 800 Einwohner El Rocíos treffen, um in der Kirche Nuestra Señora del Rocío der heiligen Jungfrau von Rocío zu huldigen, die auch als »Blanca Paloma« (Weiße Taube) bezeichnet wird. Die meisten Gebäude in El Rocío gehören »hermandades«, Bruderschaften, die oft kleinere Feiern veranstalten.

↠ 210 B3

Wohin zum … Übernachten?

Preise für ein Doppelzimmer pro Nacht:

€	unter 60 Euro
€€	60–90 Euro
€€€	90–140 Euro
€€€€	über 140 Euro

ARACENA

Finca Valbono €€€

Diese Unterkunft inmitten der sanften Hügel eines Naturparks eignet sich besonders für Familien. Man kann zwischen 21 Häuschen mit Selbstversorgung oder einem der nur sechs Hotelzimmer wählen. Es gibt einen Pool, Wander- und Reitwege. Das Restaurant hat sich auf Fleischgerichte spezialisiert, serviert aber auch einige einfache Gerichte für Kinder.

210 B4 ✉ Carretera de Carboneras, Km 1
☎ 959 12 77 11 ⊕ www.fincavalbono.com

Los Castaños €€

Das elegante Hotel liegt nur wenige Gehminuten von den Höhlen entfernt und ist von vielen Geschäften, Restaurants und Bars umgeben. Die Zimmer sind modern und geräumig und verfügen über einen Balkon. Den schönsten Ausblick hat man vom Speisesaal, von wo man auf die Sierra de Aracena hinausschauen.

210 B4 ✉ Avenida Huelva 5 ☎ 959 12 63 00
⊕ www.loscastanoshotel.com

CARMONA

Parador de Carmona €€€/€€€€

Von hier aus blicken Sie über die Ebene des Río Corbones. Die Gemeinschaftsräume der Unterkunft gruppieren sich um einen zentralen »patio« im maurischen Stil, die Zimmer sind groß und luxuriös möbliert. Sie gehen entweder auf den Innenhof oder zum Tal hinaus. Wer hier kein Zimmer hat, trinkt etwas an der Bar oder isst im exzellenten Restaurant (S. 174).

210 C3 ✉ Alcázar s/n ☎ 954 14 10 10
⊕ www.parador.es

SEVILLA UND UMGEBUNG

Casual Sevilla Don Juan Tenorio €€

Die Lage dieses Hotels ist unschlagbar: Es befindet sich an einem kleinen, mit Bäumen gesäumten Platz im Herzen des Barrio de Santa Cruz. Alle 21 Zimmer spielen auf das Theaterstück »Don Juan Tenorio« an, das der Schriftsteller José Zorrilla im 16. Jh. hier angesiedelt hatte. Die Zimmer liegen auf zwei Stockwerken, sie sind frisch renoviert, einfach eingerichtet und blitzsauber.

218 C2 ✉ Plaza de los Venerables 5
☎ 955 54 44 16 ⊕ www.casualhoteles.com

Hotel Alfonso XIII €€€€

Es zählt zu den luxuriösesten Hotels der Welt: Das fünfstöckige Rokokogebäude wurde 1929 zur Expo im Neo-»mudéjar«- und andalusischen Stil erbaut. Selbst wenn man sich hier keine Übernachtung leisten kann, sollte man sich im »patio« mit vielen Pflanzen, antiken Möbeln, handbemalten Kacheln, Kristallleuchtern und Unmengen Marmor und Mahagoni zumindest einen Sherry gönnen. Die Zimmer sind nicht weniger opulent ausgestattet.

218 C1 ✉ San Fernando 2 ☎ 954 91 70 00
⊕ www.hotel-alfonsoxiii-sevilla.com

Hotel Londres €

Dieses einfache, aber gemütliche Hotel liegt in der Nähe des Museo de Bellas Artes und des Haupteinkaufsviertels. In der Umgebung gibt es zahlreiche Cafés und Restaurants, die Kathedrale ist zu Fuß in zehn Minuten erreichbar. Die Zimmer sind schlicht und zweckmäßig, einige haben Balkone. Schauen Sie nach der Gedenktafel für Manuel Machado (Dichterkollege und Bruder des berühmteren Antonio) gleich gegenüber vom Hoteleingang!

218 A3 ✉ San Pedro Mártir 1, El Arenal
☎ 954 21 28 96 ⊕ www.londreshotel.com

La Cartuja de Cazalla €€

Knapp 90 km nordöstlich von Sevilla macht das Hotel auch als Zentrum für moderne Kunst von sich reden. Das herrliche Gebäude ist ein restauriertes Kartäuserkloster aus dem 15. Jh., das wunderschön in einem Park

liegt. Vogelgezwitscher ersetzt den Fernseher. Hier sind Sie genau richtig, wenn Sie Ruhe und Erholung außerhalb der Stadt suchen. Das Hotel vermietet auch eine große Künstlerwerkstatt für Maler-, Bildhauer- oder Töpfer-Workshops.
218 A3 Carretera Cazalla-Constantina A-455, Km 3, Cazalla de la Sierra, Sevilla
☎ 684 30 27 18 www.cartujadecazalla.com
24.–26. Dez. geschl.

Wohin zum … Essen und Trinken?

Preise für ein Drei-Gänge-Menü inkl. Wein:

€	unter 12 Euro
€€	12–25 Euro
€€€	über 25 Euro

ARACENA

Restaurante Casas €€
In diesem typischen Restaurant der Sierra de Aracena ist an den Wänden nicht mehr viel Platz: Hier hängen zahllose Spiegel, Teller, religiöse Bilder, Töpfe und Pfannen unter der Balkendecke. Auf den Tisch kommen der berühmte Schinken und Schweinefleischgerichte – beste Hausmannskost.
210 B4 Calle del Pozo de la Nieve
☎ 959 12 80 44 www.restaurantecasas.es
tägl. 12–17 Uhr

CARMONA

Molino de la Romera €€/€€€
Gekonnt verbindet die Mühle aus dem 15. Jh. ihre gepflasterten Böden, Bogen und den »patio« mit modernem, freundlichem Innendesign. In der Bar, wo immer viele Studenten sitzen, gehen die Getränke und »tapas« flott über den Tresen; im Restaurant bietet die typisch andalusische Speisekarte »gazpacho«, Salate und Suppen, »tortilla«, gebratenen Fisch, Grillfleisch und vielfältige Gerichte mit Meeresfrüchten. Am Wochenende ist auch noch das Restaurant »mesón« in einem kirchenartigen Raum mit eigener Bar und Kaminfeuer geöffnet.
210 C3 Sor Ángela de la Cruz 8
☎ 954 14 20 00 www.molinodelaromera.com Di–Sa 13–16 und 20–23.30, So 13 bis 16 Uhr; 24. und 31. Dez. geschl.

Restaurante Parador de Carmona €€€
Die ehemalige Maurenfestung hat ein herrliches Ambiente, der Speisesaal mit Gewölbedecke, Lüster und Panoramablick eignet sich für besondere Gelegenheiten. Die Speisekarte ist exquisit, mit Schwerpunkt auf Wild; der Wein ist exzellent.
210 C3 Calle Alcázar s/n ☎ 954 14 10 10
www.parador.es tägl. 13.30–16 und 20.30–23 Uhr; Juli und 24. Dez. geschl.

Fürstlich speisen im Parador de Carmona

SEVILLA

Casa Robles €€
Dieses beliebte Restaurant unweit der Kathedrale hat sich auf Meeresfrüchte spezialisiert, jeden Tag kommen über ein Dutzend verschiedene Schalentiere auf den Tisch. 1954 gründeten Juan Robles und sein Vater das Lokal, inzwischen leitet Tochter Laura Robles die Geschicke und macht mit ihren zwischen Tradition und Avantgarde angesiedelten Nachspeisen von sich reden.
218 B2 Calle Álvarez Quintero 58
☎ 954 21 31 50 www.casa-robles.com
tägl. 13–16.30 und 20–1 Uhr

El Corral del Agua €€
Dieses Restaurant liegt in einer der schönsten Gassen im Herzen des Barrio de Santa Cruz. Untergebracht ist es in einem ehemaligen Palast aus dem 18. Jh., und es hat einen hübschen begrünten Innenhof. Die traditionellen Gerichte sind immer gut. Zu den

Spezialitäten zählen das Filet vom iberischen Schwein mit Traubensoße oder Ochsenschwanz nach Art des Hauses.
218 C2 Callejón del Agua 6
954 22 48 41 www.corraldelagua.es
So und 15. Nov.–12. Feb. geschl.

Habanita €€
In einer Seitenstraße im betriebsamen Viertel Alfalfa verbirgt sich in Gehweite vom Zentrum eines der wenigen Lokale von Sevilla, das auch leckere vegetarische Gerichte anbietet. Die moderaten Preise locken Studenten und Touristen an; die Speisekarte ist reichhaltig mit Schwerpunkt auf der kubanischen und mediterranen Küche. Ein paar Gerichte sind wirklich exotisch, etwa Yukka mit Knoblauch, dicke schwarze Bohnen oder »tamales«, gefüllte Teigtaschen. Fragen Sie auch nach laktosefreien Gerichten.
218 C3 Calle Golfo 3
606 71 64 56 (Handy) www.habanita.es
Mo–Sa 12–16.30 und 20.30 Uhr–spät

Patio San Eloy €
In dieser berühmten Bar gibt es genügend Kacheln für einen Mini-Alcázar; die »azulejos«-Treppen dienen als zusätzliche Sitzplätze. Das Lokal ist beliebt bei Studenten, Geschäftsleuten und ein Treffpunkt nach dem Einkaufsbummel. Neben einer großen Auswahl an »tapas« stehen dick belegte Sandwiches und »tortillas« (Omeletts) auf der Karte. Probieren Sie auch den eisgekühlten »fino« aus dem Fass!
218 B3 San Eloy 9 954 50 10 70
www.patiosaneloy.com
tägl. 11.30–23.30 Uhr

Pizzería San Marco €€
Dieses ungewöhnliche italienische Lokal ist in einem echten arabischen Badehaus untergebracht und hat ein ganz besonderes Flair. Die Speisekarte bietet eine gute Auswahl an Pizzas und Pasta, meist ist es hier brechend voll. Während man auf seinen Platz wartet, nimmt man in der zugehörigen Bar einen Drink.
218 C2 Calle Mesón del Moro 6
954 21 43 90 www.sanmarco.es
Di–So 13.30–16.30 und 20.30–0.30 Uhr

Restaurante La Cueva €€
An lauen Abenden locken gleich drei stimmungsvolle Terrassen und »patios« zum Speisen im Freien. Ockerfarbene Wände, gepflasterter Boden und Säulen runden das Bild ab, innen ist das Restaurant mit Stierkampfaccessoires ausgestattet. Die Preise sind moderat, auch für das »menú del día«; die Küche bietet solide andalusische Kost mit einigen guten Fischgerichten und einer überdurchschnittlichen Paella.
218 C2 Rodrigo Caro 18 954 56 29 80
www.restaurantelacueva.eu
Di–Sa 12.30–15.30 und 19.30–23.30 Uhr

Wohin zum … Einkaufen?

Sevilla steht für schicke Mode. Auch an edlen Geschenkboutiquen und Juwelieren sowie Keramik und traditionellem Kunsthandwerk mangelt es nicht. Huelva kann mit Sevilla in Sachen Einkaufen sicher nicht mithalten, dafür gibt es hier den besten luftgetrockneten Schinken und andere Leckerbissen, von denen man nur träumen kann.

CARMONA

Keramikprodukte finden Sie im Taller de Cerámica bei **María Jurado Pérez** (Urb. El Socorro 229, www.mariajurado.es). Wer nach typischen Produkten sucht, geht zum **Markt**, der morgens auf der Plaza de los Abastos stattfindet.

PROVINZ HUELVA

Das Einkaufsparadies von Huelva ist das mehrstöckige **Centro Comercial Aqualón**, von dessen oberstem Stockwerk man einen schönen Blick auf den Fluss genießt (Glorieta Norte, www.ccaqualon.com). Hier gibt es unterschiedliche Geschäfte, Kinos, Restaurants und Bars. In Aracena verkauft **La Trastienda de Jabugo** (Calle San Pedro 36, Tel. 959 12 71 58, latrastiendadejabugo.es) neben anderen lokalen Produkten den berühmten Jabugo-Schinken; die größte Auswahl findet man jedoch im Dorf Jabugo (S. 189). In Topgeschäften wie La Cañada de Jabugo (Carretera San Juan del Puerto-Cáceres 2, Tel. 959 12 12 07) ist die Auswahl an »jamón«, »chorizo« (würzige Dauerwürstchen) und »salchichón« (Salami) umwerfend. Auch an der Costa de la Luz gibt es Geschäfte mit dem gewissen Etwas. Zum Infozentrum des Parque Nacional Coto de Doñana, dem Centro de Recepción del Acebuche (S. 167), gehört ein Andenkenladen, der auch Kunsthandwerk anbietet.

SEVILLA

Am besten shoppen Sie in Sevilla in der Fußgängerzone links und rechts der Calle Sierpes zwischen der geschäftigen Plaza Nueva und der angrenzenden Plaza de San Francisco bis hin zur Plaza del Duque de la Victoria. Hier können Sie alles kaufen: Kleidung, Schuhe, Lederwaren, Kinderbekleidung und auch Keramik. Den letzten Schrei in Sachen Mode ersteht man bei Max Mara (Calle Rioja 18, Tel. 854 52 05 06) oder bei Zara (Plaza del Duque de la Victoria, Tel. 954 21 48 75). Purificacion García ist bekannt für seine minimalistischen Designs (Plaza Nueva 8, Tel. 954 50 11 29). Auch von einschlägigen Marken wie Mango, Blanco, Massimo Dutti, Pull & Bear gibt es mehrere Filialen.

Wer etwas typisch Spanisches möchte, findet in der Calle Sierpes mehrere Geschäfte, die sich Flamencotüchern, Schals und Schuhen verschrieben haben, wie etwa María Rosa (Calle Cuna 13, Tel. 954 22 24 87). Abseits der Calle Sierpes und westlich der Kathedrale kann man bei Artesanía Textil (García de Vinuesa, Tel. 954 21 50 88, artesania-textil.com) Fächer oder typisch andalusische Stolas erstehen. Wirklich schicke Hüte kauft man bei perfekter Beratung in der Sombrerería Maquedano (Calle Sierpes 40, Tel. 954 56 47 71).

Schmuck bester Qualität finden Sie in der Joyería Abrines (Calle Asunción 1, Tel. 954 27 42 44, www.abrines.es) und in der Joyería Casa Ruiz (O'Donnell 14, Tel. 954 22 21 37 sowie Calle Sierpes 68, Tel. 954 22 77 80). Am nördlichen Ende der Calle Sierpes befindet sich eine Zweigstelle des Kaufhauses El Corte Inglés (Plaza del Duque de la Victoria).

Völlig anders präsentiert sich der Szenemarkt mit Schmuck und Bekleidung, der mittwochs bis samstags an der Plaza del Duque de la Victoria abgehalten wird. Im La Campana (Tel. 954 22 35 70) am Nordende der Calle Sierpes können Sie bei einer großen Auswahl an leckeren Kuchen und Torten beim Shoppen pausieren.

Gut geeignet zum Einkaufen ist zudem die Calle Hernando Colón, die vom Haupteingang der Kathedrale bis zur Plaza de San Francisco verläuft und an der sich zahlreiche Andenkenläden und Bekleidungsge-

Die Calle Sierpes in Sevilla ist ein Shoppingparadies.

schäfte befinden. Im Barrio de Santa Cruz (S. 159) gibt es zwischen billigen Souvenirläden auch einige hochklassige Geschäfte, z. B. Aqua Ispal (Rodrigo Caro 16, www.aquaispal.es) nicht weit vom Real Alcázar (S. 157), eine sehr schicke Parfümerie, in der auch Accessoires zum Sortiment gehören. Wer Keramik und Kunsthandwerk sucht, sollte bei Martian Ceramics (Calle Sierpes 74, Tel. 954 21 34 13), El Postigo (Arfe, Tel. 954 56 00 13), Cerámica Nazaret (Feria 15) oder auf der anderen Seite des Flusses im Viertel Triana bei Azulejos Santa Isabel (Alfarería 12, Tel. 954 34 46 08) stöbern.

Wohin zum ... Ausgehen?

In Sevilla gibt es am Kiosk den Monatskalender »El Giraldillo« (www.elegirhoy.com), manchmal liegt er in den Touristeninformationen kostenlos aus.

NACHTLEBEN

In Sevilla gibt es jede Menge Musikbars an der Plaza de la Alfalfa ein paar Straßen östlich der Calle Sierpes. Am Westufer des Río Guadalquivir bietet die Calle del Betis am Eingang zum Viertel Triana Livemusik.

FLAMENCO

Sevilla gehört zu den großen Flamencostädten, und es gibt mehrere Lokale, in denen »spontan« getanzt wird. Hinzu kommen relativ exaltierte Shows; empfehlenswert ist das El Arenal (Calle Rodo 7, Tel. 954 21 64 92, tablaoelarenal.com), ein etabliertes Lokal mit zwei »tablaos« (S. 26) pro Nacht und einem Speisenangebot. Im Herzen des Barrio de Santa Cruz (S. 159) finden sich Los Gallos (Plaza de Santa Cruz 11, Tel. 954 21 69 81, www.tablaolosgallos.com) und El Tamboril (Plaza de Santa Cruz). Mehr Atmosphäre bietet das beliebte La Carbonería (Calle Céspedes 18, Tel. 954 22 99 45), wo oft am Donnerstag und Montag Flamenco stattfindet, selten jedoch vor 22 Uhr.

THEATER

Sevillas Teatro de la Maestranza (Paseo de Cristóbal Colón 22, Tel. 954 22 33 44, www.teatrodelamaestranza.es), etwa 200 m südlich der Stierkampfarena, bringt Opern, klassische Konzerte und Jazz auf die Bühne. Das Teatro Lope de Vega (Avenida María Luisa, Tel. 954 47 28 28, teatrolopedevega.org) zeigt Schauspiel, Musik und Tanz.

STIERKAMPF

Sevillas legendäre Arena aus dem 18. Jh., La Maestranza (Paseo de Cristóbal Colón, Tel. 954 22 45 77, www.realmaestranza.com), zeigt »corridas« von Weltrang, die immer ausverkauft sind; selbst für ein Ticket auf der sonnigen Seite muss man lange im Voraus buchen. Saison ist von Ostersonntag bis Oktober, wobei im Juni und Juli die Berühmtheiten zu sehen sind, in der übrigen Zeit auch Anfänger. Die Stierkämpfe finden am Sonntagabend statt, während der Feria de Abril (S. 205) jeden Abend. Die besten Chancen, ein Ticket zu ergattern, hat man beim Schalter direkt an der Arena oder aber online.

AKTIVITÄTEN IM FREIEN

Bei Aracena bietet die Sierra de Aracena vielfältige Möglichkeiten zum Wandern. Organisierte Unternehmungen sind relativ selten, doch hält die Touristeninformation Auskünfte über geführte Wanderungen und Radtouren bereit (www.turismosierradearacena.com).

An der Costa de la Luz (S. 171) von Huelva bietet sich im Parque Nacional Coto de Doñana (S. 166f) Gelegenheit, Vögel zu beobachten. Sie können auch an einer Tour im Auto durch den Park teilnehmen (zu buchen über Centro de Recepción del Acebuche oder Doñana Reservas, El Rocío, Tel. 959 44 24 74, www.donanareservas.com). Hoch zu Ross kann man im Rahmen eines eintägigen Ausritts durch das Marschland der Doñana ebenfalls viele Vögel sehen (zu buchen über Doñana Ecuestre, El Rocío, Tel. 674 21 95 68, www.donanaacaballo.com).

Wildromantisch: Die Sierra de Grazalema ist mit ihren Schluchten und schroffen Felsen ein verlockendes Wandergebiet.

Spaziergänge & Touren

Dörfchen in spektakulärer Landschaft und verträumte Zeugnisse der Mauren – auf diesen Ausflügen lernen Sie Andalusien näher kennen.

Seite 178–189

Granadas Albaicín

Was?	Spaziergang im alten Maurenviertel
Wann?	Am späten Vormittag: Die Morgensonne ist noch nicht zu heiß und es ist viel los – oder aber gegen Abend.
Länge	3 km
Dauer	2–3 Stunden
Start/Ziel	Plaza Nueva ⌖ 216 C2

Auf diesem Rundweg wird das alte Maurenviertel von Granada, der Albaicín, erkundet. Immer wieder bieten sich herrliche Blicke auf die Alhambra und die Sierra Nevada.

1–2

Von der Plaza Nueva spaziert man über die Plaza de Santa Ana mit der Iglesia de Santa Ana y San Gil und durch die verkehrsreiche Carrera del Darro. Rechter Hand bahnt sich der Río Darro seinen Weg. Gehen Sie die Straße entlang, und passieren Sie zunächst die maurische Puente de Cabrera, dann die Puente de Espinosa. Am Ufer gegenüber stehen die Überreste eines Tores aus dem 11. Jh., der Puerta de los Tableros, und einer Brücke, der Puente del Cadí. In der Gasse namens Bañuelo liegt links das arabische Bad El Bañuelo.

2–3

Gehen Sie auf der Carrera del Darro weiter, vorbei am Convento de Santa Catalina de Zafra, wo Sie bei den Nonnen Mandelkuchen kaufen können. Dann folgt das Museo Arqueológico (S. 88). Weiter geradeaus passieren Sie die Terrasse des Paseo del Padre Manjón, auch bekannt als Paseo de los Tristes, weil hier einst die Priester öffentlich der Gemeinde Trost zusprachen. Heute steht hier alles voller Cafétische.

3–4

Biegen Sie hinter der Bar La Fuente links ab, und gehen Sie die schmale Calle Horno del Oro hinauf. Am Ende folgen ein paar Stufen, rechts noch weitere. Überqueren Sie die nächste Gasse, und gehen Sie die Calle Valenzuela hinauf. Ganz oben führen Stufen nach links. Bei nächster Gelegenheit biegen Sie scharf rechts ab und gehen gleich darauf scharf links durch die Carril de San Augustín und oben erneut links. Links bietet sich wieder ein schöner Blick auf die Alhambra.

4–5

Folgen Sie der Gasse nun nach rechts, und gehen Sie am Convento Santo Tomás de Villanueva (Tomasas) vorbei in den Carril de las Tomasas. Sie passieren einen maurischen Ziegelbrunnen, den Aljibe de Bibalbonud, und gehen schräg rechts an der Apsis der Kirche San Salvador entlang. Die Kirche steht am Platz der früheren Moschee.

5–6

Nach dem Verlassen der Kirche halten Sie sich links und biegen links in die Calle Panaderos ein. An einem weiteren alten Brunnen, dem Aljibe de Polo, und an Läden und Bars vorbei kom-

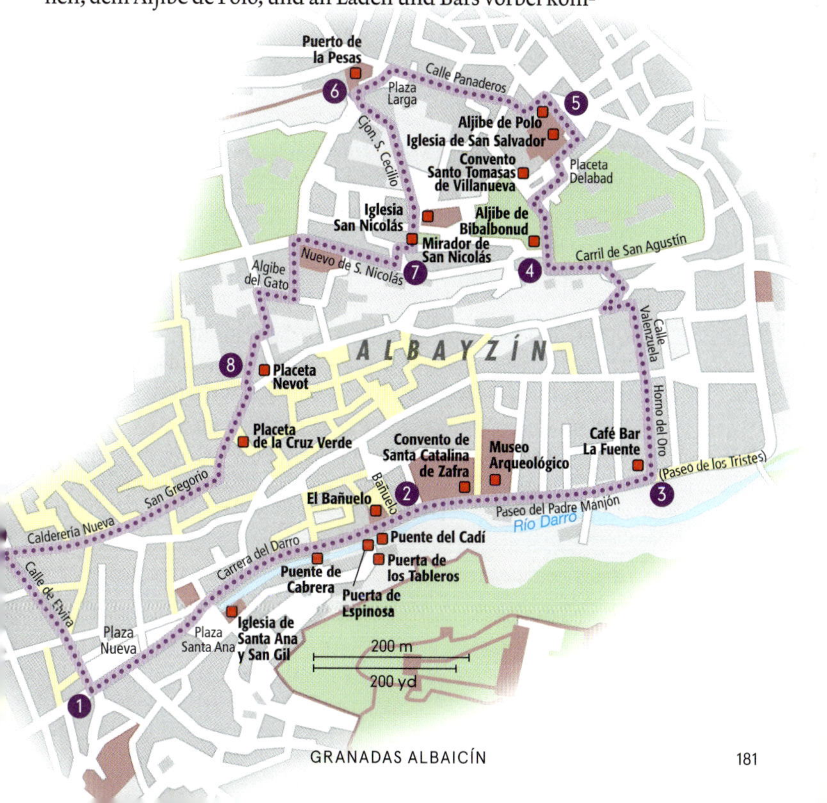

men Sie zur Plaza Larga. Am Ende des Platzes halten Sie sich links und gehen durch die Puerta de las Pesas, ein altes Tor in den Mauern der Alcazaba Vieja.

6–7

Steigen Sie hinter dem Torbogen die Stufen zur Placeta de las Minas hinauf, und biegen Sie oben links in den Calejón de San Cecilio ein. Folgen Sie der Gasse bis zur Plaza del Cementerio de San Nicolás mit der gleichnamigen Kirche. Auf der rechten Seite der Kirche befindet sich eine maurische Zisterne. Direkt vor der Kirche liegt der Mirador de San Nicolás, der bekannteste Aussichtspunkt Granadas.

Gleich zu welcher Tageszeit: Der Blick vom Albaicín auf die Granada ist fantastisch.

7–8

Gehen Sie rechts vom Mirador die Stufen hinunter, und folgen Sie der Straße nach rechts bis zum Camino Nuevo de San Nicolás. Diesem folgen Sie nach rechts und biegen links in die Cuesta María de la Miel ein. Rechts beginnt der Algibe del Gato. Nach einigen Metern verläuft der Weg zuerst links und dann rechts zur Placeta Nevot. Rechter Hand steht ein Haus im arabischen Stil mit schönem Torbogen.

8–9

Gehen Sie weiter bergab und über die Placeta de la Cruz Verde – hier erhascht man einen Blick auf die Alhambra. Wenn Sie der San Gregorio und der Caldererìa Nueva folgen, kommen Sie am »arabischen Viertel« vorbei. Biegen Sie an der Calle de Elvira links ab, um wieder zur Plaza Nueva zu gelangen.

Café-Bar-Restaurante Kiki: Plaza Cementerio de San Nicolás 9, Tel. 958 27 67 15, Do–Di 12–17 Uhr

KLEINE PAUSE

An der Plaza del Cementerio de San Nicolás können Sie sich in der **Café-Bar-Restaurante Kiki** wunderbar erholen.

Convento de Santa Catalina de Zafra
Messe, Mo–Sa 13 Uhr, So 9 Uhr

Iglesia de San Salvador
Mo–Sa 11.30–13 und 17–18.30 Uhr

Sierra de Grazalema

Was?	Autotour zu den Pueblos Blancos in herrlicher Natur
Wann?	Jederzeit, am schönsten ist die Tour jedoch, wenn die Gänsegeier nisten, denn die Autofahrt lässt sich wunderbar um eine Wanderung in der Garganta Verde ergänzen.
Länge	80 km
Dauer	4–5 Stunden
Start/Ziel	Grazalema ✣ 211 D2

Die berühmten Pueblos Blancos in der Provinz Málaga und Cádiz sind Bergdörfer mit weiß getünchten Häusern mitten im imposanten Parque Natural Sierra de Grazalema. Auf dieser Tour lernen Sie einige der schönsten Orte der Gegend kennen.

1–2

Verlassen Sie Grazalema, das unterhalb des felsigen Peñón Grande liegt, in Richtung Ronda. Die Straße schlängelt sich unterhalb von Grazalema an schroffen Felsen vorbei, dann folgen Sie den Schildern nach Ubrique (A-374). Durch die Felslandschaft der Sierra del Caillo geht es vorbei an Villaluenga del Rosario, dem höchstgelegenen Dorf der Provinz Cádiz.

2–3

Die Fahrt führt weiter durch das Tal La Manga mit Steilhängen zu beiden Seiten und Steinmauern am Rand der Klippen. Hinter einem Aussichtspunkt mit Picknickplatz macht die Straße eine scharfe Rechtskurve. Biegen Sie etwa 1 km danach rechts in das Dorf Benaocaz ab. Das Dorf, eine Maurensiedlung aus dem 8. Jh., ist ein typisches Pueblo Blanco. Rund um den Hauptplatz, die Plaza de las Libertades, sind in den gemauerten Geländerpfeilern kleine Keramikkacheln mit Wahrzeichen der Region eingelassen.

3–4

Folgen Sie weiter der Ortsumfahrung (A-374) in Richtung Ubrique. Nach rund 7 km liegt die Stadt Ubrique direkt

links unter den Felsen des Cruz de Tajo. Ab hier fahren Sie auf der A-373 in Richtung El Bosque.

4–5

Etwa 10 km später weist Sie ein Straßenschild nach rechts nach Benamahoma und Grazalema zur A-372. Die Straße windet sich über eine Strecke von rund 15 Minuten durch die massiven Felsen der Sierra del Pinar hinauf, vorbei an Benamahoma, einem hübschen Pueblo Blanco. Hier wird das maurische Erbe am ersten Sonntag im August mit einem farbenprächtigen Fest gefeiert – inklusive nachgestellter Schlachten zwischen Mauren und Christen. Weiter geht es über die A-372 mit herrlicher Aussicht auf die Kalksteinfelsen rechts. Etwa 8 km weiter geht es links ab nach Zahara de la Sierra.

5–6

Nun fahren Sie durch eine herrliche Landschaft mit Bergen, die von Kork- und Steineichen sowie Edeltannen bestanden sind, einer Koniferenart, die schon seit der letzten Eiszeit hier heimisch ist und jetzt im Parque Natural Sierra de Grazalema gedeiht. Die Straße windet sich in vielen engen Haarnadelkurven stetig bergauf bis zum Puerto de Palomas in 1357 m Höhe. Von da ab geht es genauso kurvenreich wieder hinunter. Gut 5 km unterhalb des Passes führt ein Pfad zur imposanten Schlucht Garganta Verde. Der spektakuläre Weg, bei dem man mit etwas Glück auch Geier sehen kann, darf allerdings nur mit Genehmigung begangen werden, die das Besucherzentrum erteilt. Das Mitführen von Hunden ist nicht erlaubt. Weiter in Richtung Zahara de la Sierra passieren Sie 1 km vor dem Ort die Ölmühle El Vínculo – Molino de Aceite Alojamiento Rural, die während der Öffnungszeiten besichtigt werden kann (S. 69).

6–7

Am Ortseingang von Zahara de la Sierra gibt es einige Parkplätze; es ist auch ratsam, gleich hier zu parken. Zahara ist eines der schönsten Pueblos Blancos. Das Dorf klammert sich an einen felsigen Berg, auf dem eine restaurierte Burg aus dem 12. Jh. thront. Die schmale Hauptstraße führt zur Plaza, die von der Barockkirche Santa María de Mesa beherrscht wird, außerdem gibt es einen Aussichtspunkt mit Blick auf den Embalse de Zahara, einen Stausee unterhalb des Dorfes. Zur Burg gelangt man über einen steinigen Weg vom Platz aus. Der Blick von der Brustwehr lohnt die Anstrengung.

Zur Straße oberhalb des Stausees kommen Sie am einfachsten, wenn Sie vom Parkplatz am Ortseingang in Richtung der Ölmühle El Vínculo zurückfahren und an der Abzweigung kurz davor links in Richtung Algodonales abbiegen. Nun folgen Sie zweimal rechts dem Schild in Richtung Arroyo Molinos und fahren auf der A-2300 am Stausee

Zahara de la Sierra unter der Maurenburg

entlang. Am Ende des Sees zeigt das Schild »Grazalema 10 km« in die kleine Straße, die Sie zum Ausgangspunkt zurückbringt.

Restaurante Nazarí: Calle Lavadero 12, Tel. 653 27 53 20
El Rincón de la Ermita: Calle San Juan 14, Tel. 956 12 32 16

KLEINE PAUSE

In Benaocaz kann man im **Restaurante Nazarí** in angenehmer Atmosphäre gute einheimische Gerichte essen. In Zahara de la Sierra bietet das **El Rincón de la Ermita** eine gute Auswahl an spanischen Gerichten.

Besucherzentrum
✉ El Bosque
☎ 956 70 97 33
🌐 cvelbosque@reservatuvisita.es

Anträge zur Genehmigung des Zugangs zur Garganta Verde sollten bevorzugt per E-Mail oder telefonisch gestellt werden.

Sierra de Aracena

Was?	Autotour durch eine andere Welt
Wann?	Am besten im Sommer
Länge	60 km
Dauer	2–3 Stunden (bei ausgedehnteren Aufenthalten in den Dörfern und bei den Sehenswürdigkeiten entsprechend länger)
Start/Ziel	Aracena ⌖ 210 B4

Die Sierra de Aracena ist eine ganz eigene Welt voller bewaldeter Hügel, durch die sich Straßen von einem malerischen Dorf zum anderen schlängeln. In all diesen Dörfern münden schmale Kopfsteinpflastergassen in einen zentralen Platz, auf dem im Hochsommer sogar ein Brunnen mit kristallklarem Wasser plätschert.

1–2

Verlassen Sie Aracena über die Plaza de San Pedro gleich unterhalb des Parkplatzes, und fahren Sie in Richtung Alájar nach Südwesten. Zuerst geht es eine Platanenallee entlang. Folgen Sie an der nächsten Kreuzung dem Schild nach Alájar. Wenig später beginnt die Hügellandschaft der Sierra de la Virgen. Hier kann man seine Fahrkünste unter Beweis stellen, da sich die HU-8105 kurvenreich durch Kastanien-, Eschen- und Eichenwälder windet. Schon bald können Sie einen ersten Blick auf das winzige Dorf Linares de la Sierra im Tal unten werfen. Der Ort ist einen Umweg wert. Am besten parken Sie oberhalb und spazieren zum Hauptplatz hinunter. Hier hat jedes Haus sein eigenes Mosaik vor der Tür, das aussieht wie ein Fußabstreifer.

2–3

Weiter geht es über die HU-8105, bis links der Abzweig zum Dorf Alájar auftaucht. Über dem Ort ragen die Felsen der Peña de Arias Montano empor, deren Höhlen in prähistorischen Zeiten angeblich als Behausung dienten (vor dem Ort dem Hinweis rechts folgen!). Darunter befindet sich die Ermita de Nuestra Señora de los Ángeles. Im 16. Jh. zog sich hier der Geistliche und Gelehrte Benito Arias Montano zurück. Er war der Beichtvater von Philipp II., der die Einsiedelei besuchte und in einer Höhle in der Nähe meditierte (unterhalb des heutigen Parkplatzes). Ein großer Felsen neben der Höhle trägt seitdem den Namen »Königsstuhl«.

3–4

Kehren Sie auf die HU-8105 zurück, und fahren Sie weiter bis zur Kreuzung mit der Straße von Huelva, der N-435. Gegenüber liegt das Hostal el Cruce mit einer guten »tapas«-Bar. Setzen Sie Ihre Fahrt auf der HU-8105 nach Almonaster la Real durch den Wald fort. Auf einem Abstecher kurz vor dem Dorf gelangen Sie auf einer kleinen steinigen Seitenstraße mit vielen Haarnadelkurven zum 912 m hohen Mirador del Cerro San Cristóbal. Auf dem bewaldeten Gipfel gibt es zwei Aussichtspunkte: Von dem einen blickt man zwischen Funkmasten hindurch auf Almonaster hinunter; den anderen erreicht man über einen Pfad, der am Ende der Straße abzweigt und eine atemberaubende Aussicht nach Westen auf die Sierra Pelada und im Nordosten auf die Picos de Aroche ermöglicht. Zurück an der HU-8105 erreichen Sie nach rechts gleich Almonaster. Hier finden Sie eine schöne Moschee aus dem 10. Jh., die zum Teil ins Felsgestein hineingebaut wurde. Beeindruckend sind die Hufeisenbogen aus Ziegelstein, die von vermutlich römischen oder westgotischen Säulen getragen werden – sie erinnern an die Mezquita von Córdoba. Vom Minarett kann man auf die Arena hinunterschauen. Wer das Innere der Moschee besichtigen möchte, der lässt sich im Rathaus an der »plaza« den Schlüssel geben.

Alles grünt und blüht: Frühjahr in der Sierra de Aracena.

4–5

Weiter auf der HU-8105 gelangen Sie nach 5 km zur Kreuzung mit der N-433, der Straße, die von Sevilla nach Portugal führt. Biegen Sie rechts in Richtung Aracena und Sevilla ab. Nach 7 km sollten Sie einen Abstecher nach Jabugo machen.

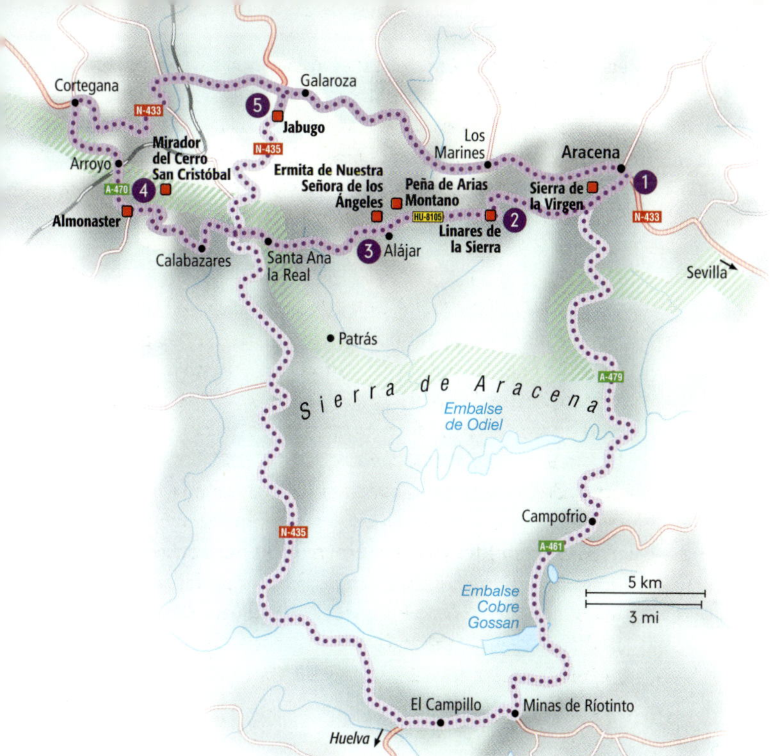

5–1

Das ruhige Dorf Jabugo ist das Zentrum der Schinkenindustrie. Sobald Sie die ersten Gebäude sehen, sollten Sie am Schild »Centro Urbano« rechts abbiegen und einen Parkplatz suchen. Spazieren Sie die Straße hinauf, und halten Sie sich links, biegen Sie abermals links ab, und gehen Sie durch die Calle Silencio zu den Wurstwarenverkäufern.

Um zurück nach Aracena zu kommen, können Sie entweder direkt über die N-433 fahren, oder aber die Tour um ca. 60 km verlängern und das Bergbaugebiet Río Tinto besuchen. Dazu verlässt man Jabugo am südlichen Ortsausgang und fährt auf der N-435 und der A-461 bis Minas de Ríotinto und nach dem Besuch weiter nach Aracena (A-461 und A-479).

KLEINE PAUSE

In Jabugo kommt in allen Lokalen leckerer Schinken auf den Tisch – die Preise könnten allerdings auf den Magen schlagen.

An der Calle Horno de Porras in Córdoba kann man in diversen Lokalen gemütlich sitzen und das Treiben auf der Straße beobachten.

Praktische Informationen

Was vor der Reise wichtig ist, wie Sie vor Ort gut zurechtkommen und viele Infos mehr erfahren Sie hier.

Seite 190–224

VOR DER REISE

Auskunft

Nützliche Webseiten

www.spain.info: Das offizielle spanische Tourismusportal informiert in vielen Sprachen über Reiseziele in ganz Spanien.

www.andalucia.org: Alles Wissenswerte rund um Andalusien. Dazu gibt es viele Tipps zur Reiseplanung und Aktivitäten vor Ort. Auch auf Deutsch.

Spanische Fremdenverkehrsämter

In Deutschland

Berlin: ✉Lichtensteinallee 1, 10787 Berlin ☎030 8 82 60 36 🌐berlin@tourspain.es

Frankfurt/M.: ✉Myliusstr. 14, 60323 Frankfurt/M. ☎069 72 50 33 oder 38 🌐frankfurt@tourspain.es

München: ✉Postfach 15 19 40, 80051 München ☎089 53 07 46 – 0 (Information unter Durchwahl -11/-12) 🌐munich@tourspain.es

In Österreich

Das spanische Fremdenverkehrsamt in Wien ist telefonisch, per E-Mail, online und per Facebook erreichbar. ☎01 512 95 80 10 🌐viena @tourspain.es, Facebook: spain.info.at

In der Schweiz

Spanisches Fremdenverkehrsamt in Zürich ✉Seefeldstr. 19, CH-8008 Zürich ☎044 2 53 60 50 🌐zurich@tourspain.es

Botschaften und Konsulate

Deutsches Konsulat in Málaga: ✉Apartado 940, 29080 Málaga (Post); ✉Edificio Eurocom, Bloque Sur, Calle Mauricio Moro Pareto, 2–5º, 29006 Málaga ☎+34 9 52 36 35 91; in dringenden Notfällen außerhalb der Dienstzeit: +34 915 57 90 00 ◔Mo–Fr 8.30 bis 12 Uhr; Telefonsprechzeiten für konsularische Angelegenheiten: Mo–Fr 8–13, Mo–Do 14.30–16 Uhr; für Passangelegenheiten: Mo bis Do 14.30–16 Uhr 🌐www.malaga.diplo.de

Österreichisches Honorarkonsulat in Sevilla: ✉Calle Cardenal Ilundaín, 18, Edificio 1–5º, 41013 Sevilla ☎+34 9 54 98 74 76 🌐consulado.austria.sevilla@gmail.com ◔Mo–Fr 10–12 Uhr

Schweizer Honorarkonsulat in Málaga: ☎+34 6 45 01 03 03 🌐Zentrale: malaga@ honrep.ch, in konsularischen Angelegenheiten: madrid@eda.admin.ch

Schweizer Botschaft in Madrid: ✉Calle Núñez de Balboa, 34A, 7º, 28001 Madrid ☎+34 9 14 36 39 60 🌐mad.vertretung@eda. admin.ch, www.eda.admin.ch

Elektrizität

Die Stromspannung liegt bei 220–240 Volt. In der Regel entsprechen die Steckdosen dem europäischen Standard. Sollten Sie dennoch einen Adapter benötigen, fragen Sie im Hotel nach!

Ermäßigungen

Studenten/Jugendliche: Bei Vorlage eines internationalen Studentenausweises erhalten sie bei den meisten Eintritten eine kleine Ermäßigung.

Kinder und Senioren: Kinder und Senioren über 65 zahlen bei vielen Sehenswürdigkeiten einen günstigeren oder gar keinen Eintritt. Unter-Vierjährige haben freie Fahrt in spanischen Zügen, und die Vier- bis Elfjährigen zahlen lediglich 60 % des Normalpreises. Für Senioren über 60 und Studenten gibt es ebenfalls verbilligte Bahntickets.

Viele Museen oder Sehenswürdigkeiten bieten an manchen Tagen in der Woche zu bestimmten Uhrzeit freien Eintritt; informieren Sie sich vor Ort! In vielen Fällen ist der Eintritt für Bürger der EU gratis, alle anderen zahlen einen eher symbolischen Preis von 1,50 €.

Feiertage

In Andalusien wird viel gefeiert. Jede Stadt und jedes Dorf ehrt einmal im Jahr seinen Schutzpatron mit einer großen Fiesta, dazu kommen kleinere Feste und die nationalen Feiertage, die landesweit begangen werden:

1. Januar	Año Nuevo - Neujahrstag
6. Januar	Epifanía del Señor, besser bekannt als Día de los Reyes - Dreikönigstag
28. Februar	Día de Andalucía – Andalusientag (regional)
April/Mai	Semana Santa - Ostern

1. Mai	Fiesta del Trabajo – Tag der Arbeit
15. August	Asunción de la Virgen – Mariä Himmelfahrt
12. Oktober	Fiesta Nacional de España – Nationalfeiertag
1. November	Todos los Santos – Allerheiligen
6. Dezember	Día de la Constitución Española – Verfassungstag
8. Dezember	Inmaculada Concepción – Mariä Empfängnis
25. Dezember	Navidad – Weihnachten

Geld und Kreditkarten

Währung: Spanien gehört zur Eurozone. Für die Schweiz gilt: 1 CHF entspricht ca. 0,86 €, 1 € entspricht ca. 1,16 CHF

Kreditkarten, Geldwechsel: Alle gängigen Kreditkarten (VISA, MasterCard und Diners Club) werden in den meisten Hotels und Geschäften akzeptiert, und die bargeldlose Bezahlung auch von kleineren Beträgen ist durchaus üblich. Nur selten ist dies erst ab einem Mindestbetrag möglich. Meist genügt die Eingabe der Pin-Nummer, in seltenen Fällen wird die Vorlage eines Ausweisdokuments (Reisepass) verlangt. Reiseschecks können in Banken oder auch Hauptpostämtern gegen eine Gebühr eingewechselt werde, hierbei müssen Sie sich aber mit einem Reisepass ausweisen. Bankautomaten gibt es auch in vielen kleinen Dörfern, allerdings kann es dort in seltenen Fällen zu Problemen bei der Aus- oder Bezahlung mit ausländischen Bankkarten kommen. Bei Ausflügen in sehr abgelegene Gegenden sollten Sie daher besser immer etwas Bargeld dabeihaben.

Sperrnummern: Der Verein Sperr-Notruf 116 116 e. V. bietet unter Tel. 116 116 (aus dem Ausland mit der Vorwahl 0049) für **Deutschland** die Sperrung elektronischer Berechtigungen wie Bank- und Kreditkarten, Handykarten und die Identitätsfunktion des neuen Personalausweises bei Verlust an. Mehr über die Funktionsweise und zur Sperr-App erfahren Sie auf der Homepage des Vereins: www.sperr-notruf.de.

Für **Österreich** gilt die Telefonnummer Tel. 0043 12 04 88 00.

Die wichtigsten Notfallnummern in der **Schweiz** sind: Tel. 0041 4 46 59 69 00 (Swisscard), 0041 448 28 31 35 (UBS Card Center), 0041 58 9 58 83 83 (VISECA), 0041 44 8 28 32 81 (Postfinance).

Gesundheit

Krankenversicherung: Deutsche oder österreichische Versicherte haben gegen Vorlage der EHIC (European Health Insurance Card) in den Einrichtungen des staatlichen Gesundheitssystems das Recht auf kostenlose medizinisch notwendige Versorgung. Private Ärzte oder Kliniken akzeptieren die EHIC nicht, hier müssen Sie die Kosten selbst tragen, sofern Sie über keine entsprechende Zusatzversicherung verfügen. Schweizer Staatsbürger und privat Versicherte reichen die Originalrechnung zu Hause bei der jeweiligen Versicherung ein. Es empfiehlt sich, zusätzlich eine private Reiseversicherung abzuschließen, die etwa auch die Kosten eines Rücktransports ins Heimatland übernimmt.

Wohin im Krankheitsfall?: Im Bedarfsfall wenden Sie sich an ein staatliches Gesundheitszentrum (Centro de Salud). Diese gibt es in den meisten größeren Ortschaften, oft haben sie eine 24-Stunden-Notaufnahme. In kleinen Orten gibt es, wenn überhaupt, nur »consultorios«, kleine Arztpraxen, die nur wenige Tage und Stunden in der Woche besetzt sind. In Städten gibt es meist ein oder mehrere Krankenhäuser (Hospital).

Barrierefreiheit: Auch in Andalusien verfügen immer mehr Hotels über Zufahrtsrampen und Lifte. Infos zu Restaurants, Unterkünften etc. finden Sie auf www.spain.info/de (Stichpunkt Praktische Informationen – Barrierefreier Tourismus).

Zahnarzt: Zahnärztliche Behandlungen sind in der Regel bar zu bezahlen. Reisekrankenversicherungen übernehmen die Kosten für Notfallbehandlungen. In den sehr touristischen Gebieten wie etwa an der Costa del Sol finden Sie auch viele deutsche bzw. deutschsprachige Zahnärzte.

Apotheken: Bei leichterem Unwohlsein können Sie, bevor Sie einen Arzt aufsuchen, zunächst in eine Apotheke (»farmacia«, erkennbar am grünen Kreuz) gehen. In der

Regel sind die Apotheker sehr kompetent und hilfsbereit und versorgen Sie mit den passenden Medikamenten. In Spanien sind mehr Medikamente frei verkäuflich als in anderen Ländern.

Trinkwasser: Das Leitungswasser wird streng kontrolliert und ist in der Regel unbedenklich trinkbar, nur geschmacklich entspricht es u. U. nicht dem gewohnten Standard. Zum Kochen oder für die Zubereitung von Babynahrung empfiehlt sich daher gekauftes Mineralwasser, je nach Vorliebe mit oder ohne Kohlensäure (»agua mineral con/sin gas«).

Sonnenenschutz: Die sonnigsten und heißesten Monate sind Juli und August, wenn die Temperaturen auf bis zu 40 °C klettern, rund um Sevilla punktuell sogar über 40 °C. Meiden Sie die Sonne über die Mittagsstunden, verwenden Sie Sonnencreme mit mindestens Lichtschutzfaktor 50, und trinken Sie ausreichend.

In Kontakt bleiben

Post: Kleinere Postämter (»correos«) sind in der Regel von 8.30 bis 14.30 Uhr geöffnet, am Samstag nur 9.30 bis 13 Uhr. Die Hauptpostämter in den Provinzhauptstädten haben durchgehend von 8.30 bis 20.30 Uhr geöffnet. Unter www.correos.es (auch auf Englisch) können Sie unter »The Post Office« das nächstgelegene Postamt inklusive Öffnungszeiten suchen. Päckchen von Spanien ins Ausland zu verschicken, ist teuer, für mehr als 2 kg fallen rund 33 € an, für bis zu 2 kg gibt es das neue Paquete Internacional light für rund 20 €.

Briefmarken (»sellos«) kriegen Sie auch am Kiosk oder in Tabakläden (»estanco«).

Telefonieren: Die Telefonnummern in Spanien bestehen einheitlich aus neun Ziffern, wobei stets alle neun Ziffern gewählt werden müssen. Festanschlüsse beginnen mit den Ziffern 9 oder 8, Handynummern mit 6, künftig auch mit 7. Kostenlose Servicenummern beginnen mit 800 oder 900, für die Anrufenden kostenpflichtig sind dagegen mit 901 oder 902 beginnende Servicenummern.

Für viele öffentliche Telefone (»teléfonos públicos«) benötigt man eine Telefonkarte (»tarjeta telefónica«), die in Postämtern und an Kiosken für 6 oder 12 € erhältlich ist.

Internationale Vorwahlnummern:
Deutschland: ☎0049
Österreich: ☎0043
Schweiz: ☎0041
Spanien: ☎0034

Handys und Smartphones: Fast überall haben Sie eine gute Netzabdeckung und G4-Empfang. Lediglich in sehr abgelegenen und/oder bergigen Gegenden kann der Empfang eingeschränkt oder gar nicht gegeben sein.

Internet und WLAN: In den meisten Restaurants, Bars und Unterkünften, aber auch in Museen oder Sehenswürdigkeiten gibt es WLAN-Zugang (»zona WiFi«), meist ist er kostenlos, manchmal müssen Sie das Passwort erfragen. Auch einige öffentliche Plätze haben »zonas WiFi«.

Notrufe

Bei allen Arten von Notfällen gilt die internationale Notrufnummer ☎112; in touristischen Gebieten werden die Anrufe auch auf Englisch, Französisch und Deutsch betreut.

Reisedokumente

Reisende aus Deutschland, Österreich und der Schweiz benötigen einen gültigen Personalausweis oder Reisepass, deutsche und österreichische Staatsbürger darüber hinaus die internationale Krankenversicherungskarte EHIC (European Health Insurance Card). Sinnvoll ist eine zusätzliche Reiseversicherung. Außerdem brauchen Sie einen gültigen Führerschein und bei Anreise mit dem eigenen Pkw den Fahrzeugschein des Pkw sowie den Nachweis über die Haftpflichtversicherung.

Reisezeit

Andalusien ist im Prinzip ein ganzjähriges Reiseziel, wobei die beste Reisezeit die Zeit von Herbst bis ins Frühjahr ist. Der Sommer hat diverse Nachteile: Speziell im Juli und August kann es sehr heiß werden. Die Gegenden um Sevilla und Córdoba zählen zu den heißesten Orten auf der Iberischen Halbinsel, in Montoro (Provinz Córdoba) wurden im Juli 2018 47,3 °C gemessen. In Sevilla-Stadt mussten die Caféhausterrassen im Freien (!) mit feinem Wassernebel gekühlt werden. Außerdem ist der August der traditionelle Reisemonat der Spanier – Hotels, Lokale und Sehenswürdigkeiten sind überfüllt, das Unfallrisiko auf den Straßen steigt.

An Ostern ist es in der Regel sonnig, aber noch nicht zu heiß. Allerdings nutzt halb Spanien die Semana Santa für einen Kurzurlaub. Viele Quartiere sind deshalb schon lange im Voraus ausgebucht.

Die Sommermonate (etwa Juni bis in den September hinein) und die Osterwoche zählen zur Hochsaison (»temporada alta«) mit entsprechend höheren Preisen.

Günstigste Reisezeiten sind April/Mai bis Anfang Juni, dann scheint meist die Sonne bei durchschnittlichen Tagestemperaturen zwischen 23 und 25 °C. Es sind noch nicht zu viele Touristen unterwegs, und die Auswahl an Unterkünften ist groß. Auch sind die Preise in der Mittel- und Nebensaison (»temoprada media« bzw. »baja«) meist niedriger. September und Oktober können herrlich sein, die Sonne scheint bis weit in den Herbst hinein. Im Winter sind die Temperaturen an der Küste und in tiefer liegenden Gebieten angenehm, in den Bergen kann es jedoch kalt werden. Auch steigt dann die Regenwahrscheinlichkeit.

Sicherheit
Spanien ist eines der sichersten Reiseländer Europas, das gilt auch für Andalusien. Allerdings treiben auch hier, vor allem an touristischen Hotspots, Trickbetrüger und Taschendiebe ihr Unwesen; schnell kann die Tasche oder der Fotoapparat entrissen, unbeaufsichtigtes Gepäck gestohlen oder das Auto aufgebrochen werden. Jedes Vergehen sollte der Polizei gemeldet werden. Erste Anlaufstellen sind alle drei Arten von Polizei, die es in Spanien gibt: die Policía Local (Ortspolizei, blau-neongrüne Uniformen, meist in den Rathäusern anzutreffen), die Policía Nacional (blaue Uniformen; Polizeidienststellen in der Regel nur in größeren Städten, Tel. 091) oder die Guardia Civil (grüne Uniformen; auch für Verkehrsdelikte zuständig, Tel. 062 oder 112).

Nationalpolizei und Guardia Civil bieten zudem die App »ALERTCOPS« für das Smartphone an. Die kostenlose App kann auf Spanisch, aber u. a. auch auf Deutsch und Englisch installiert werden. Im Notfall (Raub, Überfälle, sexuelle Gewalt) können Sie direkt mit der Polizei in Kontakt treten. Informationen gibt es unter alertcops.ses.mir.es.

Mit einigen einfachen Vorsichtsmaßnahmen lässt sich mancher Verdruss vermeiden: Lassen Sie keine Wertsachen am Strand, am Pool oder im geparkten Pkw liegen. Deponieren Sie Ihre Wertsachen im Hotelsafe, eventuell auch Scheck- und Kreditkarten.Die Sperrnummern von Handy und Kreditkarten sollten Sie stets griffbereit halten. Handtaschen und Fotoapparate tragen Sie am besten nicht über der Schulter, sondern quer über die Brust am Riemen. Außerdem sollten Sie sich nicht zu vertrauensselig auf unbekannte Personen einlassen und nachts einsame und zwielichtige Viertel meiden.

Zeit
In Spanien gelten die mitteleuropäische Sommer- bzw. Normalzeit.

Zollbestimmungen
Die Ausfuhr von Souvenirs, für welche seltene oder gefährdete Tierarten verwendet wurden, ist entweder verboten oder bedarf einer besonderen Genehmigung. Erkundigen Sie sich vor dem Kauf.

Ansonsten gelten die für Reisen innerhalb der Europäischen Union (EU) gültigen Bestimmungen. Das heißt, Sie dürfen bestimmte Waren für den persönlichen Gebrauch mitführen, solange festgelegte Höchstmengen eingehalten werden (z. B. weniger als 800 Zigaretten, 400 Zigarillos oder 200 Zigarren; weniger als 10 l Spirituosen, 20 l Likörwein, 90 l Wein oder 110 l Bier); Personen unter 18 Jahren dürfen jeweils nur rund ein Viertel der Rauchwaren und nur 1 l an alkoholischen Getränken (bei geringem Alkoholgehalt 2 l) mitführen. Geldbeträge ab 10 000 € müssen immer deklariert werden.

ANREISE

Mit dem Flugzeug
Der wichtigste und am besten mit Linien- und Low-Cost-Flügen an das europäische Flugnetz angeschlossene Flughafen Andalusiens ist der Airport Málaga-Costa del Sol. Nach Jerez de la Frontera und Sevilla gibt es Flüge aus Deutschland und der Schweiz, Reisende aus Österreich müssen auf Zürich oder München ausweichen. Almería bietet neben nationalen Flügen (Madrid, Barcelona, Alicante und Sevilla) Verbindungen nach Düsseldorf und Luxemburg. Der Flughafen von Granada-Jaén bietet ebenfalls nur nationale Flüge (Madrid, Barcelona, Bilbao und Palma de Mallorca) sowie Verbindungen nach Mailand, Paris und London.

Informationen zu allen spanischen Flughäfen finden Sie auf www.aena.es oder unter Tel. 902 40 47 04.

Málaga: Der internationale Flughafen Málaga-Costa del Sol liegt etwa 12 km südlich von Málaga. Vom Terminal T3 fährt ein **Nahverkehrszug** (Línea C-1) nach Málaga, Fuengirola, Torremolinos und Benalmádena. Der Weg zum Bahnhof ist ausgeschildert. Fahrkarten erhält man an einem Automaten am Ende der Fußgängerbrücke. Tickets gibt es auch im Zug, sie sind dort aber teurer. Der erste Zug nach Málaga fährt um 7 Uhr, danach halbstündlich bis 24 Uhr (Fahrzeit 12 Min.). Von 7 bis 24 Uhr verkehrt alle 30 Minuten ein **Bus** der Línea A Express zwischen dem Flughafen und der Stadt Málaga (3 €, Fahrzeit 15 Min.). Ziel im Zentrum ist die Plaza del General Torrijos. Die Fahrt mit dem **Taxi** in die Innenstadt von Málaga kostet zwischen 18 und 30 €, nach Marbella bis zu 60 €. Registrierte (weiße) Taxis stehen am Flughafenausgang. Mit dem **Pkw** folgen Sie der Beschilderung »San Julián/N 340 Málaga«. Am nächsten Kreisverkehr lenkt Sie das blaue Schild auf die Stadtautobahn MA-21 in Richtung Málaga. Je nach Verkehrslage sind sie in rund 30 Minuten im Zentrum bzw. am Hafen.

Sevilla: Der Flughafen von Sevilla liegt etwa 12 km vom Zentrum entfernt. Von 5.20 bis 1.15 Uhr fährt stündlich der **Bus** Línea EA (Especial Aeropuerto) in die Innenstadt (4 €). Ein **Taxi** kostet 20–31 €. Mit dem **Pkw** sind Sie der blauen Beschilderung in Richtung Sevilla (A-4) folgend in gut 20 Minuten im Zentrum.

Granada: Der Aeropuerto Federico García Lorca liegt etwa 20 km westlich der Innenstadt von Granada. Von 5.45 bis 22.30 fährt alle 1–2 Stunden die **Buslinie 0245** vom Flughafen ins Zentrum (2,90 €). Ein **Taxi** ins Zentrum (Busbahnhof) kostet ca. 21–24 €.

Almería: Der Airport von Almería befindet sich 10 km östlich der Stadt. Der **Bus**, Linie 30, verkehrt zwischen dem Flughafen und der Innenstadt (Rambla de Belén) etwa alle 70 Minuten, von 7.10 bis 22.10 Uhr. Ein **Taxi** zur Puerta de Purchena kostet etwa 20 bis 25 €.

Mit der Bahn
Sie können über Basel, Genf, Lyon und Portbou nach Barcelona und weiter nach Málaga fahren oder die Strecke über Madrid wählen; nach Sevilla verkehrt von dort der Hochgeschwindigkeitszug AVE. Auf 24 bis 30 Stunden Reisezeit sollten Sie sich einstellen. Es ist außerdem schwierig, für die Züge innerhalb Spaniens von Deutschland aus Platzkarten oder gar Liege- bzw. Schlafwagen zu reservieren (www.bahn.de).

Information zu allen Zugverbindungen innerhalb Spaniens finden Sie unter www.renfe.com (auch auf Englisch) und Tel. 912 32 03 20.

Málaga: Der Hauptbahnhof (Estación de María Zambrano) von Málaga liegt westlich des Hafens in Nähe des Zentrums. Mit dem **Nahverkehrszug** (Línea C-1) kommen Sie zum Alameda Centro in der Innenstadt. Mehrere **Buslinien** verkehren bis Alameda Principal.

Sevilla: Vom Hauptbahnhof (Estación de San Justa) fährt die **Metro**-Linie 1 zur Avenida Carlos V; von der Haltestelle »Puerta de Jerez« sind es fünf Gehminuten bis zur Kathedrale. Ein **Taxi** zur Kathedrale kostet etwa 8 € plus 2 € für Gepäck. Im **Touristeninformationsbüro** können Sie Hotelzimmer buchen.

Granada: Der Hauptbahnhof an der Av. de Andaluces liegt etwa 1,5 km von der Innenstadt entfernt. **Mehrere Buslinien** verkehren zwischen dem Bahnhof und der Gran Vía de Colón und Los Reyes Católicos im Zentrum. **Taxifahrten** kosten etwa 6 € bis Los Reyes Católicos.

Almería: Der Bahnhof und der Busbahnhof haben an der Plaza de la Estación einen gemeinsamen Zugang (Estación Intermodal Almería). Zu Fuß sind es etwa 700 m in Richtung Meer zur Av. Federico García Lorca (Rambla de Belén).

Córdoba: Der Hauptbahnhof liegt etwa 1,7 km nordwestlich der Mezqita. **Bus** Nr. 3 fährt über die Plaza de las Tendillas bis zur Mezquita. **Taxis** hierher kosten 6 €.

Mit dem Bus

Die Deutsche Touring GmbH (Eurolines, www.eurolines.de) unterhält regelmäßige Direktverbindungen von vielen deutschen, österreichischen und Schweizer Städten u. a. nach Málaga und Sevilla. Von der Schweiz aus finden Sie Busverbindungen auf dem Vergleichsportal www.checkmybus.ch. Auch die spanische Busgesellschaft Alsa bietet Fahrten von Deutschland, Österreich und aus der Schweiz nach Andalusien an (www.alsa.es). Die Busse sind bequem und klimatisiert, die Preise jedoch teils höher als die eines Low-Cost-Flugs (z. B. von Frankfurt/M. nach Sevilla einfache Strecke 140–160 €), und bis zu 1,5 Tage Fahrzeit im Bus muss man mögen.

Málaga: Der Busbahnhof (estabus.malaga.eu, Tel. 952 35 00 61) liegt auf der Nordseite des Bahnhofs am Paseo de los Tilos. Für Zug- und Busverbindungen ins Stadtzentrum siehe »Mit der Bahn«.

Sevilla: Sevilla hat zwei Busbahnhöfe. Der internationale Busbahnhof (www.autobusesplazadearmas.es, Tel. 955 03 86 65), an dem auch Busse aus anderen Teilen Spaniens ankommen, liegt an der Plaza de Armas am Ufer des Guadalquivir; Busse aus Andalusien fahren zum Prado de San Sebastián (Tel. 955 47 92 90) nördlich der Plaza de España.

Granada: Der Busbahnhof (Tel. 902 42 22 42) liegt rund 3 km nördlich des Zentrums an der Av. de Juan Pablo II. Der Stadtbus SN1 und SN2 fahren ins Zentrum. Ein Taxi ins Zentrum kostet 7–8 €.

Córdoba: Der Busbahnhof (www.estacionautobusescordoba.es, Tel. 957 40 40 40) befindet sich neben dem Bahnhof in der Av. Vía Augusta. Bus Nr. 3 verbindet den Busbahnhof mit der Innenstadt. Ein Taxi kostet rund 5 €.

Mit dem Auto

Nach Andalusien kann man über Metz, Tours, Bordeaux, San Sebastián, Burgos, Salamanca und Cáceres fahren oder über Freiburg i. B., Dijon, dann durch das Rhone-Tal nach Montpellier und weiter über Barcelona, Valencia und Murcia. In beiden Fällen sind für die einfache Strecke rund 140 € Mautgebühr für Autobahnen in Frankreich und Spanien fällig. Wegen der langen Strecke (z. B. Frankfurt/M.–Sevilla ca. 2300 km) sollte die Anreise auf zwei bis drei Tage aufgeteilt werden.

Routenplaner mit Kostenberechnung (Benzin und Maut) finden Sie auf www.adac.de oder www.viamichelin.es.

UNTERWEGS IN ANDALUSIEN

Bahn

Alle großen Städte Andalusiens sind mit der Bahn erreichbar. Der Hochgeschwindigkeitszug AVE fährt nach Córdoba, Sevilla und Málaga. Betreiber ist die RENFE (Red Nacional de Ferrocarril de España). Die Zugverbindungen zwischen den Großstädten sind in der Regel pünktlich, schnell und bequem.

Züge zwischen kleineren Städten und auf dem Land sind erheblich langsamer, dafür hat man oft eine schöne Aussicht. Auf dem Land können die Bahnhöfe mehrere Kilometer vom Zentrum entfernt liegen, und es stehen nicht immer öffentliche Verkehrsmittel zur Verfügung, sodass man gegebenenfalls auf ein Taxi angewiesen ist.

Auf der Homepage der **RENFE** (auch auf Englisch) können Sie Bahnverbindungen heraussuchen und online buchen (www.renfe.com). Dort finden Sie auch Informationen zu Fahrplan-Apps für das Smartphone. Die Servicenummer der RENFE lautet Tel. 912 32 03 20.

Cercanías (Nahverkehrszüge) verbinden Städte und Vorstädte, manchmal fahren sie bis in die Provinzhauptstadt. Sie sind schnell und preiswert. **Media Distancia** (Regionalzüge) verkehren zwischen den Großstädten und sind ebenfalls schnell und bequem. Die **Hochgeschwindigkeitszüge** AVE (Tren Alta Velocidad) fahren von Madrid nach Córdoba und Sevilla.

Auf den Hauptstrecken ist es vor allem in der Hauptsaison ratsam, **Plätze** zu reservieren. **Fahrkarten** und Platzreservierungen halten Reisebüros mit dem RENFE-Zeichen bereit. In den Bahnhöfen muss man aus einem Automaten mit der Bezeichnung »Venta anticipada« eine Nummer ziehen, die dann am Schalter aufgerufen wird.

Bus

Mit einem dichten, von mehreren Busgesellschaften betriebenes Busnetz kommen Sie in alle großen und viele kleinere Städte Andalusiens. Im Allgemeinen sind die Busse pünktlich, bequem und zuverlässig; Intercity-Busse haben eine Klimaanlage. Die Preise liegen etwa 25 % unter denen der Bahn. Besonders auf dem Land sind Busse oft schneller als Züge und fahren mehr Ziele an.

Je nach Strecke und Saison sollten Sie die **Fahrkarten** möglichst einen Tag im Voraus kaufen. Besonders morgens, an Wochenenden und in der Ferienzeit ist der Andrang groß.

In den meisten Bahnhöfen gibt es einen zentralen Fahrkartenschalter. **Málaga** ist eine Ausnahme, hier kauft man bei der Gesellschaft Alsina Graells Fahrkarten ins Landesinnere, bei Automóviles Portillo Tickets in die Küstenregion.

An Sonn- und Feiertagen verkehren erheblich weniger Busse. Gepäck wird im Kofferraum verstaut. Kleinere Gepäckstücke finden unter dem Sitz Platz.

Mit dem Auto

Fahrten in die Innenstädte sollten Sie möglichst vermeiden. Viele Altstadtkerne (»centro histórico«) sind für den privaten Fahrzeugverkehr gesperrt, wo nicht, verderben engste Gassen und viele Einbahnstraßen den Spaß. An gelb markierten Stellen ist das Parken verboten, gebührenpflichtige Parkplätze sind blau gekennzeichnet, bezahlt wird am Parkscheinautomaten. Außerhalb der Großstädte fährt es sich relativ stressfrei. Halten Sie sich auf kleinen Straße möglichst rechts – spanische Autofahrer schneiden gern einmal die Gegenfahrbahn an. Staugefahr besteht vor allem auf der **N-340** entlang der Küste.

Es besteht **Anschnallpflicht**, auch auf den Rücksitzen. Die **Promillegrenze** liegt bei 0,5. Beim **Linksabbiegen** außerhalb der Ortschaften gibt es oft eine eigene Fahrspur, auf der Sie zunächst nach rechts abbiegen und dann die Hauptstraße nach links kreuzen. Sehr oft trifft man auf Kreisverkehre. Beachten Sie, dass beim Einfahren die Fahrzeuge im Kreisverkehr Vorfahrt haben. Zwei **Warndreiecke**, **Ersatzglühbirnen** sowie **Warnwesten** für alle Mitfahrer sind mitzuführen.

Die **Geschwindigkeitsbegrenzung** liegt auf zweispurigen Autobahnen bzw. Schnellstraßen bei 120 km/h, auf National- und Landstraßen bei 100 km/h, teilweise auch bei 90 km/h. In der Stadt sind 50 km/h erlaubt, in Wohngebieten 30 km/h. Es ist angeraten, sich an die Vorschriften zu halten. Es finden – besonders in der Ferienzeit – viele Verkehrskontrollen statt, die Strafen sind empfindlich hoch (bis zu 20 km/h Überschreitung 100 €, danach je nach Schwere 300 bis 600 €); bei Bezahlung innerhalb von 20 Kalendertagen bekommen Sie 50 % Rabatt.

Treibstoff gibt es als »Gasolina sin plomo« (bleifrei) 95 und 98 Oktan und »Gasóleo A« (Diesel), manchmal auch Biodiesel. Tankstellen akzeptieren in der Regel Kreditkarten. Das Mitführen von gefüllten Ersatzkanistern ist verboten.

In Spanien gibt es zwei Arten von Autobahnen: die gebührenfreien **Autovías** (z. B. A-7) und die mautpflichtigen **Autopistas** (z. B. AP-7). Die Maut kann bar oder per Kreditkarte bezahlt werden.

Mietwagen

Zum Mieten eines Fahrzeugs müssen Sie mindestens 21 Jahre alt und im Besitz einer Kreditkarte sein. Manche Vermieter verlangen von Führerscheinneulingen mindestens ein bis zwei Jahre Fahrpraxis.

Zur Ferienzeit empfiehlt sich bereits von Deutschland aus eine **Reservierung** etwa bei Budget (Tel. 01806 217711; 0,20 €/Min. aus dem deutschen Festnetz, Mobilfunk max. 0,60 €/Min.; www.budget.de) oder Europcar (www.europcar.de).

An Flughäfen und Bahnhöfen stehen von örtlichen Verleihfirmen preiswertere **Mietwagen** bereit, etwa von Rentacarspain (www.rentacarspain.com) mit Niederlassungen in Málaga und Sevilla.

Bei der Fahrzeugübernahme sollten Sie den Zustand des Autos prüfen und alle Schäden sofort melden. Prüfen Sie insbesondere, ob die Warnblinkanlage funktioniert und ob es für alle Mitfahrer Warnwesten gibt.

Im Fall einer **Panne** wende man sich an die Notfallnummer der Autovermietung oder an den Straßendienst. Schalten Sie die Warnblinkanlage ein und stellen Sie unbedingt ein Warndreieck auf; alle Insassen müssen beim Verlassen des Fahrzeugs außerhalb von Ortschaften eine Warnweste tragen. Wenn Sie mit dem eigenen Wagen unterwegs sind, sollten Sie sich an die Richtlinien Ihrer Versicherung oder Ihres Automobilclubs halten.

Das Mietauto wird mit dem **gleichen Grad der Tankfüllung** zurückgegeben, wie man es übernommen hat.

Taxi

In Andalusien sind Taxis mit einem Taxameter ausgestattet. Die Preise liegen weit unter dem Niveau von Westeuropa. Außerhalb der Städte, nachts sowie an Sonn- und Feiertagen sind die Preise höher. Gepäck ist manchmal extra zu bezahlen.

Fahrrad

Besonders die milden Temperaturen im Winter eignen sich gut für Radreisen in Andalusien. Allerdings kommt es immer wieder zu schweren Unfällen mit Pkws. Das Tragen eines Fahrradhelms ist Pflicht. Viele Informationen zu Radreisen finden Sie auf www.andalusienradreisen.com, www.eurobike.at oder www.radweg-reisen.com.

ÜBERNACHTEN

In diesem Reiseführer finden Sie ausgewählte Übernachtungsmöglichkeiten, die Spanne reicht von »paradores« (staatlichen Top-Hotels) bis hin zu familiären »hostales«, Pensionen. In den Touristenhochburgen an der Costa del Sol empfiehlt es sich, lange im Voraus zu buchen.

Preise für ein Doppelzimmer pro Nacht:

€	unter 60 Euro
€€	von 60–90 Euro
€€€	von 90–140 Euro
€€€€	über 140 Euro

Zimmersuche: Wenn Sie erst vor Ort nach einem Zimmer suchen, wenden Sie sich an die Touristeninformationen. Diese halten Übersichten mit Zimmern verschiedener Kategorien bereit und fragen auch telefonisch an. Oder Sie suchen sich ein Zimmer über einschlägige Plattformen wie www.booking.com oder www.airbnb.com. Wenn Sie mit Kindern reisen, sollten Sie das Hotel beim Buchen informieren. Nur wenige Hotels erlauben das Mitbringen von Haustieren; informieren Sie sich bei der Buchung.

Ein- und Auschecken: Beim Einchecken müssen Sie einen Pass vorlegen. Die Rezeption füllt das Anmeldeformular aus. Hotelzimmer sind bis zwölf Uhr zu räumen, Pensionen oft schon um elf Uhr. Sagen Sie auch rechtzeitig Bescheid, wenn Sie frühmorgens abreisen möchten! Hotels bewahren Gepäck bis zum Abend auf und kümmern sich auch um ein Taxi.

ÜBERNACHTUNGSMÖGLICHKEITEN

Paradores

»Paradores« sind teuer, aber meist etwas Besonderes. Oft handelt es sich um umgebaute Burgen, Schlösser oder Klöster, die ihren historischen Charakter bewahrt haben, jedoch wie ein Top-Hotel mit Bädern, Klimaanlage und allem Luxus ausgestattet sind. Oft findet man hier schöne Antiquitäten und echte Kunstwerke vor. In Andalusien gibt es 16 »paradores«. (Online-)Reservierung empfiehlt sich über www.parador.es.

Hotels

Die Hotels in Spanien sind vom Tourismusministerium mit einem bis fünf Sternen (»estrellas«) klassifiziert.

Fünf-Sterne-Hotel: absoluter Luxus mit voll ausgestatteten Zimmern (WiFi, TV, Telefon), Tennisplatz, Schwimmbad, Fitnesscenter und einem eigenen Abendprogramm.
Vier-Sterne-Hotel: nicht ganz so luxuriös, aber dennoch hervorragend ausgestattet.
Drei-Sterne-Hotel: preiswerter, aber mit TV und Klimaanlage.
Zwei- und Ein-Sterne-Hotel: sehr preiswert, aber mit unterschiedlichem Standard; am besten lässt man sich das Zimmer zeigen. Wegen der unterschiedlichen Standards sollte man sich beim Buchen genau über Lage und Ausstattung der jeweiligen Häuser informieren.

Viele Hotels bieten Familienzimmer mit – gegen einen Zuschlag – Zusatzbetten an.

Hostales

»Hostales« sind oft hübscher als billige Hotels und sollten nicht mit Jugendherbergen verwechselt werden. Es handelt sich um einfache Unterkünfte mit ein bis zwei Sternen. Viele Zimmer haben ein eigenes Bad, sind nett eingerichtet und trotzdem preiswert. In Andalusien gibt es viele charmante »hostales«, die meist im historischen Zentrum liegen. Im Gegensatz zu einem Hotel haben viele keine Bars oder Restaurants.

Pensionen

Zwischen einem »hostal« und einer »pensión« besteht kein großer Unterschied. Oft haben Pensionen allerdings ein Gemeinschaftsbad. Die Zimmer sind meist einfach eingerichtet. Bettwäsche und Handtücher werden gestellt, Toilettenartikel nicht. In der Regel gibt es einen Speiseraum.

Preisgünstige Unterkünfte

Camas (»habitaciones«): Zimmer in Privathäusern oder Lokalen und »ventas« (S. 202) zugehörig, oft mit Gemeinschaftsbad; meist hängt ein Schild im Fenster, auf dem »camas y comidas« (Betten und Essen) steht. Eine »fonda« ist ein kleiner Gasthof, der eine einfache Unterkunft anbietet.
Jugendherbergen (»albergues juveniles«): liegen ein Stück vom (historischen) Stadtzentrum entfernt. Während der Ferien sind sie oft voller Gruppen von Schulkindern – und eigentlich eher zu meiden.

Zelten

In Andalusien gibt es viele hervorragende Campingplätze. Sie werden regelmäßig von der Tourismusbehörde inspiziert und je nach Ausstattung in **vier Kategorien** eingeteilt: L (Luxus), erste, zweite und dritte Klasse. Selbst der einfachste Campingplatz muss 24 Stunden beaufsichtigt und eingezäunt sein, Trinkwasser zur Verfügung stellen, eine Erste-Hilfe-Station, Toiletten, Duschen und Feuerschutz aufweisen. Heißwasser ist manchmal extra zu bezahlen. Wildes Campen an Stränden ist verboten und wird mit einem Bußgeld belegt.

Saisonzuschläge

Je nach Jahreszeit ist mehr oder weniger zu berappen, ebenso wirkt sich die Ausstattung auf den Preis aus. In beliebten Ferienorten wie an der Costa del Sol ist in der Osterwoche (»Semana Santa«) im Juli und August Hochsaison (»temporada alta«), was die Preise um bis zu 25 % steigen lässt. In Wintersportorten in der Sierra Nevada ist im Winter Hochsaison. In der Nebensaison (»temporada media« und »baja«) findet man viele günstige Schnäppchen, und auch die »paradores« werben dann manchmal mit Sonderpreisen – solche Angebote können sehr attraktiv sein.

An Feiertagen und während der lokalen »fiestas« wie der »Feria de Abril« in Sevilla findet man schwerer eine Unterkunft und muss auch mehr Geld ausgeben.

ESSEN UND TRINKEN

Das Klima, die Lage am Meer, aber auch das fruchtbare Land tragen dazu bei, dass in Andalusien eine Vielzahl Köstlichkeiten auf den Tisch kommt. Schwertfisch (»pez espada«), Miesmuscheln (»mejillones«), Herzmuscheln (»berberechos« und »almejas) und frische Sardellen (»boquerones«) sind ein Genuss für jeden Freund von Meeresfrüchten.

Zicklein (»choto«) und Kaninchen (»conejo«) erfreuen den Fleischesser. Dazu gibt es wunderbares Gemüse je nach Saison: glänzend rote Paprikaschoten, grünen Mangold oder leuchtend orangefarbene Kürbisse.

Preise für ein Drei-Gänge-Menü inklusive Wein und Service:

€	unter 15 Euro
€€	5–40 Euro
€€€	über 40 Euro

Wann isst man was?
Das **Frühstück** (»desayuno«) gibt es etwa von 8 bis 10 Uhr, und es ist eher schlicht: Meist besteht es aus Kaffee und geröstetem Weißbrot bzw. Baguette (»tostada«), das mit Olivenöl oder zerdrückter Tomaten mit Öl und Knoblauch (»tomate y aceite«) bestrichen wird. Eine süße Alternative sind die spiralförmigen »churros«, ein Schmalzgebäck, das in den Kakao getunkt wird, oder »magdalenas« (kleine Biskuits). Die Kaffeeauswahl ist in den normalen Bars überschaubar, aber ausreichend: Sie können wählen zwischen dem kleinen, starken, schwarzen »café solo«, dem in größeren Tassen oder Gläsern servierten Milchkaffee (»café con leche«) oder einem »café cortado«, einem kleinen, starken Kaffee mit etwas Milch. Wenn Ihnen der Kaffee zu stark ist, bestellen Sie einen schwächeren »americano« oder einen »descafeinado«, einen koffeinfreien.

Das **Mittagessen** (»almuerzo«) gibt es zwischen 13.30 und 16.30 – Sie werden in den wenigsten Restaurants außerhalb dieser Zeiten etwas zu essen bekommen. Meistens werden drei Gänge serviert. Den Anfang machen eine Suppe oder ein Salat. Der andalusische Klassiker ist der »gazpacho«. Für den Hauptgang hat man die Wahl zwischen Fisch oder Meeresfrüchten oder Fleisch und Gemüse. Zum Nachtisch gibt es häufig »flan«, eine Art Karamellpudding, Eis (»helado«) oder Obst. Viele Restaurants bieten ein preiswertes Tagesmenü (»menú del día«) an.

Zum Bier, Sherry oder dem kalten Weißwein zwischendurch gibt es in der Regel eine kleine **»tapa«**.

Das **Abendessen** (»cena«) nehmen die Spanier zwischen 20.30 und 23 Uhr ein, im Sommerurlaub kann es durchaus auch mal 24 Uhr oder noch später werden. Je nach Vorlieben fällt es mehr oder weniger üppig aus. Einige Restaurants bieten auch abends preiswerte Menüs an.

Die Küche Andalusiens
Das wohl bekannteste andalusische Gericht ist der **»gazpacho«**, eine kalte Suppe aus Tomaten, Gurken, Paprika, Knoblauch, Brot, Essig und Olivenöl – die ideale Mahlzeit an heißen Tagen. Die dickflüssigere Variante heißt in Córdoba »salmorejo«, in der Gegend um Málaga »porra antequerana«. »Ajo blanco« ist eine gekühlte Suppe aus Mandeln, Knoblauch und Trauben.

Als »tapa« oder kleine Zwischenmahlzeit beliebt ist die **»tortilla española«** (oder »tortilla de patata«), das spanische Eieromelett mit Zwiebeln und Kartoffeln. Eine »tortilla francesa« ist dagegen ein einfaches Omelett ohne weitere Zutaten.

Bei rund 800 km Küstenlinie kommen natürlich reichlich **Fisch** (»pescado«) und **Meeresfrüchte** (»mariscos«) auf den Tisch. Am schönsten isst man in den **»chiringuitos«** direkt am Strand, z. B. über dem offenen Feuer gegrillte Sardinen (»boquerones«). Manche Strandbuden sind günstiger als richtige Restaurants, andere scheinen den Meerblick noch auf den Preis draufzuschlagen. Bei sehr beliebten »chiringuitos« ist ohne Reservierung kein Tisch zu kriegen. Die »paella« stammt eigentlich aus der Region Valencia, gehört aber zum Sommerurlaub einfach dazu. Die Urform besteht aus Reis mit Huhn und Kaninchen, weißen und grünen Bohnen, es gibt sie aber auch mit Fisch und Meeresfrüchten und in vielen anderen Varianten.

Zu den beliebtesten **Fleischgerichten** (»carne«) zählen Schweinelende (»lomo de cerdo«), Kotelett (»chuletas«), würzige Würstchen (»chorizo«) und Jungschwein (»cochinillo«). Berühmt für köstlichen luftgetrockneten Schinken (»jamón serrano«) sind die Alpujarras, der als Delikatesse gehandelte »jamón ibérico« kommt aus der Gegend um Jabugo in der Provinz Huelva.

Salate (»ensalada«) sind meist eine Mischung von Kopfsalat (»lechuga«), Tomaten (»tomate«) und Zwiebeln (»cebolla«). Je nach Saison gibt es Gerichte mit Gemüse (»verdura«) wie Champignons in Knoblauchsauce mit Petersilie oder Spargel mit Rührei.

Neben Eis oder Karamellpudding (»flan« bzw. »crema catalana«) stehen Milchreis (»arroz con leche«), Vanillepudding (»natillas«) und frisches Obst als Nachtisch hoch oben in der Beliebtheitsskala.

Lokale

In Andalusien gibt es für jeden kleinen oder großen Hunger das passende Lokal. **»Ventas«** sind ländliche Restaurants, die herzhafte Hausmannskost anbieten. Arbeiter zählen genauso zu den Gästen wie Businessleute und am Wochenende Familien aller Schichten. **»Chiringuitos«** sind kleine Strandbuden am direkt am Meer, in denen Fisch, Meeresfrüchte oder auch Fleisch vom Grill oder Paella auf den Tisch kommen.

Die Auswahl an **Cafés** und **Bars** ist riesig. In den »tascas« hat man sich auf »tapas« spezialisiert, in »bodegas« können Sie Wein und Sherry vom Fass probieren.

Besonders an der Küste gibt es einfach alles, vom **Fastfood-Restaurant** über **Ethnolokale** bis hin zu schicken **Restaurants** mit internationaler Cuisine. Spanische Restaurants punkten vor allem mit Meeresfrüchten, Wild und Fleischgerichten.

»Teterías« sind Teeläden im marokkanischen Stil mit einer Riesenauswahl an Kräutertees (»infusiones«), zu denen arabisches Gebäck gereicht wird.

Trinkgeld

Eine viel diskutierte Frage ist die nach dem Trinkgeld: Theoretisch ist Trinkgeld nicht üblich und fällt meist auch eher mager aus, d. h., es werden ein paar Münzen liegengelassen. Praktisch sollten Sie es so halten wie zu Hause: Geben Sie das, was Sie für den Service für angemessen halten.

Getränke

Bier (»cerveza«) ist in Spanier beliebter, als man es vermuten mag. Das spanische Bier ist recht süffig, mit teils über 5 % Alkohol aber relativ stark. Für ein frisch gezapftes Bier bestellen Sie eine »caña«, die meist im eisgekühlten Glas serviert wird. Wenn Sie es weniger hochprozentig mögen, probieren Sie eine »clara«, ein Radler mit süßem Sprudel, oder die leckere Variante »clara con limón«, Bier mit Zitronenlimo. »Cervecerías« sind Bierkneipen, in denen es viele Sorten vom Fass und aus der Flasche gibt.

Aus der Region La Rioja kommen die wohl bekanntesten **Weine** Spaniens, es gibt aber noch 40 weitere, teils exzellente Weinregionen im Land. Für Rotwein bestellen Sie »vino tinto«, für Weißwein »vino blanco«. Sehr einfach ist in der Regel der Hauswein (»vino de la casa«). Beliebte Sommergetränke sind die **Sangría**, eine köstliche, aber hochprozentige Mischung aus Rotwein, Cognac, Likören und Limonade mit Orangen- und Zitronenstückchen, und **»tinto de verano«**, Rotwein mit »gaseosa«, einer Art süßem Sprudel. Der süße Wein aus Málaga (D. O. Málaga, Sierras de Málaga und Pasas de Málaga) wird aus Muskatellertrauben gekeltert, die in der Gegend um Axarquia wachsen. Ein beliebter Aperitif ist **Sherry** (»fino«, »manzanilla«, »amontillado«, »oloroso«).

Cocktails und Spirituosen sind in Spanien erheblich billiger als in den meisten anderen Ländern. Für viele Spanier gehören ein »brandy« oder ein »anis« schon zum Morgenkaffee.

An **nichtalkoholischen Getränken** mit Kohlensäure steht die übliche Palette zur Auswahl. Lecker sind Obstsäfte (»zumos«) und »Bitter Kas«, der geschmacklich dem Campari ähnelt. Etwas Besonderes ist eine eiskalte »horchata«, ein süßes, aus der »chufa«, der Erdmandel, hergestelltes milchiges Getränk.

EINKAUFEN

In den Großstädten und mondänen Ferienorten finden sich schicke Designerboutiquen neben Geschäften, in denen etwa traditionelle Flamencokleider verkauft werden. Jede Region hat auch ihre eigenen »alaferías« (Töpfereien) und »talleres«

(Handwerksbetriebe), in denen farbenprächtige Keramik, Stoff, Lederarbeiten und Silberwaren gefertigt werden. All diese Gewerbezweige gehen auf die Mauren zurück. Die typischen Delikatessen Andalusiens findet man in Weinläden und Feinkostgeschäften und natürlich auf den Märkten.

Mode
In Málaga, Sevilla, Córdoba, Cádiz und auch in Ferienorten wie Marbella oder Puerto Banús ist die Auswahl an Bekleidungs- und Schuhgeschäften groß. Sie können hier alles kaufen, von Top-Designermode von Armani oder Gucci bis hin zu erschwinglicherer, aber dennoch schicker Mode, Sport- und Strandkleidung. An der Costa del Sol finden sich viele Schmuckgeschäfte, doch sollte man sich mit Schmuck auskennen. Renommierte Juweliere haben sich in den Einkaufsmeilen der Städte niedergelassen.

Souvenirs
Überall in Andalusien bekommt man Souvenirs, vom bedruckten T-Shirt bis hin zu Keramik. Um die Hauptsehenswürdigkeiten einer jeden Stadt werden in vielen kleinen Läden Andenken aus Massenproduktion feilgeboten, etwa um die Mezquita von Córdoba oder im Viertel Santa Cruz von Sevilla. Edleres und authentischeres Kunsthandwerk lässt sich aber durchaus finden. Die Hauptstraßen und Uferpromenaden am Meer sind von Andenkenläden gesäumt, dazu kommen in der Hauptsaison noch fliegende Händler mit billigen Souvenirs.

Antiquitäten und Kunst
Um interessante Stücke spanischer Herkunft zu finden, sollten Sie in den entsprechenden Geschäften stöbern, die sich im Zentrum der Großstädte angesiedelt haben, beispielsweise in Granada und Sevilla.

Kunsthandwerk
Die **Keramik** aus Andalusien wird höchsten Ansprüchen gerecht, vor allem in Zentren wie Úbeda (S. 124ff) und Níjar (S. 102). Besonders die farbenprächtigen Kacheln, die auf die Mauren zurückgehen, haben es zu Ruhm gebracht. In Córdoba findet man auch schöne **Leder**- und filigrane **Silberwaren**, während Granada sich als Zentrum für **Intarsienarbeiten** einen Namen gemacht hat. In der Bergregion von Andalusien, vor allem in den Alpujarras (S. 93) und in der Sierra de Grazalema (S. 61) werden Stoffe und traditionelle Kleidung wie Ponchos angeboten, dazu kleine Läufer und Bettüberwürfe, »jarapas«.

Kulinarisches
Die Bergregionen der Alpujarras in der Provinz Granada und die Sierra Morena bei Sevilla sind bekannt für ihren **»jamón serrano«** und **»jamón ibérico«** (luftgetrockneter Schinken). In Dörfern wie Trevélez (S. 95) in den Alpujarras, in Aracena (S. 168f) und Jabugo (Provinz Huelva) in der Sierra Morena gibt es Läden, die ausschließlich Schinken und Wurst verkaufen.

Die großen »bodegas« von Jerez de la Frontera (S. 48ff) bieten ihre eigene **Sherry**-Marke an, ebenso El Puerto de Santa María (S. 63) und Sanlúcar de Barrameda (S. 62). In den größeren Städten und in den Weinbaugebieten steht in Spezialgeschäften eine endlose Auswahl an Sherry, Wein und Likör – oft bekommt man sogar eine Kostprobe.

Kaufhäuser
Am bekanntesten ist **El Corte Inglés**, eine Ladenkette mit Niederlassungen u. a. in Sevilla, Granada, Córdoba, Málaga und an der Costa del Sol. In Málaga erreicht das Kaufhaus gigantische Dimensionen mit Fachabteilungen für alles Mögliche.

Märkte
Die Märkte in der Stadt und auf dem Land bieten frische Lebensmittel. Zudem gibt es hier auch immer eine Menge zu sehen. Im der Regel hat jeder Ort einmal in der Woche einen Wochenmarkt (»mercadillo«).

Dorfläden
Die Tante-Emma-Läden in den Dörfern verkaufen alles, Töpferei und Strohhüte, Gewürze und Lebensmittel, bunte Schals und Krawatten. Alles kostet hier nur einen

Bruchteil von dem, was in den Städten verlangt wird, überdies bekommt man spanische Waren und keinen Touristenkitsch.

Öffnungszeiten

Die meisten **Geschäfte** in Andalusien sind von 9 bis 14 Uhr und von 16.30 bis 20.30 Uhr geöffnet, und zwar von Montag bis Samstag, was allerdings recht flexibel gehandhabt wird. In den großen **Kaufhäusern** und **Einkaufszentren** kann man durchgehend montags bis samstags von 10 bis 22 Uhr einkaufen. In den touristischen Gebieten wie etwa der Costa del Sol haben im Sommer viele **Supermärkte** auch sonntagvormittags, große Zentren gar sonntags ganztags geöffnet.

Banken haben in der Regel montags bis freitags von 8.30 bis gegen 13 oder 14 Uhr geöffnet.

Die Öffnungszeiten von **Museen** und **Sehenswürdigkeiten** wechseln von Sommer zu Winter, manchmal gibt es auch eine Zwischensaison (Frühjahr und Herbst) mit anderen Zeiten.
Meist gelten im Sommer längere Öffnungszeiten, wegen der heißen Temperaturen kann es in Andalusien aber auch passieren, dass im Sommer nur eingeschränkt geöffnet wird. Nicht selten wechseln die Öffnungszeiten auch von Jahr zu Jahr – alle Angaben in diesem Reiseführer entsprechen daher zwar dem Stand bei Drucklegung, können sich aber ändern.

Zahlungsmöglichkeiten

In den größeren Städten werden Kreditkarten in fast allen Läden angenommen. Auf dem Land im Prinzip auch, aber fragen Sie im Zweifel vorher besser nach!

Etikette

Auch die Andalusier stöbern gern in Geschäften, und so kann man es auch als Tourist halten. Um Missverständnisse zu vermeiden, sollte man aber beim Verkaufspersonal rückfragen, bevor man Waren aus den Regalen nimmt. In schicken Designerboutiquen wird jeder Kunde in der Regel sofort persönlich betreut, und man geht von ernsten Kaufabsichten aus. Meiden Sie aufdringliche Bauchladenverkäufer in Ferienorten!

Die besten Märkte

Fisch: Sanlúcar de Barrameda (S. 62), Almería (S. 96ff).
Fisch, Fleisch, Obst und Gemüse: Cádiz (S. 58f), Málaga (S. 55ff).
Kleidung und Haushaltswaren: Fuengirola (S. 53f), Córdoba (S. 116ff).

AUSGEHEN

In Andalusien ist das Unterhaltungsangebot groß. In den größeren Städten gibt es Kinos, an der Costa del Sol finden sich Spielkasinos. Auch wer gern in der freien Natur etwas unternimmt, kann sich in unzählige Aktivitäten stürzen. Kinder kommen in den Vergnügungsparks (S. 163) auf ihre Kosten.

Nachtleben

Vor allem an der Costa del Sol, aber auch in den großen Städten geht die Post ab. Viele **Nachtclubs** öffnen erst um 22 oder 23 Uhr ihre Pforten, erst ab drei oder vier Uhr ist richtig was los.

Kinos gibt es in allen größeren Städten. Die meisten ausländischen Filme werden synchronisiert. Kinos in Málaga, Fuengirola und Marbella zeigen auch Filme in der Originalversion.

In ganz Andalusien kann man gute **Flamencoshows** (S. 24ff) sehen.

Besondere Veranstaltungen

Festivals sind ein wichtiger Bestandteil des Lebens in Andalusien; die meisten finden zwischen Ostern und Juni statt (S. 205).

Die **Stierkampfsaison** dauert von Ostern bis Oktober, an der Costa del Sol bis November. Hotels bieten oft organisierte Stierkampfbesuche mit Transfer an. Einheimische buchen für so renommierte Arenen wie in Sevilla, Granada, Córdoba, Málaga und Ronda die Tickets lange im Voraus. Die Preise können hier bei bis zu 140 € liegen, Billigtickets kosten 15 €. Selbst für die »novilladas« an der Costa del Sol muss man zwischen 30 und 60 € berappen (s. auch S. 22f).

Aktivitäten im Freien

Die Atlantikküste zwischen Gibraltar und Cádiz, vor allem aber Tarifa (S. 63), ist zum Paradies für **Wind- und Kitesurfer** avanciert. Außerdem kann man hier **tauchen, Wasserski fahren** und **paragleiten**. Spaß macht es auch, vom Boot aus bei Gibraltar und Tarifa **Delfine** zu beobachten.

An der Costa del Sol sind viele **»Golfdörfer«** entstanden. Generell muss man frühzeitig reservieren, besonders wenn man ein Zertifikat erwerben will. Die Gebühren schwanken und sind besonders auf schicken Golfplätzen enorm hoch (s. auch S. 71). Auskunft erteilt die **Real Federación Andaluza de Golf** (Sierra de Grazalema 33-5-1B, Málaga, Tel. 952 22 55 90, rfga.org).

In der beeindruckenden Bergwelt Andalusiens gibt es viele Möglichkeiten für einen Abenteuerurlaub: Sie können durch die Alpujarras (S. 93ff), durch die Sierra de Grazalema (S. 61) und durch die Sierras de Cazorla und Segura (S. 132f) **wandern**. Außerdem werden organisierte **Reitausflüge** und **Radtouren** angeboten. In vielen Flüssen kann man **angeln**. Infos erteilt die **Spanische Anglervereinigung** (Tel. 915 32 83 53, www.fepyc.es). Wer das große Abenteuer sucht, geht zum **Klettern**, **Paragleiten** oder **Hängegleiten**.

VERANSTALTUNGSKALENDER

Auf dem andalusischen Festkalender stehen Festivals, »fiestas« und »ferias«. Die »fiesta« war zunächst ein Feiertag auf dem Land, die »feria« ein ländlicher Jahrmarkt mit Pferden und Stieren, wobei sich dieser Charakter auch in den Großstädten gehalten hat. Hinzu kommen religiöse Feste. Die Andalusier sind dafür bekannt, dass sie viel feiern. »Jeder Tag ist wie ein Feiertag«, kommentierte der Brite Richard Ford im 19. Jh. seine erste Begegnung mit der Sonne und den Spaniern. »Es liegt an der Sonne«, rief der Politiker und Schriftsteller Benjamin Disraeli aus, als er im Jahr 1830 nach einer Krankheit erstmals nach Andalusien reiste – und in der hiesigen Sonne sofort genas.

Februar
Karneval: Zu Beginn der Fastenzeit finden beeindruckende Faschingsveranstaltungen in Cádiz und Málaga statt, jedoch auch in Córdoba, Carmona, Nerja und vielen anderen Dörfern und Städten.

März/April
Semana Santa: In der Karwoche vor Ostern sind in allen größeren Städten Prozessionen.

April
Feria de Abril: In Sevilla findet etwa zwei Wochen nach Ostern die farbenprächtigste »feria« Spaniens statt.

Mai
Feria del Caballo: Prächtiger Pferdemarkt mit Pferdeschauen und Reitvorführungen (Jerez de la Frontera, Anfang Mai).
Moros y Cristianos: Nachgestellte Schlachten zwischen Mauren und Christen (Pampaneira, Las Alpujarras, 3. Mai).
Fiesta de los Patios: Viele Privatpatios in Córdoba sind geöffnet (Anfang Mai).
Romería del Rocío: Bedeutendste Wallfahrt in Spanien (El Rocío, 7. Woche nach Ostern).
Feria de Primavera: Weinfest in Puerto de Santa María (letzte Maiwoche).
Feria de la Manzanilla: Weinfest von Sanlúcar de Barrameda (letzte Maiwoche).
Corpus Christi: Prozessionen und Feierlichkeiten vielerorts (Ende Mai/Anfang Juni).

Juni
Feria de San Bernabé: Opulentes Fest in Marbella (2. Juniwoche).
Fiestas Patronales de San Antonio: »Schlachten« zwischen Mauren und Christen (Trevélez, Las Alpujarras, 13./14. Juni).
Moros y Cristianos: Fest in Mojácar (10. Juni).
Internationales Gitarrenfestival Córdoba: In zwei Wochen im Juni/Juli.

Juli
Internationales Musik- und Tanzfestival: In der Alhambra (Granada, Ende Juni/Anfang Juli).
Virgen de la Mar: Sommerfest in Almería (letzte Juliwoche).

August
Feria de Málaga: Fröhliches Sommerfest in Málaga (Mitte August).

Pferderennen von Sanlúcar de Barrameda: Pferderennen am Strand von Sanlúcar (zweite Augusthälfte).
Feria de Grazalema: Dorffest von Grazalema mit Stierjagden (letzte Augustwoche).
Fiestas Patronales San Augustín: Mojácar-Fest (letzte Augustwoche).

September
Fiesta de la Vendimia: Wichtigstes Weinfest in Jerez de la Frontera (1./2. Woche im September).
Romería del Cristo de la Yedra: Fest von Baeza (7. September).
Feria y Fiestas de Pedro Romero: Flamenco und Stierkämpfer in Kostümen aus dem 18. Jh. in der Arena von Ronda (erste Septemberhälfte).

Oktober
Fiesta de San Miguel: Fest in Úbeda und anderswo (1. Oktober).
Feria de San Lucas: Wichtigstes Fest in Jaén (Mitte Oktober).

SPRACHE

In Andalusien wird Hochspanisch (»castellano«) gesprochen, allerdings mit teilweise erheblichem Dialekt, der sich vor allem durch das Weglassen von Konsonanten bemerkbar macht. Besonders in sehr ländlichen Gebieten kann es Ihnen selbst mit guten Spanischkenntnissen passieren, dass Sie kein Wort verstehen. In touristischen Gebieten kommen Sie in der Regel mit Englisch gut weiter, aber es freut die Spanier, wenn man zumindest ein paar Brocken Spanisch beherrscht.

Immer zu gebrauchen

Ja/nein	**Sí/no**
Bitte	**Por favor**
Danke	**Gracias**
Keine Ursache/gern	**De nada / con mucho gusto**
Hallo	**Hola**
Auf Wiedersehen	**Adiós**
Bis dann!	**Hasta luego!**
Guten Morgen (bis 12 Uhr)	**Buenos días**
Guten Tag (nach 12 Uhr)	**Buenas tardes**
Guten Abend	**Buenas noches**
Wie geht's?	**¿Qué tal?**
Wie viel kostet das?	**¿Cuánto vale?**
Tut mir Leid	**Lo siento**
Verzeihung	**Perdone / disculpe**
Ich würde gern ...	**Me gustaría ...**
Offen	**Abierto**
Geschlossen	**Cerrado**
Heute	**Hoy**
Morgen	**Mañana**
Gestern	**Ayer**
Montag	**Lunes**
Dienstag	**Martes**
Mittwoch	**Miércoles**
Donnerstag	**Jueves**
Freitag	**Viernes**
Samstag	**Sábado**
Sonntag	**Domingo**

Nach dem Weg fragen

Ich habe mich verlaufen.	**Me he perdido.**
Wo ist ...?	**¿Dónde está ...?**
Wie komme ich ...?	**¿Cómo se va ...?**
... zur Bank	**... al banco**
... zur Post	**... a la oficina de correos**
... zum Bahnhof	**... a la estación de trenes**
Wo sind die Toiletten?	**¿Dónde están los servicios?**
Links	**a la izquierda**
Rechts	**a la derecha**
Geradeaus	**todo recto**
An der Ecke	**en la esquina**
An der Ampel	**en el semáforo**
An der Kreuzung	**en la intersección / en el cruce**

Im Notfall

Hilfe!	**¡Socorro!/¡Ayuda!**
Könnten Sie mir bitte helfen?	**¿Podría ayudarme, por favor?**
Sprechen Sie Deutsch/ Englisch?	**¿Habla alemán/ inglés?**
Ich verstehe (Sie) nicht.	**No comprendo/ no entiendo.**

Ich spreche kein Spanisch.	**No hablo español.**
Könnten Sie bitte einen Arzt rufen?	**¿Podría llamar a un médico, por favor?**

Übernachten

Haben Sie ein Einzel-/Doppelzimmer?	**¿Le queda una habitación individual/doble?**
mit/ohne Bad/WC/Dusche	**con/sin baño propio/aseo propio/ducha propia**
Ist das Frühstück inbegriffen?	**¿Incluye el desayuno? ¿El desayuno está incluido?**
Kann ich das Zimmer ansehen?	**¿Puedo ver la habitación?**
Ich nehme das Zimmer.	**Me quedo con esta habitación.**
Den Schlüssel für Zimmer …, bitte.	**La llave de la habitación …, por favor.**
Danke für Ihre Gastfreundschaft.	**Muchas gracias por la hospitalidad.**

Zahlen

1	**uno**
2	**dos**
3	**tres**
4	**cuatro**
5	**cinco**
6	**seis**
7	**siete**
8	**ocho**
9	**nueve**
10	**diez**
11	**once**
12	**doce**
13	**trece**
14	**catorce**
15	**quince**
16	**dieciséis**
17	**diecisiete**
18	**dieciocho**
19	**diecinueve**
20	**veinte**
21	**veintiuno**
22	**veintidós**
30	**treinta**
40	**cuarenta**
50	**cincuenta**
60	**sesenta**
70	**setenta**
80	**ochenta**
90	**noventa**
100	**cien**
200	**doscientos**
300	**trescientos**
400	**cuatrocientos**
500	**quinientos**
600	**seiscientos**
700	**setecientos**
800	**ochocientos**
900	**novecientos**
1000	**mil**

Im Restaurant

Ich würde gern einen Tisch reservieren.	**Me gustaría reservar una mesa.**
Haben Sie einen Tisch für zwei Personen, bitte?	**¿Tienen una mesa para dos personas, por favor?**
Würden Sie uns bitte die Speisekarte bringen?	**¿Nos podría traer la carta, por favor?**
Die Rechnung, bitte.	**La cuenta, por favor.**
Bedienung inklusive	**Servicio incluido**
Frühstück	**el desayuno**
Mittagessen	**el almuerzo/la comida**
Abendessen	**la cena**
Kellner/Kellnerin	**camarero/camarera**
Vorspeise	**las entradas/los entremeses**
Hauptgericht	**el plato principal**
Nachspeise	**el postre**
Tagesgericht	**plato del día**
Tagesmenü	**menú del día**
Rechnung	**la cuenta**

Speisekarte

aceituna	**Olive**
ajo	**Knoblauch**
alcachofa	**Artischocke**
almejas	**Muscheln**
almendras	**Mandeln**
anguila	**Aal**
arroz	**Reis**
atún/bonito	**Thunfisch**
bacalao	**Kabeljau**
berenjena	**Aubergine**

bistec/filete	**de carne Steak**
bocadillo	**Art belegtes Baguette**
boquerones	**Sardellen**
calamares	**Tintenfisch (gegrillt)**
caldo	**Fleischbrühe**
callos	**Kutteln**
cangrejo	**Krebs**
cebolla	**Zwiebel**
cerdo	**Schweinefleisch**
cerezas	**Kirschen**
cerveza	**Bier**
champiñones	**Champignons**
chorizo	**würziges Würstchen**
chuleta	**Kotelett**
churros	**frittiertes Gebäck**
ciruela	**Pflaume**
cochinillo asado	**Spanferkel**
codorniz	**Wachtel**
conejo	**Kaninchen**
cordero	**Lamm**
crema (nata)	**Sahne**
criadillas	**Hoden**
crudo	**roh**
endibia	**Chicorée**
ensalada (mixta)	**(gemischter) Salat**
ensaladilla rusa	**Art Kartoffelsalat**
espárragos	**Spargel**
espinaca	**Spinat**
fideos	**Nudeln**
filete	**Filet**
flan	**Karamellpudding**
frambuesa	**Himbeere**
fresa	**Erdbeere**
fruta (de temporada)	**Früchte (der Saison)**
galleta	**Keks**
gambas	**Shrimps**
garbanzos	**Kichererbsen**
gazpacho andaluz	**kalte Gemüsesuppe**
grosellas	**rote/schwarze Johannisbeeren**
guisantes	**Erbsen**
habas	**Saubohnen**
helado	**Eis**
hígado de oca	**Gänseleber**
huevos fritos/ revueltos	**Spiegelei, Rührei**
jamón	**Schinken**
judías verdes	**grüne Bohnen**
jugo	**Bratensaft**
langostino	**Languste**
leche	**Milch**
lechuga	**Kopfsalat**
legumbres	**Hülsenfrüchte**
lengua	**Zunge**
lenguado	**Seezunge**
liebre	**Hase**
lomo de cerdo	**Schweinelende**
manzana	**Apfel**
mariscos	**Meeresfrüchte**
mejillones	**Miesmuscheln**
melocotón	**Pfirsich**
melón	**Melone**
merluza	**Seehecht**
mero	**Zackenbarsch**
morcilla	**Blutwurst**
pan	**Brot**
pato	**Ente**
pepino	**Gurke**
pepinillos	**Essiggurken**
pera	**Birne**
perejil	**Petersilie**
pez	**Fisch (allgemein)**
pez espada	**Schwertfisch**
pescado	**(Speise-)Fisch**
pimientos	**roter/grüner Paprika**
piña	**Ananas**
plátano	**Banane**
pollo	**Huhn**
puerro	**Lauch**
pulpo	**Tintenfisch**
queso	**Käse**
rape	**Seeteufel**
riñones	**Niere**
salchicha	**Würstchen**
salchichón	**Hartwurst**
salmonete	**Meerbarbe**
solomillo de buey	**Rinderfilet**
sopa	**Suppe**
tocino	**Speck**
tortilla española	**Omelett mit Kartoffeln**
tortilla francesa	**Omelett natur**
trucha	**Forelle**
verduras	**grünes Gemüse**
zanahorias	**Karotten**

Reiseatlas

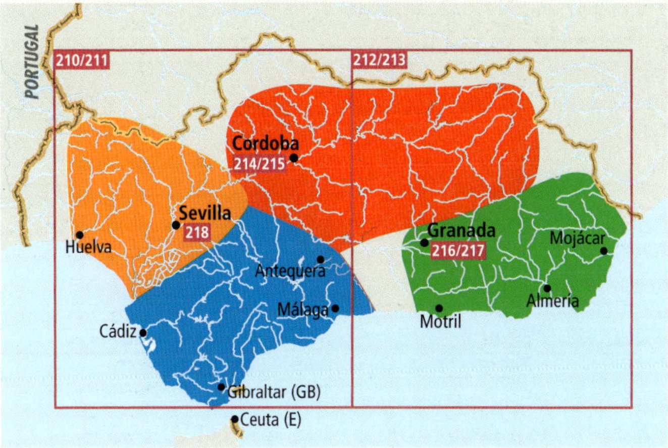

Legende

- A-7 Autobahn
- A-381 Schnellstraße
- A-369 Fernstraße
- A-2226 Hauptstraße
- Nebenstraße
- Straße in Bau
- Straße, nicht befestigt
- Fahrweg
- Fußweg
- Fähre, Bootsverbindung
- Staatsgrenze
- Provinzgrenze
- Naturparkgrenze
- Internationaler Flughafen
- Regionaler Flughafen
- Burg, Kastell; Ruine
- Kloster; Kirche, Kapelle
- Sehenswürdigkeit
- Archäologische Stätte
- Sendemast; Windkraftanlage
- Höhle; Leuchtturm
- Berggipfel; Pass, Joch
- Skigebiet
- Windsurfing; Jachthafen
- Badestrand
- 2 ★★ TOP 10
- 11 Nicht verpassen!
- 15 Nach Lust und Laune!

1 : 1 700 000

0 10 20 km

0 5 10 mi

A
B
C
Redondo
Almendral
Almendralejo
Palomas
la Reina
Zalamea de la Serer
Alconchal
Barcarrota
Los Santos de Maimona
Villafranca de los Barros
Hornachos
Campillo de Llerena
Reguengos de Monsaraz
Zafra
Barragem Alqueva
Villanueva del Fresno
Jerez de los Caballeros
Sierra Morena
Usagre
Valencia de las Torre
Amareleja
Fregenal de la Sierra
Llerena
Azuaga
PORTUGAL
Sobral da Adiça
Monesterio
Guadalcanal
Pias
Alanis
Rosal de la Frontera
Cortegana
Galaroza
Aracena
Santa Olalla del Cala
Cazalla della Sierra
Sierra de Aracena
Santa Bárbara de Casa
37
El Pedroso
Paymogo
Minas de Río Tinto
40
Castilblanco de los Arroyos
Calañas
Nerva
Tharsis
Las Nieves
Lora del Río
Valverde de Camino
Cantillana
Villanueva del Río y Minas
Villanueva de los Castillejos
Brenes
Aznalcóllar
La Algaba
6
La Rinconada
Carmona
Trigueros
La Palma del Condado
Itálica
39
Camas
SEVILLA
Gibraleón
Tomares
Mairena del Alcor
San Juan de Aznalfarache
3
Ayamonte
Huelva
Bollullos
Rociana
Mairena del Aljarafe
Alcalá de Guadaíra
Real de António
Lepe
Moguer
Almonte
Coria del Río
Dos Hermanas
Isla Cristina
Punta Umbría
Arahal
Utrera
El Rocío
42
Mazagón
Río Guadalquivir
Los Palacios y Villafranca
Costa de la Luz
41
El Coronil
Matalascañas
Parque Nacional de Doñana
9
Lebrija
Las Cabazas de San Juan
Bornos
Villamartín
Sanlúcar de Barrameda
17
Arcos de la Frontera
Prado del Rey
Golfo de Cádiz
Chipiona
7
16
JEREZ DE LA FRONTERA
Parque Natur
Ubrique
Rota
18
El Puerto de Santa María
Cádiz
Puerto Real
12
San Fernando
Alcalá de los Gazules
Chiclana de la Frontera
Medina Sidonia
Oceano Atlântico
Conil de la Frontera
Vejer de la Frontera
19
Barbate
Los Barrios
Algeciras
Tarifa
Estrecho de Gibr
N-435
N-432
EX-101
A-66
N-433
N260
A-49
H-31
A-497
A-4
A-92
AP-4
SE-40
A-384
A-382
A-381
A-48
N-340
1
2
3
4
5

D
E
F
Puertollano
Calzada de Calatrava
Eazatortas
Santa Eufemia
Belalcázar
Hinojosa del Duque
Paraleda de Zaucejo
La Serena
Mestanza
Solana del Pino
Viso del Marqués
Santa Cruz de Mudela
Almuradiel
Conquista
Pedroche
Alacaracejos
Pozoblanco
La Granjuela
Peñarroya-Pueblonuevo
Villanueva de Córdoba
Fuencaliente
Bélmez
Fuente Obejuna
Cardeña
La Carolina
Embalse de Puente Nuevo
Baños de la Encina
Villaviciosa de Córdoba
El Vacar
Marmolejo
Montoro
Andújar
Bailén
Linares
Baeza
Mengíbar
Lopera
Medina Azahara
CÓRDOBA
Bujalance
Porcuna
Almodóvar del Río
Posadas
Palma del Río
Río Guadalquivir
Torredonjimeno
Jaén
Mancha Real
Martos
Huelma
Castro del Río
La Rambla
Montilla
Baena
Alcaudete
La Campana
Écija
Aguilar de Frontera
Zuheros
Cabra
Priego de Córdoba
Alcalá la Real
Torre Cardela
Puente Genil
El Rubio
Lucena
Rute
Iznalloz
Marchena
Estepa
Casariche
Encinas Reales
Iznájar
Montefrío
Arahal
La Puebla de Cazalla
Osuna
La Roda de Andalucia
Alameda
Embalse de Iznájar
Pinos-Puente
Maracena
Atarfe
GRANADA
Morón de la Frontera
Archidona
Loja
Huétor Tájar
Santa Fé
Malá
Armilla
El Saucejo
Campillos
Alhama de Granada
Olvera
Teba
Antequera
Puerto de las Pedrizas
Sierra de Almijara
Durcal
Algodonales
El Chorro
Ardales
Colmenar
Vélez de Benaudalla
Arriate
Álora
Vélez-Málaga
Otivar
Grazalema
El Burgo
Ronda
Rincón de la Victoria
Torrox
Motril
Parque Natural Sierra de Grazalema
Parque Natural Sierra de las Nieves
Alozaina
Cártama
Coín
Torre del Mar
Nerja
Almuñécar
Torrenueva
Alhaurín de la Torre
MÁLAGA
Alhaurín el Grande
Mijas
Torremolinos
Benalmádena
Costa
Marbella
Fuengirola
Gaucín
Puerto Cabopino
San Pedro de Alcántara
Jimena de la Frontera
Estepona
Costa del Sol
Sotogrande
San Roque
La Línea de la Concepción
Gibraltar
Punta de Europa

A
B
C
Ciudad Real
Manzanares
La Solana
Ruidera
Ossa de Montiel
El Borillo
Abenójar
Almagro
Moral de Calatrava
Villanueva de Franco
Corral de Calatrava
Valdepeñas
Villahermosa
Villanueva de la Fuente
Alcaraz
Villanueva de los Infantes
Puertollano
Calzada de Calatrava
Mestanza
Santa Cruz de Mudela
Torre de Juan Abad
Albaladejo
Vianos
Riópar
Viso del Marqués
Solana del Pino
Almuradiel
Génave
Siles
Fuencaliente
Puente de Génave
Orcera
La Carolina
Beas de Segura
Hornos
Baños de la Encina
Arquillos
Gutar
Pontones
Nerpio
Bailén
Linares
Villacarrillo
Parque Natural de Cazorla y Segura
Marmolejo
Andújar
Baeza
Úbeda
Sierra de Segura
Mengíbar
Lopera
Cazorla
Puebla de
Porcuna
Jódar
Quesado
Huéscar
Castril
Mancha Real
Torredonjimeno
Jaén
Martos
Pozo Alcón
Galera
Huelma
Villanueva de las Torres
Baena
Alcaudete
Cúllar
Chirivel
Guadahortuna
Alicún del las Torres
Zuheros
Cabra
Torre Cardela
Baza
Priego de Córdoba
Alcalá la Real
Caniles
Rute
Iznalloz
Olula del Río
Montefrío
Gor
Tíjola
Iznájar
Guadix
Sierra de los Filabres
Pinos-Puente
Maracena
Embalse de Iznájar
Atarfe
GRANADA
Huéneja
Uleila del Campo
Loja
Huétor Tájar
Santa Fé
La Calahorra
Fiñana
Gérgal
Malá
Armilla
Parque Nacional de Sierra Nevada
Sierra Nevada
Mini Hollywood (Oasys)
Tabern
Alhama de Granada
Los Millares
Laujar
Puerto de las Pedrizas
Durcal
Ugíjar
Alhama de Almería
Gádor
Las Alpujarras
Sierra de Almijara
Cádiar
Colmenar
Sierra de Gádor
Vélez de Benaudalla
Órgiva
Berja
Almería
Vícar
El Ejido
Vélez-Málaga
Otivar
Albuñol
Rincón de la Victoria
Torrox
Motril
Balanegra
Torre del Mar
Nerja
Almuñécar
Torrenueva
La Rábita
Adra
Guardias Viejas
Almerimar
Roquetas de Mar
San Miguel de Cabo de Gata
MÁLAGA
Torremolinos
Benalmádena
Costa Tropical
Costa
Sol
Mar Med
Costa del Sol
Sierra de Segura
Sierra de los Filabres
Sierra Nevada
Sierra de Gádor
A-43
A-41
A-4
A-44
A-316
A-92
A-92N
A-92M
A-7
N-401
N-430
N-420
N-322
N-432
CM-412
CM-3216
1
5
8
13
21
22
27
28
29
30
31
33
34
35
36
211
2
3
4
5

Albacete
Ayora
Alpera
Canals
Xàtiva
D
E
F
N-430
A-32
A-30
A-31
A-35
N-322
Balazote
Pozo-Cañada
Bonete
Almansa
Albaida
Ontinyent
Castelló de Rugal
A-7
La Font de la Figuera
A-31
N-344
Peñas de San Pedro
Pozohondo
Montealegre del Castillo
Caudete
Cocentaina
Alcoi
5
Yecla
Villena
Ibi
Castalla
La Nucía
Xixona
Tobarra
A-30
Sax
AP-7
LaVil
Hellín
Petrer
Elda
Elche de la Sierra
CM-3216
Jumilla
Monóvar
A-31
Sant Joan d'Ala
El Pinós
Novelda
AP-7
Sant Vicent del R
ALACANT
Yeste
Férez
Cenajo
N-344
Aspe
A-7
N-332
Barinas
Crevillente
ELCHE (ELX)
Cieza
A-33
Abanilla
Santa Pola
Calasparra
Fortuna
4
Moratalla
A-30
AP-7
Rojales
Guardamar del Segura
Molina de Segura
Orihuela
Caravaca de la Cruz
Cehegín
A-7
Lomas del Mar
Bullas
Las Torres de Cotillas
N-332
SanMiguel de Salinas
MURCIA
Torrevieja
Alcantarilla
bla de Don Fadrique
A-30
RM-1
Alhama de Murcia
Sucina
La Paca
Vente de la Virgen
San Pedro del Pinatar
Balsicas
RM-19
San Javier
Totana
Torre-Pacheco
RM-F14
Los Alcázares
Los Maldonados
RM-2
A-30
AP-7
A-7
Albujón
RM-12
La Manga del Mar Menor
Vélez-Blanco
RM-3
AP-7
La Unión
RM-12
3
Vélez-Rubio
Lorca
Canteras
N-332
CARTAGENA
Chirivel
A-91
Altobordo
Mazarrón
Puerto Lumbreras
A-7
Costa Cálida
Albox
Huércal Overa
Águilas
Cantoria
AP-7
Cuevas de Almanzora
Antas
Vera
A-7
Lubrín
Garrucha
el Campo
Mojácar
26
Turre
25
2
N-340a
Sorbas
Tabernas
Sierra de Alhamilla
Carboneras
Níjar
24
A-7
Parque Natural Cabo de Gata-Níjar
23
San Miguel de Cabo de Gata
San José
Cabo de Gata
Costa de Almería
1
diterráneo
Costa Blanca

A
B
C
Plaza de las Tres Culturas
Avda. de la Libertad
América
Avenida del Gran Capitán
Reyes Católicos
de Octubre
Juan López
Plaza de Colón
Vía Augusta
Estación
Av. de los Mozárabes
Jardines de la Agricultura
Avda. de Cervantes
E. de Córdoba
Fray L. de Granada
La Bodega
Ronda de los Tejares
Pasaje Rumasa
Del Caño
Burell
Puerta Osario
Conde de Torres Cabrera
Lindo
Pl. Chirinos
M. Sandoval
Cabrera
D. Muñoz
Avda.
Angel Ganivet
Angel Avilés
Fray Diego de Cádiz
Arte
Córdoba de Veracruz
Avenida del Gran Capitán
Conde de Robledo
José Cruz Conde
Arguiñán
San Miguel
San Zoilo
Góngora
S. Alvaro
D. León
D. A. Aguilar
San Hipólito
Uceda
Morería
M. Bolí
Pl. Tendillas
Concepción
Conde de Gondomar
4
Villa de Rota
Avda. de Medina Azahara
Avda. de la República Argentina
Paseo de la Victoria
Jardines de la Victoria
Alcalde Sanz Noguer
Plaza San Nicolás
San Felipe
Pl. Dtor. E. Luque
Jesús y María
Juan de Mena
Eduardo Dato
P. de Castro
Valdés Leal
Sevilla
R. Sánchez
San Juan
Sta. Victoria
Pl. R. y Cajal
Ángel Saavedra
Aroca
Albéniz
J. L. Huici
G. X. de Quesada
Lope de Hoces
Horno Trinidad
Pl. Trinidad
L. Austria
Saravia
Barroso
A.S. Ana
3
Antonio Maura
Alcalde de la Cruz Ceballos
Miguel Benzo
Marruecos
Tejón y Marín
S. de Feria
Plaza Ángel Torres
Leiva Aguilar
JUDERÍA
Blanco Belmonte
Rey Heredia
Gil
Pl. Costa del Sol
Camino de los Sastres
F. Ruano
Buen Pastor
V. Bosco
Céspedes
Encarnación
Glorieta Media Luna
Glorieta Cruz Roja
Romero
Judíos
Museo Taurino
San Bartolomé
Deanes
Cardenal Herrero
Mezquita
López
Damasco
de Sosa
Alcalde Velasco Navarro
Marruecos
La Sinagoga
Cardenal Salazar
Judería
Don Lope
Valdenebro
María
Previsión
Avenida Doctor Fleming
Cairuán
Pl. Judá Levi
Palacio de Congresos
Torrijos
2
José
La
Avda. del Aeropuerto
Pl. de la Constitución
Avda. Conde Vallellano
Avenida Conde de Vallellano
Museo Diocesano
Campo Santo de los Mártires
Amador de los Ríos
Dtor. Marañón
Barraquer
M. Roa
Caballerizas Reales
Alcázar de los Reyes Cristianos
Virgen de la Salud
Doctor Manuel Ruiz Maya
Tomás de Aquino
Terrones
SAN BASILIO
Escritora R. Chacel
Escritor Azorín
Enmedio
Postrera
1
Manuel de la Haba "Zurito"
San Bartolomé
S. Basilio
Avenida del Alcázar
Puerta Sevilla
Espinosa
Avenida de los Custodios
Duartas
Avda. de

Córdoba
150 m
150 yd
D
E
F
5
4
3
2
1
Pl. de los Dolores
Isabel II
Pl. Don Gome
Palacio de Viana
D. Gome
San Rafael
Aguilar
Espejo
Muñios Capilla
Parras
Hinojo
Ocaña
Arroyo S. Rafael
Sta. María de Gracia
P. Verdugo
Pl. Capuchinos
Pta. del Rincón
Juan Rufo
Enrique Redel
Arroyo San Andrés
I. Peral
Manchado
Cidros
Abéjar
Crucificio
Golondrina
Cerro
R. Casas Deza
Alfaros
Carbonell y Morand
Convento de Santa María
P. Fdez.
Plaza Realejo
Muñices
Iglesia de la Magdalena
Historiador D. Ortiz
Ronda de Andújar
Pl. Cardenal Toledo
Realejo
San Andrés
D. Méndez
P. Bermejo
San Pablo
Villalones
F. P. Oliva
D. Victoria
Sta. Inés
Rastrera
Magdalena
Borja Pavón
Capitulares
San Pablo
Pl. Orive
Gutiérrez de los Ríos
Regina
Pl. Regina
Arenillas
Isabel II
Alfonso XIII
G. Lovera
M. Cristina
Huerto de San Pablo
López
Pedro
C. Marcelo
R. Marín
Juramento
Alcántara
La Palma
San Eloy
Alfonso XII
Frías
Cruz Verde
Barrionuevo
Conde
A. de Morales
D. Córdoba
Plaza de la Corredera
Torrij
Escultor
Pl. Aguayos
Pl. Vizconde de Miranda
Siete Revueltas
Ravé
Reloj
Pompeyos
P. Rey
S. Peña
Pl. Canas
Pl. Paja
Carlos Rubio
La Rosa
J. de Mesa
San Pedro
Agustín Moreno
Santa Victoria
M. Luis
Tornillo
Candelaria
Don Rodrigo
Valderrama
G. J. Carrillo
Aceite
Ronquillo Briceño
Santiago
Claustro
Tinte
Museo Arqueológico
H. San Pedro El Real
Armas
Lineros
Mucho Trigo
Eulogio
Pl. Jerónimo Páez
M. del Villar
A. del Castillo
Museo de la Bellas Artes
S. Francisco
R. Barros
Badanas
Noques
Ronda de los Mártires
J. R. Torres
H. Cristo
Cjón Arquillos
San Fernando
Posada del Potro
E. R. Torres
Paseo de la Ribera
Río Guadalquivir
Lucano
Encarnación
Caldereros
Osio
M. Rucker
Alfayatas
Amparo
Plaza Cruz del Rastro
Puente de Miraflores
Mezquita
M. G. Francés
Corregidor Luis de la Cerda
Parque de Miraflores
Triunfo
Ronda de Isasa
Futuro Centro de Congresos de Córdoba
Puente Romano
Gitanos
Virrey Moya
Torre de la Calahorra
M. López
Jesús
F. de Córdoba
Plaza Santa Teresa
Pl. Rastro
Avda. de la Diputación
Avenida Fray Albino
Avda. de Cádiz
Rosario
S. José

A
B
C
5
4
3
2
1
Santa Bárbara
Acera del Triunfo
Acera Canasteros
Fuente Nueva
Ventanilla
T. Baja
C.
San Juan de Dios
Av. del Hospicio
Av. de la Constitución
Cap. Moreno
Acera de S. Ildefonso
S. Ildefonso
Alpargateros Bajo
Pl. Alamillos
Gobierno Militar
Pernaleros Bajo
Pernaleros Alto
Veredilla de San Cristóbal
N. Rivas
Plaza del Triunfo
Puerta Elvira
N. del Santísimo
Mendoza
Los Naranjos
Cta. Abarqueros
Rector López Argüeta
Hospital de San Juan de Dios
L. de la Cruz
Plta. Naranjos
S. Andrés
Cuesta de Alhacaba
Caril de la Lona
Puerta Monaita
Mano de Hierro
Arriola
Boquerón
Cedrán
Lucía
Serrano M. de la Corteza
Zenete
Cjon. de las Monjas
San Jerónimo
Isleta S. Felipe
Gran Vía de Colón
Palacio de Dar al-Horra
Arandas
Pl. S. Miguel Bajo
Colegios
Monasterio Sta. Paula
Barranco de Tello
Sta. Isabel
La Real Camino
Cueva
Trania C. de Tendillas
Plaza M. Contreras
Cruz de Negros
Universidad
Pl. Encarnacion
S. Isabel la Real Camino
Plaza Universidad
Tendillas S. Paula
Carretera de la Beteta
Quiros
Oidores
Tiña
Duquesa
Jardín Botanico
Elvira
Plta. Nevot
Zarate
Candiota
Sta. Paula
San Agustín
Pl. Almos Marqués
Quijada
Malaga
E. Silencio
Horno Marina
Bazán
Alvaro
San José
Bravo
C. Infantas
L. Tablas
S. Jerónimo
Mercado Municipal
Cta. de Marañas Gato
Huerto
Rosal S. Pedro
San Agustín
Pl. Correo Viejo
Cta. de S. Gregorio
Trinidad
Lucena
Plaza Romanilla
Cárcel Baja
Plaza Trinidad
Celti-Meriem
Aire
La Catedral
Diego de Siloé
Cárcel Alta
Santa Ana y San Gil
Alhóndiga
Pl. Pasiegas
Capilla Real
Almicerero Pan
Santa Ana
Mesones
Pescadería
Pl. Nueva
Plaza Sta. Ana
Esc. de Artes y Oficios
Pl. A. Cano
Estribo
Tinte
Pal. Madraza
Abenamar
J. Costa
Pl. Cuchilleros
Almazora Alta
Pl. de Bib-Rambla
Pl. Lino
Plta. Miga
Cta. de Gomérez
Pl. Isabel la Católica
Conv. Carmelitas
Cta. Mauron
Plta. S. Cristo
Reyes Católicos
Corral del Carbón
Torres Bermejas
Arco de las Granadas
Párraga
Plaza del Carmen
Pavenoras Staescolastica
Cjon. P. del Sol
Cruz de Piedra
Plaza Real de España
Horno de S. Matías
Jazmín
Torillo
Ballesteros
Gozo
Sarabia
Piedra Sta.
Pl. Hospicio Viejo
Aire Alta
Angel Ganivet
Las Navas
San Matías
Pl. Girones
Cta. S. Catalina
A. de S. Cecilio
Moras
Acera del Casino
Cervantes
ANTEQUERUELA
Padre Alcover
Pino
Acera del Darro
Campillo
Plaza
Coches
Pl. Fortuny
Pl. Santo Domingo
Plaza de Realejo
Cruellas
Molinos
Huerto San Cecilio
San Antón
Carrera del Genil
Plaza Mariana Pineda
Rosario
Santo Domingo
Escuelas
San Isidro
E. Lozano
Plaza Campos
Santo Domingo
Aguado
Campo del Príncipe
Plaza Bibataubín
Pal. Almanzora
Paco Seco
Conv.
REALEJO

Granada
200 m
200 yd
D
E
F
5
4
3
2
1
HAZA GRANDE
I. E. M.
Carretera de Murcia
Callejón de la Alberzana
Cruz de Piedra
S. Gregorio
Plta. San Bartolome
Alto
Estrella
B. Viejo
San Luis
Brujones
S. Cristobal
Cjon. S. Barto
Pages
Ceniceros
Plta. Almona
Agua
Fátima
Algibe de Pino
Alhacaba
Puerta Nueva
Las Minas
Pl. Larga
Panaderos
Algibe de la Gitana
San Salvador
Pl. S. Trinidad
Cjon. S. Cecilio
Charca
S. Agustín
Plta. S. Nicolás
S. A. Alto
Cta. Veredilla S. Agustín
Plta. Albaida
Camino
N. S. Nicolás
Mezquita Mayor
Plazoleta del Abad
Museo Moreau
ALBAYZÍN
Carretera Chinos Vda. Enmedio Alta
Carril
Cjon. de las Tomasas
Cta. de San Agustín
Pl. Almes
Guinea Careillos S. Agustín
Pl. de Toqueros
Cta. S. Agustín
Casa del Chapiz
Camino del Sacromonte
S. Pedro
Plta. Cobertizo
San Juan de Los Reyes
Carro Clavel
Gloria
Santísimo S. Pedro
Valenzuela Horno del Oro
Grajales
Carnero P. Concepcion
Zafra
Museo Arqueológico
Candil
G. S. Pedro
Cta. Victoria
Cta. Chapiz
Bañuelo
Carrera del Darro
Paseo Padre Manjón
Paseo de los Tristes
Río Darro
Chirimías
Camino Fuente del Avellano
Plaza Aljibes
Alcazaba
Alhambra
Palacio
Granadas
Jardines del Partal
Carretera de Los Chinos
Parador San Francisco
Jardines del Generalife
Callejón Niño del Royo
ALHAMBRA
Cta. del Realejo
Plegadero Alto
Taxi
A. Alta Paseo de Mártires
Teatro
Medina
Parra de S. Cecilio
A. Baja
Principe Huete
GENERALIFE

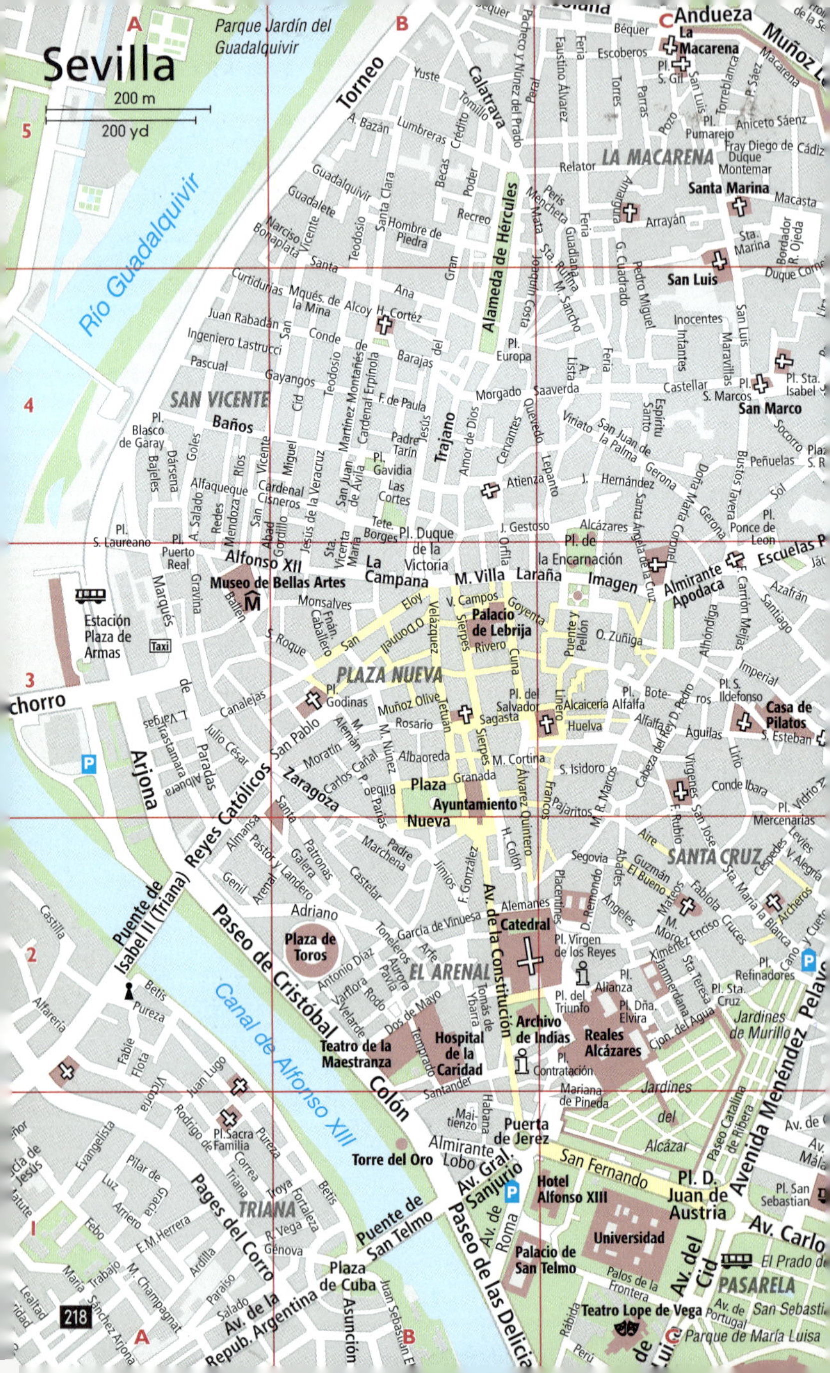
Sevilla
200 m
200 yd
A
B
C
1
2
3
4
5
Parque Jardín del Guadalquivir
Río Guadalquivir
Canal de Alfonso XIII
Torneo
Calatrava
LA MACARENA
La Macarena
Andueza
Muñoz León
Pl. S. Gil
Pl. Pumarejo
Aniceto Sáenz
Fray Diego de Cádiz
Duque Montemar
Santa Marina
Macasta
Arrayán
Relator
Yuste
Lumbreras
A. Bazán
Crédito
Tomillo
Pacheco y Núñez del Prado
Faustino Álvarez
Feria
Béquer
Escoberos
Torres
Parras
Pozo
San Luis
Torreblanca
P. Sáez
Macarena
Guadalquivir
Guadalete
Santa Clara
Becas
Poder
Recreo
Hombre de Piedra
Alameda de Hércules
Peris Mencheta
Mata
Amargura
G. Cuadrado
Pedro Miguel
Sta. Marina
Bordador R. Ojeda
San Luis
Duque Cornejo
Narciso Bonaplata
Vicente
Teodosio
Santa
Ana
Gran
Joaquín Costa
Sta. Rufina
Guadiana
M. Sancho
Curtidurías
Mqués. de la Mina
Alcoy
H. Cortéz
Juan Rabadán
Ingeniero Lastrucci
Conde
Barajas
Pl. Europa
Inocentes
Infantes
Maravillas
Castellar
Pl. S. Marcos
Pl. Sta. Isabel
San Marco
Pascual
Gayangos
Martínez Montañés
Cardenal Espínola
F. de Paula
Jesús
Trajano
Amor de Dios
Cervantes
Morgado
Quevedo
Saaverda
A. Lista
Espíritu Santo
Viriato
San Juan de la Palma
Gerona
Socorro
Peñuelas
SAN VICENTE
Baños
Pl. Blasco de Garay
Goles
Dársena
Bajeles
Alfaqueque
Ríos
Miguel
Cid
Padre Tarín
Pl. Gavidia
Las Cortes
San Juan de Ávila
Jesús de la Veracruz
Atienza
Lepanto
J. Hernández
Doña María Coronel
Bustos Tavera
Sol
Pl. Ponce de León
Salado
Redes
Mendoza
San Vicente
Cardenal Cisneros
Abad Gordillo
Sta. Vicenta María
Tete. Borges
Pl. Duque de la Victoria
J. Gestoso
Alcázares
Pl. de la Encarnación
Santa Ángela de la Cruz
Pl. S. Laureano
Pl. Puerto Real
Alfonso XII
La Campana
M. Villa
Laraña
Imagen
Almirante Apodaca
Escuelas Pías
Museo de Bellas Artes
Bailén
Marqués
Gravina
Monsalves
Fdo. Caballero
Eloy
O'Donnell
V. Campos
Sierpes
Palacio de Lebrija
Rivero
Goyeneta
Orfila
Puente y Pellón
O. Zúñiga
Alhóndiga
F. Carrión Mejías
Azafrán
Santiago
Estación Plaza de Armas
Taxi
San Roque
PLAZA NUEVA
Velázquez
Cuna
Imperial
Pl. Godinas
Muñoz Olive
Rosario
Tetuán
Sagasta
Pl. del Salvador
Linero
Alcaicería
Pl. Alfalfa
Alfalfa
Boteros
Pl. S. Ildefonso
Casa de Pilatos
S. Esteban
Cabeza del Rey D. Pedro
Águilas
Lirio
Chorro
Canalejas
L. Vargas
Trastamara
Julio César
Paradas
Albuera
Arjona
San Pablo
Moratín
M. Alemán
Carlos Cañal
M. Núñez
Albareda
Bilbao
Granada
M. Cortina
S. Isidoro
Pajaritos
Francos
Virgenes
Conde Ibarra
Pl. Vidrio
Mercenarias
Reyes Católicos
Zaragoza
P. Parias
Plaza Nueva
Ayuntamiento
Álvarez Quintero
H. Colón
M. R. Marcos
F. Rubio
San José
Levíes
Almansa
Pastor y Landero
Santas Patronas
Galera
Padre Marchena
Castelar
Jimios
F. González
Segovia
Abades
Aire
Guzmán El Bueno
SANTA CRUZ
Céspedes
V. Alegría
Genil
Arenal
Adriano
Placentines
D. Remondo
Angeles
Mateos Gago
Fabiola
Sta. María la Blanca
Archeros
Puente de Isabel II (Triana)
Paseo de Cristóbal Colón
Plaza de Toros
Toneleros
García de Vinuesa
Alemanes
Catedral
Av. de la Constitución
Pl. Virgen de los Reyes
M. Moro
Ximénez Enciso
Cruces
Cano y Cueto
Pl. Refinadores
Castilla
Antonio Díaz
Aurora
Arfe
EL ARENAL
Pavía
Varflora
Rodo
Velarde
Dos de Mayo
Tomás de Ybarra
Pl. Alianza
Pl. del Triunfo
Pl. Dña. Elvira
Sta. Teresa
Pl. Sta. Cruz
Jardines de Murillo
Menéndez Pelayo
Betis
Pureza
Alfarería
Fabié
Flota
Teatro de la Maestranza
Temprado
Hospital de la Caridad
Archivo de Indias
Reales Alcázares
Lamarque
Cjon. del Agua
Pl. Contratación
Santander
Mariana de Pineda
Jardines del Alcázar
Paseo Catalina de Ribera
Avenida Menéndez Pelayo
Juan Lugo
Victoria
Rodrigo de Triana
Pl. Sacra Familia
Correa
Colón
Maitienzo
Habana
Puerta de Jerez
Av. de Málaga
Evangelista
Pilar de Gracia
Luz
Arriero
Triana
Troya
Fortaleza
Torre del Oro
Almirante Lobo
Av. Gral. Sanjurjo
San Fernando
Hotel Alfonso XIII
Pl. D. Juan de Austria
Pl. San Sebastián
Pages del Corro
TRIANA
Febo
E. M. Herrera
R. Vega
Génova
Puente de San Telmo
Av. de Roma
Universidad
Av. Carlos V
Av. del Cid
El Prado de San Sebastián
Trabajo
M. Champagnat
Ardilla
Paraíso
Plaza de Cuba
Paseo de las Delicias
Palacio de San Telmo
Palos de la Frontera
PASARELA
Av. de Portugal
San Sebastián
Lealtad
María Sánchez Arjona
Salado
Av. de la Repub. Argentina
Asunción
Juan Sebastián Elcano
Rábida
Perú
Teatro Lope de Vega
Parque de María Luisa

Register

AA/Michelle Chaplow: 90, 136
AA/Jerry Edmanson: 29
AA/James A. Tims: 52
AA//Peter Wilson: 20, 166

akg-images: Bildarchiv Steffens 149 o.

José Luis Alvarez: 26

DuMont Bildarchiv/Arthur F. Selbach: 5 o., 6 (Nr. 1, 3, 4, 5, 7, 9, 10), 10 o., 12, 14, 15, 16, 24, 28, 32, 33, 41 o., 45, 46, 49, 51, 53 o., 55, 59, 60, 65, 70, 72/73, 80, 81, 86, 87, 91, 97 l., 104, 108/109, 114 l., 120, 122, 125, 126, 127, 131, 134, 135, 147 r., 149 u., 153, 158 o., 159, 161, 162, 167, 171, 182, 186, 190/191

Fotolia: pepereyes 42, joserpizarro 43 o., Ekaterina 53 u., uckyo 67, Francisco Javier Gil 79 l., Anibal Trejo 107,

Getty Images: 19, Daniel Perez Garcia-Santos 23, Carolyn Hubbard-Ford 82, Axiom Photographic Agency 82, Antonio Luis Martinez Cano 100, Foodcollection 113 l., Lonely Planet 138, Moment Open/Inigo Fdz de Pinedo 140

huber-images: Reinhard Schmid 5 u., Rellini Maurizio 40/41, Riccardo Spila 56, Günter Gräfenhain 121

laif: Redux/Nano Calvo 9, laif/hemis.fr/ Frances Stephane 25, Gunnar Knechtel 41 u., robertharding/Marco Simoni 64, Marc-Oliver Schulz 115 u., laif/hemis.fr/Rene Mattes 132, Gernot Huber 172, Gunnar Knechtel 174, Monica Gumm 176

Lookphotos: Photononstop 6 (Nr. 2), Kai Maeritz 6 (Nr. 6), age fotostock/J. D. Dallet 6 (Nr. 8), age fotostock 10 u., Jürgen Richter 30 und 34/35, age fotostock/San Rostro 69, Elan Feisher 89, age fotostock/J. D. Dallet 94, age fotostock 97 r., 98, 101 und 102, Photononstop 117, age fotostock 158 u., Kai Maeritz 165, age fotostock 168 und 170, Kai Maeritz 178/179, age fotostock/Thomas Dressler 188

mauritius images: Alamy/Ben Ramos 39 o., age fotostock/Juan Carlos Munoz 39 u., Alamy/Jerónimo Alba 42/43, Alamy/Jorge Tutor 43 u., Alamy/Mikel Bilbao Gorostiaga Travels 77 u., Alamy/Stuart Black 78/79, Alamy/Jerónimo Alba 79 r., Alamy/Kevin Snelling 113 r. und 114/115, Alamy/Jerónimo Alba 128, Sabine Lubenow 142/143, Rene Mattes 148/149, Alamy/Felipe Rodriguez 151

picture-alliance: Global Travel Images 66, Carlo Morucchio 115 o., Arco Images 139

Shutterstock: Gabor Kovacs Photography 62, Marcelina Zygula 77 o., chrupka 78 l., Alex Fonda 92, Tono Balaguer 147 l., PHB.cz Richard Semik 148 l.

Titelbild: U1 oben: fhm/gettyimages
U1 unten: Monica Gumm/laif
U8: Matteo Colombo/gettyimages

IMPRESSUM

VERLAG KARL BAEDEKER

3. Aufl. 2019
Völlig überarbeitet und neu gestaltet

Text: Cordula Rabe, Des Hannigan, Josephine Quintero, Achim Bourmer
Übersetzung: Jutta Ressel M. A., München
Redaktion & Gestaltung: Annegret Gellweiler, Gerhard Junker, Michaela Salden, Sylvia Scheider-Schopf, Anja Schlatterer, Anette Vogt, Julia Wilhelm (red.sign, Stuttgart)
Projektleitung: Dieter Luippold
Programmleitung: Birgit Borowski
Chefredaktion: Rainer Eisenschmid

Kartografie: © MAIRDUMONT GmbH & Co. KG, Ostfildern
3D-Illustrationen: jangled nerves, Stuttgart
Visuelle Konzeption: Neue Gestaltung, Berlin

Anzeigenvermarktung: MAIRDUMONT MEDIA
Tel. 0711 45 02-0, media@mairdumont.com
media.mairdumont.com

Printed in Poland

Trotz aller Sorgfalt von Autoren und Redaktion sind Fehler und Änderungen nach Drucklegung leider nicht auszuschließen. Dafür kann der Verlag keine Haftung übernehmen. Berichtigungen, Kritik und Verbesserungsvorschläge sind uns jederzeit willkommen, bitte informieren Sie uns unter:

Verlag Karl Baedeker / Redaktion
Postfach 3162
D-73751 Ostfildern
Tel. 0711 45 02-262
smart@baedeker.com
www.baedeker.com

FSC
www.fsc.org
MIX
Papier aus verantwortungsvollen Quellen
FSC® C018236

Meine Notizen